몸값 올리는   해외주식 투자분석 사례

기업가치평가 실무

몸값 올리는
기업가치평가 실무
해외주식 투자분석 사례

ⓒ 엄인수, 2021

초판 1쇄 발행 2021년 10월 20일

지은이   엄인수
펴낸이   엄인수
편집   좋은땅 편집팀
펴낸곳   제이씨이너스
주소   서울시 강남구 영동대로 602, 6층
전화   02) 3291-3277
이메일   admin@jcinus.com
홈페이지   www.jcinus.com

ISBN   979-11-962630-4-1 (13320)

몸값 올리는
기업가치평가 실무

해외주식 투자분석 사례

CORPORATE VALUATION AND INVESTMENT ANALYSIS

엄인수 CFA 지음

★★★★★
애플, 테슬라, 다이슨 등
글로벌기업
사례분석과
엑셀 모델링
★★★★★

제이씨이너스

책을 집필하게 된 배경

개인적으로 네 번째 책을 집필하게 되었습니다. 본 책을 기획하게 된 배경은 업무에서 기본적으로 기업가치평가가 항상 필요했던 것으로 시작됩니다. 벤처투자, 기업인수, 메자닌 증권 투자, 기업 바이아웃 투자, M&A자문, 그리고 IPO까지 기업가치평가는 투자의사결정이나 기업자문에서 늘 수반되는 일이었습니다. 기업가치평가를 정식으로 배운 것은 직장에 다니면서 CFA 시험을 공부할 때였던 것 같습니다. 특히 2차 시험 Equity 부문에서 현금흐름할인과 상대가치평가 등의 방법론을 배웠던 기억이 납니다. 하지만, 이론을 배운 것만으로 소화하기에는 충분하지 않았습니다. 실제 업무에서 대상기업을 맞닥뜨릴 때마다 엑셀을 열고 배운 이론들을 접목해 시행착오를 겪어 가며 가치평가를 수행할 때 조금씩 더 깊게 알아 갔던 것 같습니다.

이후 삼일^{PWC}아카데미에서 기업가치평가, M&A실무, 기술가치평가 강의를 맡으면서 업무에서 사용하는 가치평가를 가르치기 시작했습니다. 강의를 위해 심도 있는 사례를 분석해야 했고, 어려운 것을 쉽게 이해시킬 수 있는 노하우가 필요했습니다. 가치평가 부문에서 강의가 누적되고, 영국에서 일하기 시작한 이후 해외기업을 분석하면서 기업가치평가 서적을 집필해 보자는 동기가 생겼습니다. 업무로써, 강의로써 기업가치평가를 다뤄 왔기 때문에 오랜 시간이 걸리지 않을 것으로 생각했지만 일을 하며 집필하다 보니 어느새 1년 이상이 걸린 것 같습니다.

이 책의 차별점

본 책은 방법론을 설명하는 이론에 머무르지 않고, 그 이론을 기업분석이나 주식투자에 적용할 수 있도록 실무향상에 초점을 맞추려고 노력했습니다. 기업가치평가의 이론을 아는 것은 매우 중요합니다. 그러나, 어떤 방법론을 어떤 기업에 적용해야 하는지 아는 것이 더욱 중요합니다. 예를 들면 벤처기업과 성숙기업에 적용하는 방법론은 달라야 합니다. 또한 현금흐름할인법을 성숙기업에 적용할 때와 쇠퇴기업에 적용할 때 매출추정 방법, 할인율 계산, FCF의 추정기간 등이 달라져야 합니다. 나아가 사모펀드가 기업인수를 할 때와 일반기업이 기업인수를 할 때 서로 투자목적이 다르므로 각각은 목적에 부합된 더욱 적합한 방법론을 사용해야 합니다.

이 책의 구성은 이러합니다. 먼저 글로벌 투자은행 애널리스트들의 평가방법론을 분석하고자 JP모건, 모건스탠리, UBS, BOA, 바클레이스,

모닝스타 등이 발간한 리서치를 깊이 있게 살펴봤습니다. 또한 독자들이 배운 이론을 쉽게 이해하실 수 있도록 모든 이론 뒤에는 사례를 분석했습니다. 그리고 각 이론들을 어떤 상황의 기업에 어떻게 적용하는지 설명했습니다. 마지막으로 기업가치평가를 투자분석과 접목시켜 투자의사결정에 이르기까지 어떠한 작업들이 필요한지 사례를 들어 가며 설명했습니다.

Part 1과 Part 2의 구분

이 책은 두 파트로 구성되었습니다. Part 1은 기업가치평가, Part 2는 투자분석입니다. 기업가치평가와 투자분석은 다른 업무입니다. 투자분석을 위해 기업가치평가가 필요하지만 기업가치평가가 투자분석의 전부는 아닙니다. Part 1에선 기업가치평가의 실무를 다루고 있고, Part 2에선 투자의사결정을 위한 투자분석 방법론을 다루고 있습니다. Part 1은 실무에서 가장 많이 사용하는 현금흐름할인법과 상대가치평가법(또는 시장접근법)을 중심으로 다루고 있습니다. 각 이론들은 대부분 해외주식을 사례로 들어 설명하고 있습니다. Part 2는 기업에 투자할 때 투자분석 방법론을 기술하고 있습니다. 글로벌 제약사 아스트라제네카를 샘플로 절차에 따라 기업의 펀더멘털과 산업분석을 통해 어떻게 투자의사결정에 도달하는지 설명하고 있습니다.

감사의 말

영국 맨체스터에 거주하면서 업무와 강의로 인해 한국에 자주 오가고 있습니다. 이전에는 큰 문제가 되지 않았는데 코로나로 인해 한국에 올

몸값 올리는 기업가치평가 실무

때마다 14일간의 자가격리가 필요해지면서 작은 업무에도 최소한 한 달의 시간을 머물러야 했습니다. 그럴 때마다 영국에서 혼자 두 아이를 맡아 묵묵히 보살펴 준 아내에게 정말 감사한 마음을 갖고 있습니다. 또한 늘 격려와 기도로 응원해 주시는 맨체스터 예닮교회 담임목사님과 사모님께도 감사드립니다.

한편 본 기업가치평가에 관한 서적을 쓰게 된 동기는 본 분야의 기업강의를 맡으면서입니다. 여러 기관에서 여러 강의를 했습니다. 이러닝코리아에서 CFA강의를 시작해 한국증권금융연구소, 이패스코리아, 한경아카데미, 생산성본부, 패스트캠퍼스, 한국금융연수원 등에서 투자부문 관련 강의를 했습니다. 그중에서 삼일^{PWC}아카데미와 오랜 인연을 맺고, 기업가치평가와 M&A 분야에서 많은 강의를 해 왔습니다. 삼일아카데미 관계자 분들께 감사의 말씀을 드리고 싶습니다.

마지막으로 이 책을 쓸 수 있도록 내게 지혜와 지식을 주시고, 경험을 겪게 하시며, 동기를 주신 하나님께 감사드립니다. 이 책을 읽는 모든 분들의 가정에 평안이 임하며, 하시는 모든 일들이 잘 되시기를 간절히 간구합니다. 아무쪼록 이 책이 여러 방법으로 도움이 되기를 진심으로 바랍니다.

2021년 9월
엄인수

목차

PART 2   **투자분석 편**

PART 1

기업가치평가 편

Ch 1

워밍 업^{Warming up}

1. 오늘의 애플 주가! 싼가? 아니면 비싼가?

　2021년 6월 28일 기준 글로벌 시가총액 1위인 애플의 주가는 $140로 마감했다. 원화로는 15만 원이 좀 넘는다. 2020년 첫날 $77.6 대비 거의 2배의 가격, 수익률로는 약 80%가 넘는 가격이다. 애플에 관한 투자은행 리서치리포트는 항상 넘쳐나며, 애플 신고가에 가까운 $140에서도 사야 한다는 컨센서스를 이루고 있다.

그림 1-1. 최근 2년간 애플의 주가차트
(출처: 야후파이낸스, 2021년 6월 28일 기준)

그렇다면 애플 한 주의 가격 $140, 원화로 약 15만 원은 싼 것인가? 비싼 것인가? 위의 차트를 보면 알 수 있을까? 현재가격은 지난 2년간 최저점인 $50 대비 약 3배에 달한다. 그렇다면 비싸다고 결정할 수 있을까? 야후파이낸스를 참조하면 2021년 7월 기준 총 38명의 애널리스트가 낸 의견을 종합했다. 이중 매수, 또는 강력매수 의견을 낸 애널리스트는 32명이며, 보류 의견 6명이다. 오늘의 가격이 여전히 매력적이라고 보는 의견이 대부분이다. 하지만, 어떤 이들은 제법 비싸다고 판단하고 있다.

가치^{value}를 모르면 가격^{price}을 평가할 수 없다.

애플 주가 $140의 적정성을 판단하기 위해 애플을 분석해야 한다. 애플의 사업을 이해하고, 성장성을 예측해 그 가치를 분석할 수 있을 때 $140이 싼지 비싼지 판단할 수 있다. 이 즈음에서 가격과 가치라는 단어의 차이를 구별해야 할 필요가 있다. 가격^{price}이란 물건을 사기 위해 지불해야하는 금액으로 대개 수요와 공급에 의해 결정된다. 가치^{value}란 물건이 사용자에게 주는 중요성이나 유용성을 금액으로 나타낸 것이다. 가격을 판단하기 위해 우리는 가치를 알아야 한다. 풀어쓰면 가격이 높거나 낮음을 판단하기 위해 그것이 수요자에게 주는 효용성의 정도를 알아야 한다는 것이다.

그렇다면 가치는 수요자에 따라 다르게 계산될 수 있다. 한 물건으로부터 얻는 효용은 수요자마다 다를 수 있기 때문이다. 아주 쉬운 예를 들어 보자. 서울 한복판에서 생수 한 통을 5천 원에 팔고 있다. 아마도 서울에서 이 생수를 5천 원에 사 먹는 사람은 거의 없을 것이다. 다른 곳에

몸값 올리는 기업가치평가 실무

서 쉽게, 더 싸게 생수를 살 수 있기 때문이다. 하지만 이 생수를 아랍에 미리트의 어느 한 사막 중앙에서 5천 원에 판다고 생각해 보자. 그 사막을 여행하다가 물이 떨어진 지 오래된 관광객이라면 이 생수를 충분히 사 먹을 것이다. 지금 당장 목마른 것을 해소하기 위해 사막 한가운데에서 파는 물은 그에게 5천 원 이상의 효용이 있기 때문이다. 이것은 기업에도 적용될 수 있다. 물론 기업의 가치를 평가하는 것은 생수 한 통보다 훨씬 복잡하지만 말이다. 만약 투자자를 포함해 모든 사람들이 애플의 주식가치는 $140라고 생각한다면 애플의 주가는 $140에서 고정될 것이다. 어떤 사람들은 $140이 비싸다고 판단하고, 어떤 사람들은 $140이 싸다고 생각하기 때문에 $140에 파는 사람이 있고, 사는 사람이 있다. 각자가 생각하는 애플의 주식가치가 다르기 때문에 여러 가격에서 수요와 공급이 발생하는 것이다.

● 기업가치평가란?

기업가치평가란 분석을 통해 기업의 가치^{value}를 결정하는 것이다. 가치를 결정해 우리는 시장에서 형성된 가격의 수준을 판단할 수 있다. 또한 시장에서 형성된 가격이 없다면 평가한 기업가치로 새로운 가격을 형성할 수도 있다. 예를 들어 오늘 애플 주가 $140가 싼 것인지 비싼 것인지 판단하기 위한 가치평가는 시장에서 형성된 가격의 적정성을 판단하기 위한 것이다. 또한 비상장기업이었던 에어비앤비^{Airbnb}를 상장하기 위해 수행하는 가치평가는 최초 시장의 공모가액을 결정하기 위한 작업이다.

가치평가 방법론은 많지만 실무적 차원에서 크게 두 가지로 분류된다. 하나는 현금흐름할인이고, 다른 하나는 상대가치평가이다. 현금흐름할인은 기업이 사업으로부터 창출할 현금흐름을 예측해 그 가치를 결정하는 것이다. 따라서 평가자는 대상기업의 사업과 기업의 외부환경을 분석해 그 기업이 얼마만큼의 현금흐름을 창출할 수 있는지 예측해야 한다. 상대가치평가는 대상회사와 비슷한 회사들의 시장가격을 참조해 그 가치를 추정하는 방법이다. 따라서 평가자는 대상회사의 사업도 분석해야 하지만 대상회사와 비교할 만한 기업들을 찾아내야 한다. 비교기업 선정이 상대가치평가법에서 가장 중요한 작업일 수 있다. 나중에 자세히 언급되지만 어떤 상황에서 어떤 평가방법론을 적용해야 하는가가 가장 중요한 관건이 된다.

기업가치평가에 대한 잘못 인지하는 것들이 있다면 미리 불식시킬 필요가 있다. 다음이 그 대표적인 것들이다.

첫째, 가치평가는 정량적 작업이므로 그 결과는 객관적이다.
둘째, 뛰어난 가치평가는 정확한 추정을 제공한다.
셋째, 잘 쓰여진 리서치리포트나 가치평가보고서는 오랫동안
    사용될 수 있다.

첫째, 현금흐름할인이나 상대가치평가는 그 방법론에서 모두 일정한 절차를 갖고 있다. 그중 가장 중요한 작업은 전자의 경우 사업으로부터 현금흐름을 예측하는 것이며, 후자의 경우 대상기업과 비슷한 기업을 찾

몸값 올리는 기업가치평가 실무

아내는 것이다. 그런데 이 과정에서 평가자의 정성적 판단이 반드시 반영되기 마련이며, 그에 따라 결과가 달라질 수 있다. 한 기업에 대해 평가자마다 현금흐름의 성장률을 다르게 추정할 수 있으며, 또한 선정한 비교기업들도 서로 다를 수가 있다. 즉 가치평가 방법론 자체는 정량적이지만, 그 과정에서 투입되는 요소들은 평가자의 정성적 요소가 반드시 반영된다. 따라서 가치평가는 객관성과 주관성의 혼합된 작업이다.

둘째, 가치평가는 어떤 한 특정한 숫자가 아닌 '범위^{range}'를 추정하는 작업이라고 말해 두고 싶다. 예를 들면 애플의 주식가치를 평가할 경우 그 결과를 $140, 한 가격으로 정하는 것이 아니라 $130~$150, 또는 $140 ± $10(또는 10%)로 그 범위를 추정하는 것이다. 여기에는 몇 가지 이유가 있다. 먼저 앞서 말한 것처럼 가치평가는 평가자의 정성적 판단을 반영한다. 그 판단은 주관적 요소가 포함될 뿐 아니라 오류를 포함할 수도 있다. 예를 들어 현금흐름할인에서 현금흐름의 성장률은 평가자의 가정을 요구하는데 가정은 실제 결과와 다를 확률이 높다. 또한 할인율을 계산할 때 할인율을 구성하는 개별요소를 잘못 선택할 수도 있다. 상대가치평가법도 마찬가지이다. 대상기업 평가를 위해 선택한 비교기업들이 대상기업과 다른 속성을 가질 수 있다. 또한 주식시장이 과열되거나 침체되어 비교기업의 주가가 편향^{biased}되면 대상기업의 주가도 편향될 수 있다. 이러한 것들을 고려할 때 가치평가를 통해 정확히 하나의 가격을 선택하는 것보다 범위를 정하는 것이 나을 수 있다.

셋째, 가치평가는 주기적으로 수정되어야 한다. 얼마나 자주 수정되어야 하는지에 대한 가이드라인은 없지만 만약 기업가치에 영향을 줄 만한 이벤트가 발생한다면 평가결과는 반드시 수정되어야 한다. 기업가치는 기업의 매출액 또는 이익의 성장률을 반영한다고 가정할 경우 매출액이나 이익에 영향을 끼칠 수 있는 요소는 매우 많다. 또한 기업마다 그 요소들이 다를 수 있다. 따라서 대상기업의 매출액이나 이익에 영향을 끼치는 요인을 잘 판단하고, 그 요인이 변동될 경우 가치평가를 다시 수행해야 한다.

2. 투자수익률의 핵심과 기업가치평가의 목적

가격을 판단하기 위해 또는 가격을 결정하기 위해 가치평가를 수행한다고 했다. 그렇다면 가치평가라는 작업은 얼만큼 중요한 것일까? 아래의 공식을 살펴보자.

$$Y_{0-t} = P_t / P_0 - 1$$

Y_{0-t}: t기간 투자수익률

P_t: 미래 투자자산의 매각가격 / P_0: 현재 투자자산의 매수가격

투자수익률은 투자자산의 매각가격을 매수가격으로 나눈 후 원금을 제한 값이다. 전 장에서 언급한 것처럼 P_0의 적정성을 판단하기 위해 가치평가를 수행한다. 가치평가를 수행한 후 P_0이 싸거나 적정하다고 판단되면 투자자산을 매수한다. 만약 계산한 가치보다 P_0이 높다고 판단되면 투자의사를 철회할 수도 있고, 가격을 협상할 수도 있고, 매수를 일단 보

류한 후 새로운 매수시점을 기다릴 수도 있다. 즉 가치평가는 P_0을 결정해 투자수익률에 큰 영향을 끼치는 중요한 요인이 된다.

가치평가는 또한 매각가격 P_t를 판단하거나 매각시점을 결정하는 데에 사용된다. 투자목적에 따라 일정시점에 이르면 투자자산을 매각하거나 자산가치평가를 수행해야 한다. 만약 목표수익률에 도달했다고 판단된다면 예정보다 일찍 매각할 수도 있다. 따라서 P_t를 판단하거나, P_t를 얻기 위한 시점을 결정하기 위해 가치평가를 반드시 수행해야 한다. 결국 가치평가는 P_0과 P_t 모두에 영향을 끼쳐 투자수익률 실현에 핵심적인 역할을 한다.

• **가치평가의 목적**

기업가치평가는 다음과 같은 목적으로 사용될 수 있다.

1) 투자의사결정을 위한 가치평가

가치평가는 기업투자를 위해 필수불가결한 작업이다. 자극적 표현이지만 가치평가 없이 투자하는 것은 투기와 같다. 가격이 어떻게 변동할지 모를 자산에 내 재산을 거는 것이기 때문이다. 그것은 무작위의 결과를 기다리는 투기와 다를 바 없다. 가치를 평가하는 과정에서 대상기업을 알아 가게 되고, 기업이 창출한 현금흐름의 규모를 추정하게 된다. 가치평가를 견고하고 냉철하게 수행할수록 적정가격에 근사한 가치를 알아 가게 된다. 뉴욕대학교의 저명한 재무학 교수인 다모다란이 집필한 《투자가치평가 Investment Valuation》라는 책에 다음과 같은 글이 있다.

"A postulate of sound investing is that an investor

does not pay more for an asset that it's worth."

해석하자면 '건전한 투자의 전제는 투자자가 자산의 가치보다 더 지불하지 않는 것이다'라는 의미이다. 위의 원문에서 두 단어 'pay'와 'worth'를 '가격^{price}'과 '가치^{value}'의 차이로 해석할 수 있다. 따라서 현명한 투자자는 자산의 가치보다 비싸게 사지 않아야 하며, 자산의 가치를 평가하기 위해 가치평가^{valuation}를 수행해야 한다. 기본적인 말이지만 많은 투자자들이 간과할 수 있는 과정이다.

투자의 전제: 가치^{value} 〉 가격^{price}

투자대상이 되는 기업은 매출액 성장률에 따라 벤처기업, 성장기업, 성숙기업, 쇠퇴기업으로 구분할 수 있고, 상장여부에 따라 상장기업과 비상장기업으로 구분할 수 있다. 기업의 형태가 다양한 만큼 가치평가의 방법론의 선택도 중요할 수 있다. 이것에 대해서는 차근차근 알아 가 보도록 하겠다.

2) M&A를 위한 가치평가

M&A 이벤트의 참여자는 자산을 매수하는 Buy-side와 매각하는 Sell-side로 구분될 수 있다. 가치평가는 양자 모두에게 중요하다. 하지만 M&A시장에 투자할 자산보다 자본이 더 풍부한 경우 Buy-side에게 더 중요해질 수 있다. 자산의 공급보다 수요가 높아 가격이 상승할 수 있기

때문이다.

먼저 Buy-side의 경우 투자대상기업의 공정가치$^{fair\ value}$를 판단하기 위해 가치평가를 수행한다. 이때 매수가격은 기업의 매각형태, 즉 공개매각인지, 개별접촉인지, 또는 선택적공개인지에 따라 경매방식이나 개별협상으로 결정될 수 있다. 만약 공개매각에 참여한다면 가치평가의 역할은 더 중요해질 수 있다. 서로 매수하고자 하는 경쟁적 분위기에 판단력이 흐려져 가치보다 높은 가격을 지불한다면 잘못하다가 승자의 저주를 맛볼 수 있기 때문이다.

Sell-side의 경우 매각가격을 결정^{pricing}하기 위해 가치평가^{valuation}를 수행한다. 공개매각의 경우라면 가치평가는 최초 희망가격을 제시하는 가이드라인이 될 수 있다. 개별접촉의 경우 전략에 따라 Sell-side가 먼저 희망 매각가격을 제시하거나, Buyside가 먼저 제시할 수 있다. 공통적인 것은 가치평가를 통해 매각자산의 공정가치를 판단함으로 Buy-side와 협상력을 갖는다는 것이다.

Buy-side와 Sell-side의 다른 점은 Buy-side는 가치평가를 통해 기업인수로 인한 시너지 효과를 찾아야 한다는 것이다. 시너지란 인수합병을 통해 추가적으로 창출할 수 있는 부의 효과이다. 기업 A와 기업 B의 가치가 각각 10과 5라고 가정해 보자. 만약 A가 B를 인수한다면, 두 기업의 가치의 합은 산술적으로 15가 된다. 그러나 A가 B를 인수해 추가적인 부가가치를 창출할 수 있다면 두 기업의 가치의 합은 16 이상이 되어야 한다. Buy-side의 입장에선 바로 이 1 이상이 될 수 있는 시너지가 무엇인지 냉철하게 분석해 봐야 한다.

3) 자기자본 조달을 위한 가치평가

기업이 성장하기 위해 자기자본^{equity}을 조달하는 것은 필수이다. 벤처기업은 벤처캐피탈로부터 자본을 조달하고, 비상장기업은 거래시장에 상장될 때 기업공모^{IPO}를 통해 자본을 조달하며, 상장기업이 되어서도 추가적인 유상증자$^{follow-on}$를 통해 자본을 조달한다. 이때 투자자는 대상기업의 주식가치를 평가해 투자규모의 적정성과 그에 상응하는 지분율을 결정할 수 있다. 자본을 조달하는 입장인 기업은 높은 가치평가를 받아 투자금액 대비 낮은 지분율로 주식을 발행하는 것이 유리할 것이다. 반대로 투자자는 같은 투자금이라면 낮은 가치평가를 통해 높은 지분율을 확보하는 것이 유리할 것이다.

4) 그 외

그 외에도 기업가치평가는 여러 목적으로 사용될 수 있다.

- 대표적으로 투자은행이나 리서치기관에 속한 애널리스트들이 리서치리포트를 작성하기 위해 가치평가를 사용한다. 평가 목적은 현재 주가의 적정성을 판단하기 위함이며, 평가한 가치보다 현재 주가가 높을 경우 보류, 낮을 경우 매수 의견을 표시한다. 분석 대상기업은 주로 상장사이며, 투자자들이 관심 있어 하는 기업의 리포트를 더 많이 발행하는 편이다.
- 또한 자산운용사나 연기금 등의 금융기관들은 보유한 주식자산을 평가하기 위해 가치평가를 수행한다. 현재 보유 자산의 평가금액을 산출하고, 그에 따라 포트폴리오 수익률을 계

몸값 올리는 기업가치평가 실무

산할 수 있다. 이때 어떤 평가방법론을 적용하냐에 따라 펀드나 기금의 실적이 달라질 수도 있다.

- 현재 우리 회사의 가치를 알기 위해 평가하는 경우도 있다. 직원에게 스톡옵션을 부여하는 경우, 경영자의 경영성과를 판단하는 경우, 한 기업 내 투자자 간 소유권 분쟁이 발생해 조정이 필요한 경우, 회사의 부채비율을 구하기 위해 자기자본평가가 필요한 경우, 주식 승계의 경우 등이 그러한 사례들이다.

3. 글로벌 투자은행들의 가치평가법 - 테슬라와 애플 사례

본격적으로 가치평가의 방법론을 설명하기 전에 유명한 투자은행의 애널리스트들은 어떤 가치평가법을 사용하는지 알아보는 것은 유용할 수 있다. 공신력 있는 기관에서는 가치평가법을 어떻게 활용하는지 알 수 있기 때문이다.

증권사의 애널리스트들이 주식 리포트를 쓰는 이유는 투자자에게 한 기업에 대한 리서치 정보를 제공하기 위함이다. 애널리스트는 대상기업을 조사할 때 그 기업의 담당자를 만나 아직 공시되기 전의 정보를 접할 수 있다. 또한 대상기업에 관한 소비자의 피드백을 알기 위해 별도의 리서치를 수행할 수도 있고, 값비싼 통계자료나 산업리서치 등의 정보를 분석해 리서치에 반영할 수도 있다. 이 모든 것을 종합해 애널리스트는 리포트에 해당기업에 대한 목표주가$^{price\ objective}$를 제시하고 현재 주가와 비교해 매수나 매도 또는 보류에 대한 의견을 제시한다. 투자자들은 주식을 매수하거나 매도하기 위해 이러한 애널리스트의 리서치를 참조한다. 서두에서 설명한 가격과 가치의 관점에서 애널리스트가 제시한 목표주가는 그들의 의견으로 평가한 가치라고 할 수 있고, 현재 시장의 주가는 가격이라고 할 수 있다.

　그림 1-2는 JP모건과 BOA가 2020년 10월에 작성한 미국의 테슬라^{Tesla} 리서치리포트에서 목표주가와 주가산정의 근거를 발췌한 것이다. 매출액 규모로 JP모건은 세계에서 가장 큰 투자은행이며 BOA는 메릴린치를 인수한 후 자산순위 3위까지 도약했다. 테슬라는 캘리포니아에 본사를 둔 미국의 전기차 생산회사로 엘론머스크$^{Elon\ Musk}$가 최대주주이자 CEO로 역임하고 있다.

	JP모건	BOA
리포트 발행일	2020년 10월 22일	2020년 10월 2일
발행일의 테슬라 주가 (종가)	$426	$415
목표 주가[1]	$100 이하	$500 이상
주가 산정을 위해 적용한 가치평가법	DCF 평가법 50%와 상대가치평가법 50% 혼합 (상대가치평가법은 P/E, EV/EBITDA, Price-to-Sales의 혼합)	상대가치평가법 (상대가치평가법은 P/E, EV/EBITDA, EV/Sales의 혼합)
상대가치평가에 적용한 펀더멘털	2년 후 예상매출과 예상이익	5년 후 예상매출과 예상이익
상대가치평가에 적용한 배수[1]	P/E 26~29x, EV/EBITDA 11~14x, Price-to-Sales 2.5~3x	P/E 24~28x, EV/EBITDA 15~17x, EV/Sales 2.5~3.5x

그림 1-2. JP모건과 BOA의 테슬라 주식 리서치 비교 (출처: 톰슨로이터)

---

1)　리서치리포트의 저작권 문제로 정확한 숫자는 공개할 수가 없다.

　　　　　　　　　　　　몸값 올리는 기업가치평가 실무

그림 1-2는 비슷한 시점에서 적용한 가치평가법 방법론과 각 방법론에 사용된 수치가 투자은행마다 다르다는 것을 보여 준다. 먼저 테슬라의 주가를 계산하기 위해 JP모건은 현금흐름할인법^{DCF}과 상대가치평가법을 혼용했고, BOA는 상대가치평가법만 활용했다. 또한 상대가치평가법에 사용된 방법론은 총 세 가지인데 그중 한 가지가 각각 다르다. JP모건은 Price-to-Sales, 즉 매출액 대비 '주식가치'의 비율을 적용했고, BOA는 EV/Sales, 즉 매출액 대비 '기업가치' 비율을 적용했다.

상대가치평가를 위해 사용된 테슬라의 예상실적의 시점도 각각 다르다. JP모건은 2년 후 예상실적을 사용했고, BOA는 5년 후 예상실적을 사용했다. 그뿐만 아니라 상대가치평가에 적용한 비교기업들의 배수도 두 은행 간 조금씩 다르다. 이것은 두 은행이 테슬라와 비슷한 다른 상장사를 선택할 때 서로 다른 기업을 선택했거나, 배수의 시점 선택이 다를 수 있기 때문이다.

이번엔 RBC캐피탈과 Oppenheimer가 2020년 10월에 작성한 애플^{Apple} 리서치를 비교해 보자. RBC캐피탈은 캐나다의 최대은행인 RBC의 투자은행 부문이며, Oppenheimer는 약 100조 원의 자산을 운용하는 미국의 한 투자은행이다. 애플은 미국 캘리포니아에 본사를 두고 아이폰을 비롯해, 컴퓨터와 소프트웨어를 개발하고 판매하는 현재 세계 최대의 기술회사 중 하나이다.

	RBC 캐피탈	Oppenheimer
리포트 발행일	2020년 10월 29일	2020년 10월 30일
발행일의 테슬라 주가 (종가)	$115	$110

목표 주가 [2]	$130 이상	$120 이상
주가 산정을 위해 적용한 가치평가법	상대가치평가법 중 P/E	상대가치평가법 중 P/E
상대가치평가에 적용한 펀더멘털	2년 후 예상이익	1년 후 예상이익
상대가치평가에 적용한 배수 [2]	P/E 29~30x	P/E 30~31x

그림 1-3. RBC캐피탈과 Oppenheimer의 애플 주식 리서치 비교 (출처: 톰슨로이터)

애플 주식가치를 산출하기 위해 두 투자은행은 같은 방법론을 적용했다. 두 은행 모두 상대가치평가 방식에서 가장 많이 활용되는 P/E 방식을 사용했다. 또한 두 은행 모두 애플의 주식가치를 현재 주가보다 약간 높게 평가했다. 하지만 그 정도의 차이가 존재한다. RBC는 그 가치를 $130 수준으로 평가했고, Oppenheimers는 $120 수준으로 평가했다. 이것은 P/E에 투입된 애플의 예상이익과 비교기업으로부터 발췌한 배수가 다르기 때문이다. RBC는 애플의 2년 후 예상이익을 사용했고, Oppenheimers는 1년 후 예상이익을 사용했다. 비교기업의 배수에서는 RBC가 Oppenheimers보다 약간 높은 수치를 적용했다.

위 두 사례에서 네 개의 투자은행이 실행한 가치평가로부터 우리는 아래의 사실을 확인할 수 있다.

• 같은 대상기업일지라도 주식가치평가 방식이 서로 다를 수 있다.

---

[2] 리서치리포트의 저작권 문제로 정확한 숫자는 공개할 수가 없다.

몸값 올리는 기업가치평가 실무

- 같은 평가방식일지라도 견해에 따라 투입되는 수치가 다를 수 있다.
- 상장기업의 주식가치평가는 주로 상대가치평가를 활용한다.

애플에 대해 두 은행은 모두 상대가치평가 방식의 P/E를 적용한 반면, 테슬라에는 여러 방법이 혼용되었다. 그런데 그럴 만한 이유가 존재한다. 테슬라는 최근 몇 년간 매출액이 크게 성장한 기업이지만 이익의 규모는 아직 적다. 따라서 이익만으로 평가하는 P/E방식을 적용할 경우 가치가 매우 낮게 평가돼 현재 주가를 설명하기가 매우 어렵다. 따라서 두 은행 모두 매출액으로 가치를 평가하는 Price-to-sale이나 EV/Sales를 포함시켰다. 대개 이 방식은 성장기업에 자주 사용된다. JP모건은 세 가지 방식의 상대가치평가에 DCF 평가 결과를 혼합했고, BOA는 상대가치평가법만 사용했다. 특히 BOA의 경우 5년 후의 예상실적을 사용했다. 성장기업으로 가정할 경우 매출액은 미래일수록 커질 수밖에 없다. 그로 인해 BOA의 예상주가가 훨씬 높게 나온 것이다.

애플의 경우는 테슬라와 다르다. 이익률이 매우 높아 이익으로 충분히 주식가치를 산정할 수 있다. 그러나 애널리스트의 정성적 판단으로 인해 한 애널리스트는 애플의 2년 후 이익과 배수 29~30을 사용했고, 다른 애널리스트는 1년 후 예상이익과 배수 30~31을 적용했다.

이와 같이 가치평가는 평가자의 견해에 따라 적용하는 평가방법론이 나를 수 있고, 또한 투입되는 수치도 당연히 다를 수 있다는 것이다. 다만 공통점은 네 투자은행 모두 상대가치평가법을 주로 활용했다는 것이다.

가치평가로의 접근

1. 기업가치와 주식가치의 차이를 먼저 알아야 하는 이유

혹시 기업가치와 주식가치의 차이를 구분할 수 있는가? 이 책을 읽는 독자라면 기업가치평가라는 용어는 종종 들어 봤을 줄로 안다. 그렇다면 주식가치평가라는 말도 들어 본 적이 있을지 궁금하다. 기업가치와 주식가치는 결코 같은 뜻이 아니다. 가치평가 방법론에 자세히 들어가기 전에 두 가치의 차이는 분명히 구분할 수 있어야 한다.

기업가치와 주식가치의 차이를 쉽게 이해하기 위해 아파트 구매를 먼저 생각해 보자. 서울의 한 동네에 있는 33평 아파트가 10억 원이다. 잠재적인 주택 구매자인 김 씨는 현재 6억 원을 보유하고 있다. 이 동네가 마음에 들었던 김 씨는 은행에서 주택담보대출 4억 원을 받아 본 아파트를 구매했다. 이 경우 김 씨가 구매한 아파트의 가격은 얼마라고 할 수 있는가?

아파트의 가격은 당연히 10억 원이다. 그러나 김 씨의 순자산, 즉 아파트 가격에서 은행의 차입금을 제외한 금액은 6억 원이다. 우리는 이것을 김 씨의 자본, 즉 자기자본이라고 할 수 있다. 그리고 아파트를 구매한 시점에서 아파트에 대한 김 씨의 재무현황은 다음과 같이 나타낼 수 있다.

보유자산	자본의 조달
아파트 10억 원	은행 차입금 4억 원
	자기자본 6억 원

그림 2-1. 아파트 구매 시점에 김 씨의 재무현황

한 단계 더 나아가 보자. 구매한 지 한 달도 안 돼 아파트 부근에 개발호재가 생겼다. 이로 인해 아파트 시세가 2억 원 상승했다. 김 씨는 아직 은행에 대출이자도 지급한 적이 없었다. 이 경우 김 씨의 자기자본 현황에는 어떤 변동이 생길까? 복잡한 절차 없이 우린 다음과 같이 계산할 수 있다.

보유자산	자본의 조달
아파트 12억 원	은행 차입금 4억 원
	자기자본 8억 원

그림 2-2. 개발호재 이후 김 씨의 재무현황

아파트의 시세가 2억 원 올라 김 씨가 보유한 자산의 가치는 이제 12억 원이다. 차입금에는 변동이 없기 때문에 은행 차입금은 여전히 4억 원이다. 그리고 아파트 시세에서 본 차입금을 제외한 8억 원이 김 씨의 자기자본이다.

• 기업가치 vs 주식가치

이 즈음에서 어쩌면 기업가치와 주식가치의 차이를 알아챌 수도 있을 것이다. 위 비유에 기업가치와 주식가치를 대입하면 아파트 가격이 기업가치이며, 김 씨의 자기자본이 주식가치라고 할 수 있다. 즉 기업가치란 기업이 본연의 영업을 하기 위해 보유한 자산의 총가치를 말한다. 그리고 그 기업가치에서 차입금액, 즉 채권자의 가치를 제외한 금액이 주식가치이다. 주식가치를 주주의 가치로 표현한다면 다음과 같은 공식이 성립된다.

기업가치 = 채권자의 가치 + 주주의 가치

위 공식은 앞으로 배우게 되는 현금흐름할인법이나 EV/EBTIDA 등에서 다시 언급될 것이며, 조금은 더 복잡해질 것이다. 평가방법론을 설명하기 전에 기업가치와 주식가치의 차이를 설명한 이유가 있다. 앞으로 소개할 가치평가 방법론들 중에서 어떤 방법은 기업가치 산출에 이르는 것이며, 또 어떤 방법은 주식가치 계산에 이르는 것이기 때문이다. 평가자는 가치평가를 수행할 때 선택한 방법론이 기업가치를 산출하는 것인지, 아니면 주식가치를 산출하는 것인지 분명히 구분할 수 있어야 한다.

2. 가치평가 방법론의 소개

가치평가의 방법론은 몇 가지의 기준으로 구분될 수 있다. 여기선 가치평가 시 대상기업 본연의 재무현황만으로 평가하느냐 아니면 대상기업과 유사한 비교기업들의 시장가격을 참조하느냐로 구분하고자 한다. 우리는 전자를 절대가치평가 방식이라 하고, 후자를 상대가치평가 방식이라고 한다. 각각의 방법론에 속하는 평가법과 각 평가법이 도출하는 가치의 종류는 그림 2-3과 같다.

분류	절대가치평가	상대가치평가
하위 평가법	• 순자산가치평가법(또는 장부가치) → 주식가치 • 현금흐름할인법 　- 배당할인모델 → 주식가치 　- 잉여현금흐름할인모델 → 기업가치 또는 주식가치 • 잔여이익모델 → 주식가치	• 상대가치평가법(또는 시장접근법) 　- 이익 배수 → 기업가치 또는 주식가치 　- 장부가치 배수 → 기업가치 또는 주식가치 　- 매출액 배수 → 기업가치 또는 주식가치

그림 2-3. 가치평가 방법론의 구분

● **절대가치평가법**

절대가치평가 방법에는 순자산가치평가, 현금흐름할인법, 잔여이익모델이 있다. 먼저 순자산가치란 기업이 보유한 자산에서 부채의 가치를 제외한 가치, 즉 자기자본의 가치를 말한다. 이때 자산과 부채는 장부가치가 아닌 시장가치로 환산해 평가할 때 실제 자기자본의 가치를 더욱 잘 반영할 수 있다. 본 평가법은 계산이 쉽다는 장점이 있지만, 기업이 영업활동으로 얻는 이익의 가치를 반영하지 못한다는 단점이 있다. 또한 유형자산 비중이 높은 기업에는 적합할 수 있지만, 무형자산 비중이 높은 기업에는 적용하기 어려울 수도 있다. 기술, 브랜드, 노하우, 또는 저작권과 같은 무형자산을 시장가치로 환산하는 방법이 어렵기 때문이다. 따라서 본 평가법은 청산을 앞두고 있거나 파산에 직면한 기업에 적합한 방법이며, 무형자산보다 유형자산 비중이 높은 기업에 적합할 수 있다.

두 번째, 현금흐름할인법^{DCF (Discounted Cash Flow) Model}은 이해관계자가 사업으로부터 얻는 미래의 현금을 현재가치로 환산해 평가하는 방법이다.

$$\text{Value} = \sum_{t=1}^{n} \frac{CF^t}{(1+r)^t}$$

n: 사업의 연수
CF^t: t시점의 현금흐름
r: 사업의 위험을 반영하는 할인율

현금흐름할인법은 가치평가의 대표적인 방법으로 기업뿐 아니라 부동산이나 프로젝트와 같은 대체자산에도 사용할 수 있다. 이러한 자산들은 그 고유의 사업활동을 통해 현금흐름을 창출하기 때문이다. 기업의 경우 배당할인모델과 잉여현금흐름모델이 현금흐름할인법^{DCF}에 속한다.

- 배당할인모델 주주가 기대할 수 있는 미래의 배당금을 현재가치로 환산해 평가하는 방법이다. 주주에게 귀속되는 현금흐름을 반영하므로 본 평가법은 주식가치를 산출한다.
- 잉여현금흐름^{FCF (Free Cash Flow)}이란 기업이 영업활동을 통해 창출하는 현금흐름에서 투자를 위해 사용한 현금을 제한 후 실

제 기업에 남는 현금흐름을 뜻한다. 잉여현금흐름은 또한 채권자와 주주 모두에게 귀속되는 현금흐름^{FCFF (Free Cash Flow to Firm)}과 주주에게만 귀속되는 현금흐름^{FCFF (Free Cash Flow to Equity)} 으로 구분된다. 전자를 사용하면 기업가치를 얻을 수 있고, 후자를 사용하면 주식가치를 얻게 된다. 한편 잉여현금으로 산출한 가치는 기업 본연의 펀더멘털 요소로 도출한 가치이므로 내재가치^{intrinsic value}라고도 한다. 잉여현금흐름모델은 기업가치나 주식가치를 구하기 위해 사용되는 대표적인 평가법으로 실무에서 아주 중요하게 사용되고 있다.

마지막으로 잔여이익^{Residual Income}모델이란 기업의 현재 장부가치에 미래의 잔여이익을 반영하는 모델이다. 잔여이익이란 기업의 당기순이익에서 주주에게 지불해야 하는 비용을 제하고 남은 이익을 의미한다. 기업의 순자산가치에 미래 잔여이익의 현재가치를 더한 것이므로 주식가치를 도출한다. 또한 방식적인 측면에서 위 두 모델의 혼합형이라고 볼 수 있다.

$$V_0 = BV_0 + \sum_{t=1}^{t=n} \frac{RI^t}{(1 + r_e)^t}$$

n: 기업의 연수
BV: 기업의 장부가치 또는 순자산가치
RI^t: 잔여이익
r_e: 주주의 자본비용

- **상대가치평가법**

상대가치평가법^{Relative Valuation}이란 대상기업과 유사한 기업이 시장에서 거래되고 있는 가격을 참조해 대상기업의 가치를 추정하는 방법이다. 이것은 마치 내가 사는 아파트의 가격을 추정하기 위해 유사한 조건을 가진 아파트의 거래가격을 참조하는 것과 유사하다. 한편 시장에서 거래되는 가격을 참조하므로 상대가치평가법을 시장접근법이라고도 부른다.

상대가치평가법에선 아래와 같은 공식으로 계산되는 비교기업들의 시장배수를 활용해 대상기업을 평가한다. 분모인 재무지표는 비교기업들의 이익이나 장부가치 또는 매출액 등으로 구성된다. 분자인 시장가격은 비교기업들의 주가^{price}가 될 수도 있고, 기업가치^{EV}가 될 수도 있다. 분자가 주가인 배수를 활용하면 대상기업의 주식가치를, 분자가 기업가치인 배수를 활용하면 대상기업의 기업가치를 추정하게 된다.

$$\text{배수}^{multiple} = \frac{\text{비교기업들의 시장가격}}{\text{비교기업들의 재무지표}}$$

배수란 '특정 재무수치 대비 가격이 몇 배로 형성되어 거래되는가'를 의미한다. 분모에 오는 재무지표의 종류에 따라 배수를 크게 세 가지로 구분할 수 있다.

- 첫째는 이익배수이다. 분모에 이익을, 분자에 가격을 대입함으로 기업의 가격이 이익 1원 대비 몇 배로 형성되었는가를 의미한다. 바꿔 말하면 투자자가 해당 기업을 살 때 이익 1

원 대비 몇 배의 가격을 지불하는가로 해석할 수 있다. 주가수익비율$^{PER\ (Price\ to\ Earning\ Ration)}$과 EV/EBITDA가 대표적인 이익배수에 속한다. 전자는 주가를 주당순이익으로 나눈 비율이며, 후자는 기업가치를 영업이익과 감가상각비의 합, 즉 EBITDA로 나눈 비율이다.

- 둘째는 순자산배수로 주식가치를 순자산의 배수로 표현한 것이다. 즉 장부가치 대비 주가가 몇 배로 형성되었는가를 의미한다. 배수가 높을수록 시장에서 그 기업의 장부가치를 더 높게 평가하고 있는 것이다. 순자산배수로는 주가순자산비율$^{PBR\ (Price\ to\ Book\text{-}value\ Ratio)}$이 대표적이다. 주가를 주당순자산가액으로 나눈 비율이다.

- 마지막으로 매출배수가 있다. 매출액 대비 몇 배의 주가 혹은 기업가치로 형성되었는가를 의미한다. 매출액배수로는 주가매출비율$^{PSR\ (Price\ to\ Sales\ revenue\ Ratio)}$과 기업가치매출비율^{EVSR} $^{(Enterprise\ Value\ to\ Sales\ revenue\ Ratio)}$이 있다. 전자는 주가를 주당순매출액으로 나눈 값이며, 후자는 총기업가치를 매출액으로 나눈 값이다.

위의 세 가지 유형 말고도 기업가치를 잉여현금흐름으로 나누거나 특정섹터가 갖는 사용자 수로 나누는 비율도 있다. 그러나 보편적으로 실무에서는 위의 세 가지 유형을 가장 많이 사용하고 있다.

상대가치평가법은 비교적 사용이 간편하고 시장가격을 반영한다는 장점이 있다. 그러나 때로는 주식시장의 분위기를 반영하는 것이 약점이 될 수 있다. 시장에서 특정 섹터를 과대평가하거나 과소평가할 경우 대상기업 평가도 시장의 편향을 반영하게 되기 때문이다.

지금까지 설명한 평가법들을 다른 기준으로 분류할 수도 있다. 가치 평가를 어느 측면에서 접근하느냐에 따라 그림 2-4와 같이 자산접근법, 이익접근법, 그리고 시장접근법으로 분류하기도 한다. 그러나 각 평가 법을 분류하는 방식만 다를 뿐 본질적 내용에는 변함이 없다.

분류	자산접근법	이익접근법	시장접근법
하위 평가법	• 순자산가치평가법	• 현금흐름할인법 • 잔여이익모델	• 상대가치평가법

그림 2-4. 가치평가 방법론의 구분

이 외에도 국내에선 법률에 따라 '상속·증여세법'에 따른 평가법, '자 본시장과 금융투자업에 관한 법률'에 따라 비상장법인에 대해 본질가치 평가법이 있다. 특히 후자의 본질가치평가법은 순자산가치와 미래의 수 익가치를 혼합한다는 측면에서 잔여이익모델과 비슷한 측면이 있다. 그 러나 이 책에서는 투자목적에 따라 실무적으로 가장 많이 사용되고 있 는 현금흐름할인법과 상대가치평가법을 집중해서 설명하게 될 것이다.

3. 현금흐름할인의 기초 - 미래 현금흐름의 현재가치 계산

현금흐름할인법에서 미래 현금흐름을 추정해 현재가치로 환산하는 작업은 필수적이다. 기업이 오늘 창출하는 100만 원과 5년 후 기대되는 100만 원의 가치는 다르기 때문이다. 5년 후 현금흐름은 두 가지의 위험을 내포하고 있다. 첫째는 물가상승률을 반영하지 못해 오늘의 100만 원보다 낮은 가치를 지닐 수 있다. 둘째는 사업 위험도가 높은 경우 5년 후 실제 100만 원을 창출하지 않을 수도 있다. 100만 원보다 많을 수도 있고, 100만 원보다 적을 수도 있다. 통계적으로 100만 원보다 많은 금액을 창출할 가능성을 상승위험upside risk, 100만 원보다 적은 금액을 창출할 가능성을 하락위험downside risk이라고 한다.

실무에선 미래 현금흐름의 현재가치 계산을 대개 스프레드 쉬트에서 수행한다. 일정한 로직만 적용하면 계산이 단순해질 뿐만 아니라 복잡한 평가모델도 수월하게 작업할 수 있기 때문이다. 미래 예측되는 현금흐름을 현재가치로 환산하는 기본공식은 다음과 같다.

$$V_0 = \sum_{t=1}^{n} \frac{CF^t}{(1 + r)^t}$$

n: 사업의 기간
CF^t: t시점에 예측되는 현금흐름
r: 사업의 위험을 반영하는 할인율

n은 사업의 기간이다. 기업의 경우 대개 영속적으로 운영된다고 가정하기 때문에 무한대를 적용한다. r은 미래의 현금흐름을 현재가치로 환산시키는 할인율이다. 현금흐름이 안정될수록 낮고, 불안정할수록 높아진다. CF^t는 t시점에 기업으로부터 기대할 수 있는 현금흐름이다. 본 현

금흐름을 배당금으로 보면 배당할인모델이 되고, 잉여현금흐름으로 보면 잉여현금흐름할인모델이 되는 것이다.

● **타임라인과 현재가치 계산**

미래 현금흐름을 현재가치로 계산하는 작업은 타임라인을 그리는 것으로부터 시작된다. 타임라인이란 현재를 0으로 두고 시간에 따라 미래의 현금흐름을 나열하는 단순한 그래프이다. 미래에 한 번의 현금흐름이 발생하는 것을 예로 들어 보자.

위의 경우 5년 후 100만 원의 현금흐름을 타임라인에 표시한 것이다. 0은 현재를, 5는 5년 후를 의미하며, 100만 원은 양의 현금흐름을 의미한다. 먼저 소개한 공식을 활용해 10%의 할인율로 5년 후 100만 원을 현재가치로 계산하면 약 62만 원이 된다. 다시 말해 할인율이 10%일 경우 현재의 62만 원과 5년 후 100만 원의 가치는 같다는 것이다.

$$62만 원 = 100만 원 / (1 + 0.1)^5$$

시간의 간격은 보통 연 단위로 구분하며 필요에 따라 분기나 반기, 또는

몸값 올리는 기업가치평가 실무

월별로 구분할 수도 있다. 현금흐름의 경우 수입이 지출보다 많다면 양(+)의 현금흐름, 수입보다 지출이 높다면 음(-)의 현금흐름이 될 것이다.

- **다중 현금흐름의 현재가치 계산**

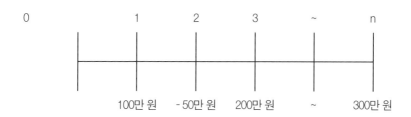

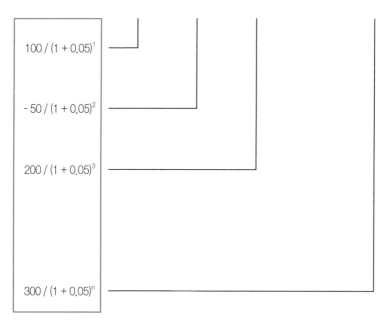

그림 2-5. 다중 현금흐름의 타임라인과 현재가치 계산

두 번 이상의 다중 현금흐름이 발생할 경우 타임라인은 그림 2-5와 같이 된다. 그림 2-5는 n기간에 발생한 현금흐름을 타임라인에 표시한 것이다. 현금흐름은 1년째부터 100만 원이 발생해 2년째 -50만 원, 3년째 200만 원, 그리고 n년째 300만 원이 발생했다. 0시점 아래의 박스는 각 시점에서 발생한 현금흐름을 5%의 할인율에 현재가치로 계산한 것들을 보여 준다. 이것들을 모두 더하면 곧 사업의 총가치가 된다.

$$V_0 = \sum_{t=1}^{n} \frac{CF^t}{(1 + r)^t}$$

앞서 언급한 것처럼 현금흐름할인법은 기업뿐 아니라 미래에 현금흐름을 발생시키는 모든 자산에 적용될 수 있다. 만약 대상자산이 오피스텔일 경우 CF^t에 오피스텔로부터 기대되는 순영업이익을 대입하면 V_0는 오피스텔의 가치가 된다. 대상자산이 프로젝트일 경우 CF^t에 프로젝트에 투입되는 비용과 발생할 매출을 대입하면 V_0은 순현재가치[NPV]가 된다.

4. 기업가치평가 준비를 위한 재무제표 분해

기업가치평가를 수행하기 위해 대상기업의 재무제표를 분석하는 작업은 매우 중요하다. 상대가치평가를 적용할 경우 재무상태표에서 순자산가치를, 손익계산서에서 매출액이나 이익, 또는 주당순이익^{EPS}을 추정할 수 있다. 잉여현금흐름모델을 적용하는 경우라면 더욱 중요해질 수 있다. 현금흐름을 추정하기 위해 손익계산서에서 역사적 원가구조를 분석해야 하고, 재무상태표에서 자산과 부채의 구성을 구분해야 하며, 현금흐름표에서 영업용현금흐름과 재투자 현황을 파악해야 한다. 가치평가 수행을 위해 회계적 재무제표를 어떻게 재해석해야 하는지 살펴보도록 하자.

● **재무상태표의 재해석**

자산 (Asset)	부채 (Liabilities)	
영업용자산	영업용부채	
	금융부채	→ **이자비용: 채권자의 가치**
비영업용자산		
	자기자본 (Equity)	→ **배당 등: 주주의 가치**

그림 2-6. 재무상태표의 도해

회계적으로 재무상태표는 유동성을 기준으로 계정들을 배열한다. 그래서 자산은 유동자산과 비유동자산으로 구분되고, 부채는 유동부채와 비유동부채로 구분된다. 재무상태표를 가치평가 관점에서 보려면 사업의 연관성으로 구분할 필요가 있다. 그러면 그림 2-6과 같이 자산을 영업용자산과 비영업용자산으로 구분하고, 부채를 영업용부채와 금융부채로 구분할 수 있다.

- 자산에서 영업용자산은 대개 영업을 위한 현금이나 현금등 가물, 매출채권, 영업관련의 유가증권, 지분법투자주식, 영업을 위한 유형자산과 무형자산, 그리고 퇴직보험예치금 등이 있다.
- 비영업용자산으로는 초과보유한 현금 및 현금등가물, 장단기 금융상품, 비영업관련의 대여금, 투자를 위한 유가증권이나 유형자산 등이 있다.
- 부채에서 영업용부채로는 매입채무, 미지급금과 미지급비용, 예수금이나 선수금, 그 외에 무이자성 부채 등이 있다.
- 금융부채에는 장단기 차입금, 유동성 장기부채, 그리고 채권 등이 있다.

　한편 그림 2-6의 재무상태표에서 자본조달 측면인 대변에는 부채와 자기자본이 있다. 부채에서 금융부채는 채권자에게 자본비용으로 이자를 지급하므로 채권자의 가치를 나타낸다. 또한 자기자본은 주주에게 자본비용으로 배당금과 자본소득을 안겨 주므로 주주의 가치를 나타낸다. 회계적으로 자산은 부채와 자본의 합이다. 이것을 평가적 측면에서 보면 기업가치는 채권자의 가치와 주주의 가치의 합이 된다고 볼 수 있다.

자산 = 부채 + 자본

↓

기업가치 = 채권자의 가치 + 주주의 가치

이때 채권자와 주주의 가치는 장부가치가 아닌 시장가치여야 한다. 장부가치는 대개 역사적원가로 구성돼 현재의 가치를 반영하지 못할 수 있다. 부채의 경우 장부가치와 시장가치는 비슷할 수 있다. 시장에서 유통되는 채권의 경우 장부가치와 시장가치가 조금 다를 수 있지만 매우 큰 차이를 보이지 않는 경우가 많다. 그러나 자기자본의 경우는 다르다. 자기자본 증권인 주식의 시장가치는 투자자들의 기대감을 반영하기 때문에 장부가치와 크게 달라질 수 있다. 일반적으로 투자자들이 미래에 더 많은 이익을 낼 것으로 기대할수록 그 주식의 시장가치는 장부가치보다 훨씬 높아진다. 이러한 자기자본의 장부가치와 시장가치의 비율을 나타내는 지표가 주가순자산비율[PBR]이다. 본 지표는 상대가치평가법에서 자세하게 논의하게 될 것이다.

● 손익계산서

손익항목	이해관계자
매출액	→ 채권자와 주주
매출원가와 판매관리비	
영업이익	→ 채권자와 주주
금융비용	→ 채권자
세금	
순이익	→ 주주

그림 2-7. 손익계산서의 도해

손익계산서를 평가관점에서 해석할 때 각각의 손익항목이 의미하는 것과 그 이해관계자를 정확하게 이해해야 한다. 그림 2-7에서 제시한 손익항목을 순서대로 살펴보자.

- 매출액은 자기자본과 부채로 구입한 자산을 운영해 창출한 총 수익이다. 채권자와 주주가 제공한 자금으로 창출한 수익이므로 매출액은 채권자와 주주 모두와 이해관계를 갖고 있다.
- 영업이익은 매출을 창출하기 위해 투입된 비용, 즉 매출원가와 판매관리비를 매출액에서 제한 후의 이익이다. 아직 이자비용을 지급하기 전의 이익이므로 영업이익도 채권자와 주주 모두와 이해관계를 갖는다. 따라서 영업이익은 채권자의 가치와 주주의 가치, 즉 기업가치를 이루는 근간이 된다.
- 금융비용은 채권자에게 귀속되는 자본비용으로 채권자의 가치를 나타낸다. 또한 금융비용만큼 세전이익을 줄여 세금을 덜 내게 해 주는 효과를 갖는다. 가치평가 측면에서 부채비용을 고려할 때 이 세제효과를 반영한다.
- 순이익은 영업이익에서 부채비용을 제한 후의 이익이므로 비로소 주주와만 이해관계를 갖는다. 순이익에서 주주에게 배당금을 지급하고 남은 유보금을 재투자 재원으로 활용해 자본소득을 형성한다. 따라서 순이익은 주식가치를 이루는 근간이 된다.

이 사항들을 정리해 각 손익항목을 근간으로 하는 가치평가법을 구분하면 그림 2-8과 같다.

항목	기업가치	주식가치
매출액	기업가치매출비율$^{EV\text{-}to\text{-}Sales}$	주가매출비율^{PSR}
영업이익	EV/EBITDA 기업으로의 잉여현금흐름^{FCFF}	
순이익		주가수익비율^{PER} 배당할인모형 주주로의 잉여현금흐름^{FCFE}

그림 2-8. 손익계산서의 도해

한편 EBIT란 이자 및 세전이익(Earnings Before Interest and Tax)으로 불리는 손익항목으로 순이익에 세금과 이자비용을 더한 이익이다. 실무에선 종종 영업이익과 EBIT를 같게 여기는 경우가 있다. 그러나, 자산의 처분손익이나 각종 평가손익과 같은 영업외손익에 따라 영업이익과 EBIT의 크기는 달라질 수 있다. 영업이익은 매출액을 시작으로 계산한 이익이며, EBIT는 순이익을 시작으로 계산하기 때문이다. 영업이익과 EBIT를 같게 여기는 경우는 대개 미래 손익계산서를 추정하는 경우이다. 영업외손익이 미래에 얼만큼 발생할 것인지 예측하기 어렵기 때문이다. 이런 경우 영업외손익이 0에 가까워지므로 미래 영업이익과 미래 EBIT는 같아질 수 있다.

• 현금흐름표

항목	주요 내용
영업활동현금흐름 (CFO)	• 세금과 이자비용을 차감한 영업으로부터의 순현금흐름 • 특히 현금유출이 수반되지 않은 유무형 감가상각비를 조정

투자활동현금흐름 (CFI)	• 유·무형자산의 취득(Capital Expenditure)과 처분 • 금융자산의 처분과 취득 • 타 법인 주식의 처분과 취득
재무활동현금흐름 (CFF)	• 주식 발행 또는 매입 • 금융부채의 발행 또는 상환 • 배당금 지급

그림 2-9. 현금흐름표의 도해

　현금흐름표는 일정기간 동안 기업의 현금이 변동한 내역을 정리한 재무제표이다. 그림 2-9와 같이 현금흐름표는 세 영역으로 구성된다. 평가를 위해 각 영역은 무엇을 의미하는지, 가치평가를 수행할 때 감안할 점은 무엇인지 알아 둘 필요가 있다.

　첫째, 영업활동현금흐름은 기업이 영업활동으로 창출한 현금흐름을 정리한 내역이다. 한 기간의 성과는 대개 당기순이익으로 측정하지만 당기순이익은 실질적인 현금흐름을 반영하지 않는다. 따라서 당기순이익에서 실제로 현금흐름이 발생하지 않은 비용이나 수익을 현금흐름표에서 다시 조정함으로써 실제 현금흐름을 반영하게 된다. 여기에 매출채권, 재고자산, 매입채무와 같은 운전자본의 변동내역을 반영해 최종적인 영업활동현금흐름을 산출한다. 가치평가를 수행할 때 감가상각비와 운전자본 증감내역을 살펴봐야 할 때가 있다. 이때 본 영업활동현금흐름을 참조하는 것이 한 방법이 된다.

　둘째, 투자활동현금흐름은 크게 두 가지로 구성된다. 하나는 초과보유한 현금으로 시장수익률을 얻기 위해 금융상품에 매매하는 것이며, 다른 하나는 영업수익 증대를 위해 고정자산을 처분하거나 취득하는 것이다. 가치평가를 위해 우리는 후자의 활동을 집중적으로 분석할 필요

　　　　　　　　　　　　　　　몸값 올리는 기업가치평가 실무

가 있다. 특히 잉여현금흐름을 계산하거나 추정할 때 자본적지출 활동을 분석해야 하는데 그때 이 부분을 참조하게 된다. 타 기업 주식취득을 자본적지출로 고려할 경우 관련된 현금흐름도 이 부분에서 살펴볼 수 있다.

마지막으로 재무활동현금흐름은 주식이나 채권, 또는 차입금의 발행이나 상환한 활동의 내역들로 구성된다. 배당할인모형을 사용하는 경우라면 본 영역에서 배당금을 지급한 내역들을 볼 수 있다. 또한 회사잉여현금흐름^{FCFF}을 주주잉여현금흐름^{FCFE}으로 계산할 때 금융부채의 상환과 발행 내역을 살펴봐야 하는데 그때에도 이 영역을 살펴보게 될 것이다.

할인율의 결정

1. 할인율의 역할과 의미

● 할인율의 역할

가치평가에서 가장 중요한 작업은 대상기업이 창출할 미래의 현금흐름을 예측하는 것이다. 그렇게 예측한 현금흐름을 현재가치로 환산해 대상기업의 가치를 구하게 된다.

$$V_0 = \sum_{t=1}^{n} \frac{CF^t}{(1 + r)^t}$$

위 공식은 현금흐름할인법의 기본적인 공식이다. n은 현금흐름을 기대할 수 있는 기간이고, CF는 t시점에 기업이 창출할 것으로 기대되는 현금흐름이다. r은 해당 현금흐름을 현재가치로 환원하기 위해 사용되는 할인율이다. 즉 할인율은 미래 기대되는 현금흐름을 현재가치로 바꿔 주는 역할을 한다.

할인율의 크기는 CF^t가 기대에서 벗어나는 정도, 즉 CF^t의 변동성과 비례된다. 투자자 입장에서 미래에 CF^t가 변동되는 것은 위험이다. 바꿔 말하면 위험[risk]이란 투자자가 투자금과 그 수익을 기대한 대로 받지 못할 가능성을 의미한다. 할인율은 그 위험을 반영한 것이다. 위험이 클수록 할인율은 증가하고, 위험이 낮을수록 할인율은 낮아진다. 기대보다 높은 현금흐름이 발생할 위험을 상향위험[upside risk], 기대보다 낮은 현금흐름이 발생할 위험을 하향위험[downside risk]이라고 한다.

위험 = 미래 현금흐름(또는 기대수익률)의 변동성

그림 3-1과 같이 t시점에서 현금흐름 X와 Y가 기대된다고 가정하자. 현금흐름 X의 할인율은 r^1, 현금흐름 Y의 할인율은 r^2라고 하자. 만약 현금흐름 X는 안정적으로 발생할 것으로 기대되고, Y는 변동성이 클 것으로 예측된다면 같은 현재가치를 기대하는 경우 r^2는 r^1보다 커야 한다.

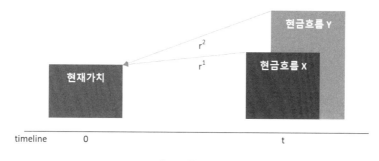

그림 3-1. 할인율의 크기

● 할인율의 의미: 할인율 = 기대수익률 = 자본비용

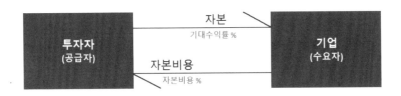

그림 3-2. 자본의 수요자와 공급자 입장에서 할인율

　자본의 수요와 공급 차원에서 보면 할인율의 의미를 더욱 잘 알 수 있다. 투자자는 기업에 자본을 제공하고 그 자본으로부터 수익을 기대한다. 자본을 소비하는 기업 입장에서 투자자가 요구하는 수익률은 자본비용이 된다. 투자자의 기대수익률과 기업의 자본비용이 맞아 떨어질 때 자본의 수급이 발생된다. 따라서 기대수익률과 자본비용은 같다고 할 수 있다. 수요자와 공급자 측에서 해석되는 용어의 차이인 것이다. 예를 들어 투자자가 한 기업에 1년간 10%의 수익률로 100원을 투자했다고 가정하자. 그 기업은 1년 후 투자자에게 110원을 갚아야 한다. 본 10원은 투자자의 입장에서 수익이며, 기업의 입장에서 비용이 된다. 이것을 현금흐름할인 공식에서 보면 10%는 미래의 현금흐름 110원과 현재의 100원을 같게 하는 할인율이 된다. 따라서 아래와 같은 공식이 성립된다.

할인율 = 기대수익률 = 자본비용

채권자에게 지급하는 비용은 부채비용이고, 주주가 제공한 자본의 비용은 자기자본비용이다. 따라서 주식가치를 구할 때 자기자본비용을 할인율로 사용하고, 기업가치를 구할 때 자기자본비용과 부채비용을 혼합한 가중평균자본비용을 할인율로 사용한다.

2. 부채와 자기자본의 비용 - 유명 기업들의 할인율 계산 실무

• 부채비용과 위험

기업은 두 가지의 형태로 자본을 조달할 수 있다. 하나는 부채이고, 다른 하나는 자기자본이다. 부채는 또한 두 가지 형태로 조달될 수 있다. 금융기관으로부터 차입하는 간접금융방식과 자본시장에서 채권을 발행하는 직접금융방식이다. 부채비용은 이러한 방식으로 조달한 자본의 대가로 채권자에게 지급하는 이자를 의미한다.

기업은 채권자에게 이자를 지급하고 원금을 상환해야 하는 의무가 있다. 채권자 입장에서 원금과 이자를 제때에 받지 못한다면 손실을 입을 수 있다. 따라서 부채위험이란 원금과 이자를 제때 받지 못하는 것, 즉 기업의 부도이다. 기업의 부도율은 신용등급으로 표현된다. 금융기관이나 신용평가기관은 기업의 신용등급을 그 기업의 사업성과 재무건전성을 바탕으로 평가한다. 신용등급이 높을수록 당연히 이자율은 낮아지게 된다.

Global Corporate Annual Default Rates By Rating Category (%)							
.	AAA	AA	A	BBB	BB	B	CCC/C
2009	0.00	0.00	0.22	0.55	0.75	11.01	49.46
2010	0.00	0.00	0.00	0.00	0.58	0.87	22.73
2011	0.00	0.00	0.00	0.07	0.00	1.68	16.42
2012	0.00	0.00	0.00	0.00	0.30	1.58	27.52
2013	0.00	0.00	0.00	0.00	0.10	1.65	24.67
2014	0.00	0.00	0.00	0.00	0.00	0.78	17.51
2015	0.00	0.00	0.00	0.00	0.16	2.41	26.67
2016	0.00	0.00	0.00	0.06	0.47	3.75	33.33
2017	0.00	0.00	0.00	0.00	0.08	1.00	26.45
2018	0.00	0.00	0.00	0.00	0.00	0.99	27.18
2019	0.00	0.00	0.00	0.11	0.00	1.49	30.05

그림 3-3. 신용등급에 따른 부도율 (출처: S&P Global Ratings)

그림 3-3은 글로벌 신용평가 3대 기관 중 하나인 S&P가 과거 10년간 글로벌 회사채의 부도율을 신용등급별로 나타낸 것이다. 그림으로 보면 좌측의 AAA가 가장 높은 신용등급이다. AAA와 AA의 부도율은 과거 10년 동안 0%이고, A는 2010년 이후로 0%이다. 반면, CCC 이하 등급의 부도율은 항상 높았던 것으로 보인다.

● 자기자본비용과 위험

기업이 주식을 발행해 자본을 조달하면 주주에게 주식을 발행하고 배당금을 지급해야 한다. 주식을 발행한다는 것은 경영에 간섭할 수 있는 권리를 부여하는 것이며, 이것은 의결권을 통해 행사된다. 따라서 기업의 입장에서 자본비용은 배당금과 의결권이 된다. 투자자 입장에서 수익은 배당금과 의결권이다. 만약 유통시장을 통해 주식을 매각하면 투자자의 수익은 배당금과 주식의 매수가격과 매각가격의 차이인 자본소득capital gain이 된다. 의결권을 통한 경영간섭은 궁극적으로 자본소득으로

몸값 올리는 기업가치평가 실무

연결된다고 할 수 있겠다. 따라서 투자자의 기대수익률은 다음과 같다.

$$r = \frac{\Sigma D^t + P_n}{P_0} - 1$$

r: 주주의 기대수익률

n: 주식 보유기간

D^t: t시점에 예측되는 배당금

$P_{0, n}$: 0과 n시점의 주가로 P_0은 매수가격,

P_n은 매각가격

주식의 기대수익률은 배당수익과 자본소득으로 구성된다. 따라서 주식의 투자위험은 배당금과 매각가격이 기대에서 벗어나는 것이다. 통계적으로 해석하면 기대수익률과 실제수익률의 차이가 된다. 이것을 통계학적으로 분산(σ^2) 또는 표준편차(σ)로 표현한다. 그림 3-4는 0을 기댓값으로 하는 정규분포이다. 그리고 모든 선의 기댓값을 0으로 보고, 0에서 벗어나는 것을 위험으로 본다. 따라서 그래프의 중심인 0에서 벗어날수록 위험이 더욱 커진다고 본다.

전통적 이론에서는 주식의 위험을 그 영향력에 따라 두 가지로 구분한다. 하나는 특정 회사나 몇 개의 회사에 영향을 끼치는 개별위험firm-specific risk이고, 다른 하나는 섹터나 시장 전체에 영향을 끼치는

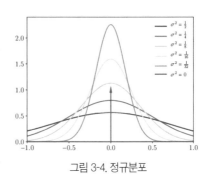

그림 3-4. 정규분포

시장위험market risk이다. 전자를 비체계적위험, 후자를 체계적위험이라고
도 한다. 비체계적위험은 여러 종류의 주식을 사면 살수록 제거되는 위
험이다. 개별위험은 소수의 주식에만 영향을 미치기 때문이다. 그러나
체계적위험은 제거할 수 없는 위험이다. 시장위험은 경제 전체에 영향
력을 끼쳐 전체 포트폴리오에 영향력을 미치기 때문이다. 개별위험과
시장위험의 중간에 위치하는 위험도 존재한다. 예를 들어 환율변동이
그러하다. 환율이 떨어질 경우 수출비중이 높은 기업들이 주로 손실을
입게 된다. 그러나 이자율의 변동이나 전쟁 발발과 같은 이벤트는 총체
적인 경제에 영향을 끼칠 수 있다. 따라서 이러한 이벤트는 시장위험으
로 분류된다.

그림 3-5. 주식위험의 종류

• 실무에서 자본비용을 구하는 방법

미국 버지니아대학교 교수인 Bruner 외 3명은 「자본비용 추정의 최고
실무」라는 논문에서 기업들이 잉여현금흐름모델을 사용할 때 실무적으
로 자본비용을 어떻게 측정하는지 조사했다. 이를 위해 IBM, 코카콜라,
디즈니를 비롯한 기업 27곳과 골드만삭스, JP모건을 비롯한 투자은행

몸값 올리는 기업가치평가 실무

10곳을 대상으로 설문조사를 실행했다. 또한 7개의 베스트셀러 교과서 내용을 추가적으로 참조했다. 21개의 질문 중 실무에 참조할 만한 주요 내용들을 일부 발췌했다.

질문	기업	투자은행	교과서
투자기회를 평가하기 위해 DCF 방법론을 사용하는가?	95% Yes	100% Yes	100% Yes
가중평균자본비용에서 부채와 자기자본의 비중을 어떻게 혼합하는가? A) 목표 비중 vs 현재 부채비율 B) 부채와 자기자본의 시장가치 vs 장부가치	A) 37% 목표 비중 37% 현재 비율 26% 보고 안함 B) 74% 시장가치 5% 장부가치 (21% 부채는 장부가치, 자기자본 시장가치)	A) 73% 목표 또는 최적 비중 27% 현재 비율 B) 100% 시장가치	A) 50% 목표 비중 B) 100% 시장가치
자기자본비용 추정을 위해 자본자산가격결정모형(CAPM)을 사용하는가?	90% Yes	100% Yes	100% Yes
CAPM에서 무위험이자율로 무엇을 사용하는가?	52% 10년 국고채 21% 20년 국고채 21% 30년 국고채	52% 10년 국고채 21% 20년 국고채 21% 30년 국고채	52% 10년 국고채 21% 20년 국고채 21% 30년 국고채
CAPM에서 베타는 어떻게 구하는가?	53% 블룸버그 참조 26% 블룸버그 외 소스 활용 37% 자체계산 (32% 언급 안함)	73% Barra접근법 펀더멘털 베타 44% 블룸버그 참조 18% 자체계산	100% 각각 별도 출처 언급
CAPM에서 어떤 시장 프리미엄을 사용하는가?	43% 역사적 자료 활용 16% 블룸버그	73% 역사적 자료 활용	100% 역사적 초과 수익률 언급

자기자본비용 추정을 위해 동종기업의 자료를 활용하는가?	26% Yes 32% No 42% 간접적 언급	82% 벤치마크로 사용	67% 산업베타 활용 추천
CAPM으로 자기자본비용을 추정한 후 개별위험을 반영하기 위해 추가적으로 조정을 하는가?	53% Yes 37% No	91% Yes	66% 추가조정 필요
얼마나 자주 회사의 자본비용을 조정하는가?	5% 월별 21% 분기별 16% 반기별 53% 연별	묻지 않았음	묻지 않았음
DCF에서 잔존가치 추정을 위해 어떤 방법을 사용하는?	묻지 않았음	100% 배수활용과 영속성장 DCF모델 모두 활용	100% DCF 고유의 공식 추천 50% 배수 사용추천

그림 3-6. 자본비용 추정 실무

(출처: Best Practices in Estimating the Cost of Capital: Survey and Synthesis)

그림 3-6은 투자검토를 위해 잉여현금흐름모델을 사용할 경우 기업들은 실무적으로 자본비용을 어떻게 추정하는지를 보여 주고 있다. 먼저 일반기업과 투자은행은 투자검토를 위해 잉여현금흐름모형을 중요한 방법론으로 여기고 있다. 본 모형은 가중평균자본비용^{WACC}을 할인율로 사용한다. 이때 부채와 자기자본을 비중별로 혼합해야 하는데 기업의 37%가 장기적인 목표비중, 37%는 현재비중을 참조하고, 투자은행의 73%는 목표비중을 활용한다고 대답했다. 또한 부채와 자기자본의 금액을 산정할 때 기업의 74%, 투자은행은 100%가 시장가치로 참조한다고 대답했다. 자기자본비용을 추정할 때 CAPM을 활용한다는 대답이 압도적이었다. CAPM으로 자기자본을 추정할 경우 무위험이자율, 베타, 시

몸값 올리는 기업가치평가 실무

장프리미엄 요소가 필요하다. 이때 무위험이자율로는 다수가 10년 만기 국고채, 베타는 블룸버그 자료 활용 또는 Barra접근법, 그리고 시장프리미엄은 역사적 자료를 사용한다고 답했다. 그리고 CAPM으로 자기자본비용을 추정한 후 회사의 개별위험을 반영하냐는 질문에 다수가 추가조정을 한다고 답했다. 교과서들도 여기서 추가적인 조정이 필요하다고 서술했다고 한다.

위 조사결과는 기업이 자본비용을 계산할 때 어느 정도 실무적 가이드라인을 제시한다는 점에서 유용한 부분이 있다. 또한 본 조사를 통해 자본비용 계산을 위해 구체적으로 정립된 이론이나 규칙은 없다는 것을 넌지시 알 수 있는 것이다.

평가자들은 각자가 접근할 수 있는 정보의 수준에 따라 도출할 수 있는 결과가 다를 수 있다. 따라서 평가자들은 각각의 케이스에 가장 적합한 방법론을 자기계산에 의해 선택할 필요가 있고, 때론 정성적인 판단을 수반해야 할 필요가 있을 것이다. 그림 3-6이 언급하는 것들이 지금 이해하기 어려울지라도 앞으로 자세히 설명될 것이므로 걱정할 필요는 없다.

3. CAPM - 다이슨의 자기자본비용

앞 단원에서 자본비용과 기대수익률은 같다고 했다. 기업 관점에서 현금흐름에 대한 할인율은 자본비용이고, 투자자 관점에선 기대수익률이다.

(주식가치 산출을 위한) 할인율 = 자기자본비용 = 주주의 기대수익률

기업의 자기자본비용은 배당금 지급과 의결권 부여이다. 투자자의 기대수익률은 배당수익과 의결권의 행사이다. 다만 투자자는 유통시장에서 주식을 매각해 매각차익을 얻을 수 있다. 기업 입장에서 보면 주주만 바뀔 뿐 기존 자본비용은 동일하게 유지된다. 이것을 정리하면 그림 3-7과 같다.

기업의 자기자본비용	배당금, 의결권 부여, 주주의 변동
투자자의 기대수익률	배당금, 의결권 행사, 매각차익

그림 3-7. 기업의 자기자본비용과 투자자의 기대수익률 비교

자기자본비용과 기대수익률은 이론적으로 같지만 실질적 내용은 그림 3-7에서 비교한 것처럼 같지 않다. 이유는 유통시장과 발행시장이 나뉘기 때문이다. 기업은 발행시장에서 주식을 발행 후 매매하지 않고 지속적으로 배당금을 지급하고 의결권을 부여한다. 반면 투자자는 배당금을 지급받고 의결권을 행사하다가 주식시장에서 매각해 자본소득을 얻는다. 따라서 엄밀하게 보면 기업과 투자자의 할인율을 구성하는 요소가 다르다. 그러나 두 입장을 다르게 대변하는 이론은 아직 정립된 것이 없어 양자가 같은 방식을 선택한다. 자기자본비용 산출을 위해 가장 널리 사용되는 방법은 자본자산가격모델(CAPM: Capital Asset Pricing Model)이다. 따라서 본 책에서는 CAPM을 중심으로 설명하도록 하겠다.

- CAPM

CAPM은 미국의 경제학자인 Jack Treynor 외 3명에 의해 소개된 자기자본비용 산출공식이다. 주식의 기대수익률을 체계적위험과 그에 대한 민감도의 관계를 공식으로 나타낸 것이다. CAPM의 공식은 다음과 같다.

$$K_e = R_f + \beta_i(R_m - R_f)$$

K_e: 자기자본비용, R_f: 무위험이자율, R_m: 마켓포트폴리오 m의 수익률,
$R_m - R_f$: 시장프리미엄, β: 체계적위험 또는 시장위험에 따른 주식 i의 민감도

CAPM 공식에서 자기자본비용은 무위험이자율, 시장프리미엄, 그리고 체계적위험에 대한 주식의 민감도로 구성된다. 각각의 구성요소를 정리하면 다음과 같다.

- R^f는 투자손실 위험이 없는 자산, 즉 무위험자산이 제공하는 수익률이다. 실무적으로 해당 주식이 거래되는 국가의 10년 만기 국고채 수익률을 가장 많이 참조한다.
- R^m은 마켓포트폴리오의 기대수익률이다. 마켓포트폴리오란 비체계적위험은 사라지고 체계적위험만 존재하는 완전히 분산된 포트폴리오를 의미한다. 실무적으로 해당 주식이 거래되는 주식시장 지수가 제공한 역사적 수익률을 사용한다.
- $(R^m - R^f)$은 시장프리미엄이라고 한다. 시장이란 주식시장을 의미하고, 프리미엄이란 무위험자산의 수익률을 초과하는 수익률을 의미한다. 바꿔 말하면 안전한 국고채 대신 주식에

투자함으로 얻을 수 있는 초과수익률을 의미한다.

- β^{i}란 개별주식 i[3]의 베타로 주식 i에 투자함에 따라 시장프리미엄이 증감되는 부분이다. β^{i}는 주식시장이 변동할 때 주식 i가 변동하는 정도를 의미한다. 즉 β가 1보다 크면 주식시장이 변동할 때 더 크게 변동된다는 의미이며, 1보다 작으면 덜 변동된다는 의미이다. 비상장기업의 β는 유사 상장기업의 β를 참조하기도 한다.

위의 내용을 참조해 CAPM을 다시 한번 해석해 보자. 투자자는 국고채에 투자하면 아무 위험 없이 국고채가 제공하는 수익률(R_f)을 얻을 수 있다. 국고채 대신 주식시장에 투자하면 시장위험에 노출되므로 그만큼 초과수익률(R_m - R_f)을 기대하게 된다. 주식시장에서 개별주식(또는 개별포트폴리오)에 투자하면 주식시장 변동에 따른 해당 주식의 민감도에 노출된다. 따라서 투자자가 주식 i에 투자할 때 주식 i에 대한 기대수익률은 'R_f + β_i(R_m - R_f)'가 된다.

● **CAPM으로 다이슨의 자기자본비용 산출**

CAPM을 실제 기업에 적용해 그 자본비용을 구함으로써 이해를 돕도록 하자. 다이슨$^{Dyson\ Ltd}$은 1991년 James Dyson이 설립한 영국의 비상장 기술회사이다. 진공청소기, 공기청정기, 헤어드라이어, 날 없는 선풍기, 히터 및 조명과 같은 가전제품을 디자인, 설계 및 제조하고 있다. 영국은

---

3) i는 개별주식일 수도 있고, 여러 주식으로 구성된 포트폴리오나 펀드가 될 수도 있다.

물론 한국을 비롯한 아시아, 유럽, 북미까지 진출한 글로벌 기업이다.

다이슨의 자기자본비용 추정을 위해 CAPM을 적용한다면 다음의 절차를 예측해 볼 수 있다.

> **Step 1**: 영국 10년 만기 국고채에 투자할 경우 손실 위험이 전혀 없는 수익률을 얻을 수 있다.
>
> **Step 2**: 무위험자산 대신 영국 주식시장에 투자할 경우 주식시장의 위험만큼 초과수익률을 얻어야 한다.
>
> **Step 3**: 영국 주식시장에서 다이슨 주식을 선택한다면 주식시장에 대한 다이슨의 개별민감도가 반영될 것이다.

그림 3-8은 본 절차를 순차적으로 적용해 계산한 다이슨의 자기자본비용이다.

		Source
R_f	0.26%	Thomson Reuters (10 Dec. 2020)
β	1.00	Beta of the peer group
Market Premium	6.40%	Thomson Reuters (10 Dec. 2020)
K_e	6.66%	

그림 3-8. 다이슨의 자기자본비용 계산 (출처: 톰슨로이터)

그림 3-8에서 R_f는 영국의 10년 만기 국고채 수익률이다. 다이슨은 영국기업이므로 영국의 국고채를 무위험이자율로 선택했고, 2020년 12월 기준 0.26%이다. 즉 다이슨 주식에 투자하지 않아도 아무 손실 위험 없이 0.26%의 수익률을 얻을 수 있다는 뜻이다. 그러나, 위험을 감수해 영

국 주식시장에 투자한다면 그에 상응하는 초과수익률을 기대해야 한다. 영국 주식시장의 대표적인 지수는 FT100이다. 역사적으로 볼 때 본 지수는 무위험자산보다 6.40%의 프리미엄을 제공해 왔다.

영국의 수많은 주식 중 다이슨 주식을 선택했으므로 β를 활용해 다이슨의 민감도를 반영해야 한다. 그러나 다이슨은 비상장주식이므로 시장가격이 없어 β가 형성되지 않았다. 따라서 다이슨의 β를 구하기 위해 다이슨과 유사한 상장기업의 β를 참조하는 것이 방법이

Comparable	Market cap (£, million)	β (5Y Monthly)
Renishaw plc	3,460	0.747
Spectris plc	2,954	0.712
ITM Power Plc	1,240	1.235
discoverIE Group plc	523	0.506
Strix Group Plc	444	0.650
Judges Scientific plc	328	0.945
The Vitec Group plc	317	1.213
TT Electronics plc	300	0.994
Gooch & Housego PLC	260	1.573
Quartix Holdings plc	166	1.420
Average		1.000

그림 3-9. 다이슨의 비교기업 베타 (출처 톰슨로이터)

될 수 있다. 다이슨의 비교기업 선정을 위해 영국의 가전제품, 전자부품, 그리고 과학기술장비 기업 10곳을 선정했다. 그림 3-9는 본 10개 기업의 리스트와 각 기업의 β를 보여 준다. 비교기업들의 평균 β는 1이다. β가 1이라는 것은 FT100 지수가 1% 변동할 때 다이슨 주가도 1% 변동된다는 의미이다. 이렇게 CAPM 공식에 따라 산출한 다이슨의 자기자본비용은 6.66%(= 0.26% + 1.00 × 6.40%)이다.

본 6.66%는 다이슨의 가치평가를 위한 할인율로 사용되기도 하지만 다른 의미로도 해석될 수 있다. 다이슨은 6.66%의 비용을 들여 자기자본을 조달했으므로 자기자본을 활용해 6.66%보다 높은 이익률을 내야 한다. 즉 자기자본비용보다 자기자본이익률이 높아야 한다는 것이다.

몸값 올리는 기업가치평가 실무

그제서야 비로소 이론적으로 다이슨의 자기자본의 시장가치는 장부가 치보다 높아진다.

$$K_e > \text{자기자본이익률}^{ROE}$$

• CAPM의 한계

실무적으로 자기자본비용 추정을 위해 CAPM을 많이 사용하지만 분명한 한계를 갖고 있다. CAPM은 투자시장에서 모든 자산이 거래되고, 거래비용은 없으며, 모든 투자자가 같은 정보에 접근할 수 있다는 비현실적인 가정을 기반으로 한다. 또한 오직 β만으로 주식위험을 측정한다. 즉 회사의 규모, 상장여부, 사업위험과 같은 개별환경 또는 위험을 고려하지 않는다. 이와 같은 한계를 극복하기 위해 평가자는 정성적인 판단으로 CAPM을 통해 얻은 비용에 개별위험을 더할 수도 있다. 그림 3-6의 '자본비용 추정 실무'에서 기업의 53%, 투자은행의 91%는 CAPM으로 자기자본비용을 추정한 후 개별위험을 반영한다고 대답했다. CAPM에 개별위험을 반영할 경우 CAPM 공식은 다음과 같이 변할 수 있다.

$$K_e = R_f + \beta_i(R_m - R_f) + \lambda_i$$

K_e: 자기자본비용, R_f: 무위험이자율, R_m: 마켓포트폴리오 m의 수익률,
$R_m - R_f$: 시장프리미엄, β_i: 체계적위험에 따른 주식 i의 민감도,
λ_i: 주식 i의 개별위험

다이슨의 경우를 생각해 보자. 다이슨은 비상장기업이다. 따라서 상

장기업들의 평균 β를 참조한 CAPM으로 자기자본비용을 산출할 경우 비상장기업이 갖는 주식의 유동성위험은 반영되지 않는다. 만약 평가자가 유동성위험 할인율을 20%로 본다면 다이슨의 자기자본비용은 7.99%가 된다.

$$7.99\% = 0.26\% + 1.00 \times 6.40\% + 6.66\% \times 20\%$$

4. 무위험이자율과 시장프리미엄

• 무위험이자율

무위험자산이란 투자손실이 전혀 없는 투자자산을 말한다. 무위험이자율이란 무위험자산이 제공하는 수익률로 투자자가 손실 위험 없이 얻을 수 있는 수익률이다. CAPM 공식을 사용해 자기자본비용을 구할 때 무위험이자율을 구해야 한다.

$$K_e = R_f + \beta_i(R_m - R_f)$$

실무에선 무위험자산을 선진국의 현지통화 국채로 대체한다. 만약 해외주식에 투자하면 해당국가의 현지통화 국채를 사용한다. 미국 주식에 투자할 경우 미국 국고채$^{\text{treasury bond}}$를 무위험자산으로 사용한다.

그렇다면 만기가 몇 년짜리인 채권을 선택해야 하는가는 또 다른 관건이 된다. 그림 3-6의 '자본비용 추정 실무'에서 실무적으로 10년 만기 국고채를 가장 많이 사용한다고 했다. 그러나, 투자자의 투자기간과 유사한 만기를 선택하는 것이 합리적일 것이다. 예를 들어 투자기간을 5년으로 설정할 경우 2년 만기 국고채를 선택한다면 2년 후 재투자위험을 갖는 시나리오가 된다.

만약 10년 만기 국고채를 선택한다면 5년 후 국고채를 매각한다는 가정이 내포되는데 해당 시점에서 해당 국고채 가격이 어떻게 변동될지 예측하기가 어렵다. 따라서 투자기간과 유사한 만기

	Name	B Yield
KR10YT=RR	KR 10Y KTB	1.6540
US10YT=RR	US 10Y T-NOTE	0.9361
EU10YT=RR	EURO 10Y DE BUND	-0.5870
GB10YT=RR	GB 10Y GILT	0.2120
DE10YT=RR	DE 10Y BUND	-0.5870
CN10YT=RR	CN 10Y T-BOND	3.2870
MX10YT=RR	MX 10Y T-BOND	5.3500

그림 3-10. 국가별 10년 만기 국고채 수익률
(출처: 톰슨로이터)

를 가진 국고채 수익률을 무위험이자율로 선택하는 것이 옳다. 투자기간이 불분명할 경우 실무에서 가장 많이 사용하는 10년 만기 국고채를 선택하는 것이 무난할 것이다.

그림 3-10은 2020년 12월 10일 기준 국가별 10년 만기 국고채 수익률이다. 위에서부터 한국, 미국, 유로, 영국, 독일, 중국, 멕시코의 국고채로 나열되어 있다.

● 개발도상국의 무위험이자율

개발도상국의 국고채는 무위험자산으로 보기 어렵다. 아르헨티나의 경우 1816년 독립 이후 아홉 번의 국가부도default를 경험했다. 어떤 외국

인투자자들은 한국의 국고채도 위험자산으로 보는 경우도 있다. 이런 경우 투자자는 해당국가의 국채와 함께 크레딧디폴트스와프(CDS: Credit Default Swap)를 매입한다. CDS란 해당 일정 수수료를 지급하면서 제3자[4]에게 해당 자산의 부도위험을 넘기는 것이다. 예를 들어 아르헨티나 국채를 매입한 후 제3자로부터 해당 CDS를 매입하고 일정 수수료를 지급한다고 하자. 이때 아르헨티나 국채의 부도가 발생하면 제3자가 투자자에게 해당 원리금을 대신 지급하는 것이다. 이 경우 투자자는 개발도상국 국채의 신용위험을 헷지할 수 있다. 본 개념을 적용해 개발도상국의 무위험이자율을 구할 수 있다.

개발도상국가의 무위험이자율 = 국채수익률 - 부도위험(또는 CDS금리)

개발도상국의 무위험이자율을 구해야 할 경우 해당국가의 국채수익률로부터 부도위험을 제거해 무위험이자율로 만들 수 있다. CDS 상품은 그 부도위험을 제거할 수 있는 금융상품이다. 따라서 CDS금리를 사용해 개발도상국의 국채를 무위험자산으로 만들 수 있다. 예를 들어 멕시코 주식시장에 투자했다고 가정하자. CAPM을 사용해 멕시코 주식의 자본비용을 구한다면 그림 4-6의 멕시코 10년 만기 국고채수익률 5.35%를 참조할 수 있다. 멕시코 국채가 안전하지 못하다고 판단할 경우 멕시코 국채수익률에서 CDS금리를 빼 부도위험을 제거할 수 있다. 톰슨로이터가 제공하는 멕시코 10년 만기 CDS금리는 2020년 12월 10일 기준 1.488%이다. 따라서 멕시코의 무위험이자율은 3.862%가 된다.

---

4) 대개 투자은행이 제3자의 역할을 한다.

몸값 올리는 기업가치평가 실무

$$\textbf{멕시코의 무위험이자율 = 5.350\% - 1.488\% = 3.862\%}$$

유료 정보서비스인 블룸버그나 로이터를 사용하면 국고채수익률, 시장프리미엄, CDS금리, 또는 부도위험$^{default\ spread}$ 등의 마켓정보를 쉽게 얻을 수 있다. 유료서비스 접근이 용이하지 못할 경우 구글이나 네이버에서 국·영문 키워드를 조합해 검색하면 일정 수준의 정보를 공개하는 사이트를 찾을 수 있을 것이다.

● 시장프리미엄

$$K_e = R_f + \beta_i(R_m - R_f)$$

시장프리미엄($R_m - R_f$)이란 마켓포트폴리오(m)의 투자위험에 대한 보상수익률을 의미한다. 무위험이자율을 초과하는 수익률을 제공한다는 의미에서 초과수익률이라 고도 한다. 이론적으로 마켓포트폴리오는 세상에 투자할 수 있는 모든 자산을 포함하고 있다. 따라서 비체계적위험은 사라지고 체계적위험만 존재하는 완전히 분산된 포트폴리오이다. 그러나, 현실적으로 불가능한 것이므로 실무에선 해당 주식시장의 주가지수를 사용한다. 시장프리미엄을 에쿼티리스크프리미엄$^{equity\ risk\ premium}$이라고도 하며, 줄여서 리스크프리미엄$^{risk\ premium}$이라고도 한다.

시장프리미엄은 장기간에 걸쳐 주가지수가 제공한 수익률과 국채수익률을 비교해 계산한다. 따라서 주식시장의 변동성이 클수록 시장프리미엄도 커지는 메커니즘을 갖고 있다. 그림 3-11은 톰슨로이터가 제공한 다섯 국가의 시장프리미엄이다. 국가명 옆에 마켓포트폴리오로 사용한 해당국가의 주가지수가 표기되어 있다. 2020년 12월 기준 미국, 영국, 한국, 멕시코, 그리고 독일의 시장프리미엄은 순서대로 6.05%, 6.40%, 5.11%, 4.23%, 5.79%이다.

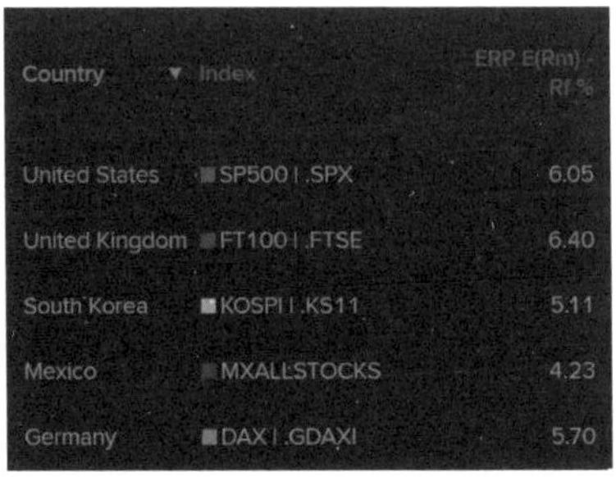

Country	Index	ERP E(Rm) - Rf %
United States	SP500 I .SPX	6.05
United Kingdom	FT100 I .FTSE	6.40
South Korea	KOSPI I .KS11	5.11
Mexico	MXALLSTOCKS	4.23
Germany	DAX I .GDAXI	5.70

그림 3-11. 국가별 시장프리미엄
(출처: 톰슨로이터)

시장프리미엄을 계산하기 위해 과거 데이터를 활용하므로 시장프리미엄은 과거 역사적인 수익률이라고 할 수 있다. 따라서 CAPM 공식은 마켓포트폴리오가 역사적으로 제공했던 초과수익률을 앞으로도 제공할 것이라고 가정한다. 이것은 CAPM 공식이 갖는 단점 중 하나이기도 하다. 예를 들어 그림 3-11에서 제공한 데이터 기준으로 미국 주식시장에 투자하면 향후 1년간 6.05%의 초과수익률을 얻을 것을 가정한다. 과거 데이터가 그랬기 때문에 앞으로도 그럴 것이라는 것을 가정하는 것이다.

5. 베타의 정의와 해석, 그리고 레버리지 베타

• 베타의 정의와 의미

CAPM에서 유일하게 개별주식의 속성을 반영하는 것은 β이다. CAPM

공식에서 β를 제거하면 같은 시장에 있는 모든 주식은 동일한 값을 갖는다. 따라서 CAPM을 활용할 경우 개별자산의 수익률은 β에 의해 결정된다.

$$K_e = R_f + \beta_i(R_m - R_f)$$

β_i는 마켓포트폴리오 m이 변함에 따라 개별주식 i가 얼만큼 변동하는가를 나타낸다. 한마디로 주식 i의 변동성[volatility]이다. β가 높을수록 변동성이 크고, β가 낮을수록 변동성은 작아진다.

$$\beta_i = \frac{Cov\ (R_i,\ R_m)}{Var\ (R_m)} = \frac{\sigma_{im}}{\sigma_m^2}$$

σ_{im}: 마켓포트폴리오 m과 주식 i의 공분산
σ_m^2: 마켓포트폴리오 m의 분산, 곧 위험

β는 마켓포트폴리오 m과 주식 i의 공분산을 마켓포트폴리오의 위험으로 나눈 값이다. 공분산은 두 자산 m과 i가 어떻게 함께 움직이는가를 나타낸다. 공분산이 양(+)일 경우 두 자산은 같은 방향으로 움직인다는 의미이며, 음(-)일 경우 서로 반대 방향으로 움직인다는 뜻이다. β의 결과는 다음과 같이 해석할 수 있다.

- β = 1: β가 1인 경우 주식이 마켓포트폴리오, 즉 주가지수와 동일하게 움직인다는 뜻이다. 주식 i가 주가지수와 정확하게 같이 움직일 경우 공분산 σ_{im}는 σ_m^2가 된다. 따라서 β는 1이 된다.

- β > 1: 주가지수가 움직일 때 주식 i가 더 많이 움직인다는 것이다. 따라서 주식 i는 주가지수보다 기대수익률이 크고, 그만큼 위험도 크다.
- 0 < β > 1: 주가지수보다 변동성이 작다는 것이다. 위험이 낮은 만큼 기대수익률도 높지 않다.
- β = 0: 주식 i는 주식시장 m의 움직임과 상관이 없다는 뜻이다.
- β < 0: 주식 i의 움직임은 주가지수와 반대방향이다. 절댓값이 커질수록 반대방향으로 더욱 크게 움직인다는 뜻이다.

● 회귀분석과 조정베타

블룸버그나 로이터와 같은 정보서비스는 주가지수와 개별주식의 과거 자료로 회귀분석한 역사적 β를 제공한다. 주식 i의 수익률을 종속변수로, 마켓인덱스 m의 수익률을 독립변수로 두고 회귀분석을 하면 다음과 같은 공식이 도출된다.

$$R_i = a + b \times R_m$$

a는 마켓인덱스와 상관없이 개별주식이 제공하는 수익률로 회귀분석의 절편이다. b는 주가지수가 변함에 따라 개별주식이 변하는 정도로 회귀식의 기울기가 된다. 이것이 바로 β이다.

그림 3-12. 삼성전자의 베타 (활용: 톰슨로이터 아이콘 회귀분석 계산기)

그림 3-12는 코스피 200지수와 삼성전자의 주가를 회귀분석한 결과이다. 과거 5년간의 데이터가 월별로 수집되었다. 그리고 본 데이터를 회귀분석해 다음과 같은 회귀식을 얻었다.

삼성전자 주가 = 0.0063 + 1.1177 × 코스피 200지수

삼성의 β는 1.1177로 계산되었다. 이것은 코스피 200지수가 1%로 움직일 때 삼성전자의 주가는 1.1177% 움직인다는 뜻이다. 따라서 삼성전자는 코스피 200지수보다 변동성이 큰 것으로 나타났다. 회귀분석으로 구한 β의 단점은 과거의 데이터를 사용했다는 것이다. 이것은 역사적 값이 미래에도 반영된다는 것을 전제로 한다. 이 단점을 보완한 것이 바로 조정 β이다. 조

정이란 회귀분석으로 얻은 원래의 β를 34 1에 조금 더 가깝게 만드는 작업
이다. 이것은 궁극적으로 개별주식의 움직임을 전체 주식시장의 움직임에
수렴하게 만든다. 그림 4-8에서 삼성전자의 조정 β는 1.0785로 계산되었다.

$$조정\ β = β\ (0.67) + 1.00\ (0.33)$$

● 레버리지베타 vs 언레버리지베타

모든 것이 같을 경우 기업의 레버리지가 높을수록 주식의 변동성, 즉 β
가 높아진다. 레버리지 효과가 커지기 때문이다. 레버리지란 차입을 말
하고, 레버리지 효과란 차입비중이 높을수록 주주에게 귀속되는 순이익
의 변동성이 커지는 효과이다.

기업 A

단위: 억원

레버리지		요약손익	경우 1	경우 2	비고
금융부채	300	**영업이익**	**100**	**50**	*50% 감소*
자기자본	100	이자	9	9	이자율 3%
		세금	18.2	8.2	법인세율 20%
		순이익	**72.8**	**32.8**	*55% 감소*
		영업이익 대비 순이익	*73%*	*66%*	

그림 3-13. 레버리지로 인한 주주이익의 변동성

그림 3-13의 예제는 레버리지로 인해 영업이익 규모에 따라 순이익이
어떻게 변동되는지 보여 준다. 기업 A는 자기자본이 100억 원, 금융부채
가 300억 원으로 3배의 레버리지를 갖고 있다. 이때 영업이익이 100억 원
이면 순이익은 72.8억 원으로 영업이익 대비 순이익은 73%이다. 만약 영

몸값 올리는 기업가치평가 실무

업이익이 50억 원이면 순이익은 32.8억 원으로 영업이익 대비 순이익이 66%가 된다. 경우 1보다 감소했다. 또한 영업이익이 50% 감소한 반면, 순이익은 55% 감소해 순이익의 변동성이 더 큼을 보여 주고 있다. 이렇게 레버리지가 높을 경우 순이익의 변동성이 높아 β가 높아진다. 이러한 자본구조의 효과를 제거하기 위해 다음과 같은 공식을 활용할 수 있다.

$$\beta_{levered} = \beta_{unlevered}\left[1 + (1-t) \times \frac{D}{E}\right]$$

t: 법인세율, D: 금융성부채의 시장가치, E: 자기자본의 시장가치

좌측의 레버리지^{levered} β는 회귀분석을 통해 얻은 β로 레버리지 효과를 반영하고 있다. 본 β에서 레버리지 효과를 제거한 β가 바로 우측의 언레버리지^{unlevered} β이다. 그림 3-13의 기업 A의 주가를 코스피지수와 회귀분석한 결과 2.0의 β를 얻었다고 가정하자. 본 β는 기업 A의 레버리지 효과를 반영하고 있는 레버리지 β로 높은 변동성을 보여 준다. 따라서 위 공식을 활용해 레버리지 효과를 제거하게 되면 0.588을 β값을 얻게 된다.[5]

$$2.0 = \beta_{unlevered} \times [1 + (1-0.2) \times 300 / 100] \rightarrow \beta_{unlevered} = 0.588$$

0.588은 기업 A의 언레버리지^{unlervered} β로 기업 A가 가진 자본구조에서 비롯된 레버리지 효과가 제거된 β이다. 만약 어떤 기업의 차입비중이 높아 β가 레버리지 효과를 갖고 있다고 판단한다면 언레버리지 β를 사용해 자본비용을 구하는 것이 더욱 논리적일 수 있다.

---

5) $\beta_{unlevered}$를 구하기 위해 공식에서 $[(1 + (1-t) \times D / E$을 좌측으로 넘겨 $\beta_{lervered}$를 나눠 줘야 한다.

6. 부채비용의 계산

• 부채비용

부채비용을 계산할 때 고려해야 할 대상은 이자를 지급하는 금융부채이다. 매출채권과 같은 영업부채는 자본조달 활동 중에 발생한 부채가 아니므로 자본비용 계산 시 고려할 대상이 아니다.

	USD in millions
총자산	34,309
총부채	27,691
유동성 차입금과 리스	1,785
비유동성 차입금과 리스	11,634
총금융부채	13,419
총자기자본	6,618
영업이익	-69
이자비용	-685

그림 3-14. 2019년말 기준 테슬라의 요약 재무제표 (출처: 톰슨로이터)

그림 3-14는 미국 전기자동차 생산기업인 테슬라의 2019년 말 기준 재무상태표이다. 테슬라의 총부채는 $27,691백만이며, 금융부채는 $13,419백만이다. 나머지는 영업부채이다. 따라서 테슬라의 부채비용 산출을 위해 고려해야 할 금액은 $13,419백만이다. 테슬라의 금융부채는 차입금과 채권으로 구성되었다.

금융부채 위험은 원리금을 제때에 상환하지 못하는 것이다. 원리금을 상환할 능력이 높을수록 위험은 낮아지고 그에 따라 자본비용도 낮아진다. 기업의 원리금 상환능력은 신용등급으로 책정될 수 있다. 은행과 같이 금융기관에서 차입금을 조달하는 간접금융의 경우 대개 해당 금융기관이 기업의 신용등급를 책정하고, 그에 따라 이자율을 결정한다. 자본시장에서 채권을 발행하는 직접금융의 경우 S&P, 무디스, Fitch와 같은 신용평가기관이 신용등급을 책정한다. 이때 신용등급 대상은 채권을 발행하는 기업 자체가 될 수도 있고, 채권이 될 수도 있다.

• 부채비용의 세금효과

$$K_d^{after\ tax} = K_d \times (1 - t)$$

K_d: 세전 부채비용, $K_d^{after\ tax}$: 세후 부채비용, t: 법인세율

부채비용을 산정할 때 이자비용으로 인한 세금효과를 고려해야 한다. 이자는 비용으로써 세전이익을 줄여 세금을 줄여 주기 때문이다. 그러나 적자가 발생해 세금을 낼 수 없는 경우 세금효과를 반영할 수 없다. 그림 3-15가 보여 주는 세 가지 경우를 살펴보자.

	경우1: 영업이익이 있고 이자가 없는 경우	경우2: 영업이익이 있고 이자가 있는 경우	경우3: 영업손실이 있고 이자가 있는 경우
영업이익	1,000	1,000	-100
이자비용	0	200	200
세전이익	1,000	800	0
세금	200	160	0
세후이익	800	640	-300

그림 3-15. 영업이익에 따른 세금액 (법인세 20% 가정)

그림 3-15에서 경우1은 금융부채가 없는 상태에서 영업이익 1,000이 발생했다. 이자비용이 없기 때문에 세전이익은 영업이익과 같아 200의 세금을 지급했다. 경우2에서도 영업이익 1,000이 발생했지만 금융부채

가 있어 200의 이자비용을 지급했다. 본 이자비용으로 인해 세전이익은 800이 되었고 160의 세금을 지급했다. 영업이익이 경우 1과 같지만 세금은 40(= 200 × 20%)을 덜 낼 수 있었다. 이자비용 200으로 인해 세전이익이 줄었기 때문이다. 따라서 경우2의 부채비용 산정 시 본 40의 세금효과를 반영해 실질적 부채비용은 160(= 200 × 80%)만 고려하게 된다. 경우 3에선 적자가 발생했고, 세전이익이 없어 세금을 내지 못했다. 따라서 이자비용은 지급했지만 세금효과는 없다. 이런 경우 부채비용에 (1 - t)의 세금효과를 고려할 수 없다. 테슬라의 손익현황은 그림 3-15의 경우 3에 해당되어 부채비용에서 세금효과를 고려할 필요가 없다. 그러나, 현금흐름할인법을 사용할 경우 미래 영업이익이 발생할 것으로 추정한다면 한계세율로 세금효과를 고려해야 할 것이다.

• 부채비용 계산

$$K_d = \sum_{i=1}^{n} \frac{D^i}{D_{total}} \times r^i$$

K_d: 세전 부채비용, D^i: 금융부채 i의 시장가치,
D_{total}: 모든 금융부채의 시장가치의 합, r^i: 금융부채 i의 유효이자율

부채비용을 계산하려면 그 기업이 가진 모든 금융부채를 파악해야 한다. 그다음 각 부채의 유효이자율을 그 시장가치에 따라 가중평균해야 한다. 유효이자율이란 채무자가 지급하는 실질적인 이자율을 의미한다.

차입금의 경우 이자의 지급빈도를 따져 복리효과를 반영한 이자율이 유효이자율이며, 사채의 경우 만기이자율^{YTM}을 유효이자율로 볼 수 있다. 그림 3-16의 사례로 부채비용 계산을 연습해 보자.

기업 X의 금융부채 내역

단위: 억원

	장부가치	만기	표면이자율	지급시기
차입금 A	200	2	3.0%	연말
차입금 B	500	3	3.0%	분기말
일반사채 C	300	2	4.0%	반기말
총금융부채	**1,000**			

그림 3-16. 금융부채 구조 사례

기업 X는 세 개의 금융부채를 보유하고 있다. 부채비용 계산을 위해 먼저 각 부채의 가치는 시장가치로, 표면이자율을 유효이자율로 바꿔야 한다. 평가자가 차입금 A와 B의 시장가치는 장부가치와 같고, 사채 C의 시장가치는 302억 원이라는 정보를 얻었다고 가정하자. 그러면 기업 X의 총금융부채는 1,002억 원이 된다. 그다음 각 채권의 유효이자율은 다음과 같다.

- 차입금 A: **3.0%**(연 1회 이자 지급이므로 표면이자율과 유효이자율이 같음)
- 차입금 B: 3.034%(분기마다 0.75%의 이율 지급, 3.034% = (1 + 3.0% / 4)4 - 1)
- 일반사채 C: 3.685%[6](현재 시장가치 302억 원, 만기 상환금액

---

6) 채권의 만기이자율^{YTM}은 엑셀이나 재무계산기를 활용해 구할 수 있다.

300억 원, 만기 2년간 총 4번 6억 원 이자 지급)

이렇게 계산한 각 유효이자율과 시장가치를 반영해 가중평균하면 기업 X의 세전 부채비용은 3.206%이 된다.

$$3.206\% = (3.00\% \times 200 / 1002) + (3.034\% \times 500 / 1002)$$
$$+ (3.685\% \times 300 / 1002)$$

부채비용의 계산식은 간단하지만 실무적으로 각 금융부채의 내역과 시장가치를 알아내는 것은 쉽지 않다. 더욱이 많은 수의 차입금과 채권을 가졌다면 계산마저 어려워진다. 테슬라의 경우 2020년 12월 기준 차입금은 5개, 채권은 69개에 이른다. 이런 경우 부채비용의 계산은 매우 힘들어진다. 두 투자은행이 비슷한 시점에서 추정한 부채비용도 서로 다르다. 2020년 10월 J○○는 리서치리포트에서 테슬라의 세전 부채비용을 3.9%로 계산했고, 2020년 9월 M○○는 8.0%로 추정했다.

정보접근의 한계로 부채내역을 얻기가 어려울 경우 재무상태표의 총 금융부채와 손익계산서의 이자비용만으로 부채비용을 계산해야 한다. 그림 3-14가 제공하는 정보로 2019년 말 기준 테슬라의 세전 부채비용을 구하면 5.1%(= 685 / 13,419)가 된다. 이렇게 재무제표의 정보만으로 부채비용을 계산할 경우 계산은 쉽지만 부채비용은 장부가액과 표면이율에 근거하게 된다. 또한 재무제표 기간 중에 신규로 조달한 금융부채에 대해 이자를 연이자로 간주하게 된다는 단점이 있다.

• 우선주비용

　우선주는 고정적으로 배당금을 지급하기 때문에 채권과 같은 속성을 갖고 있다. 그러나, 배당금은 이자와 달리 비용으로 인정되지 않아 세금 효과를 갖지 않는다. 따라서 우선주비용은 배당금을 지속적으로 지급할 경우 다음과 같이 쉽게 구할 수 있다.

$$K_{ps} = 우선주\ 배당금\ /\ 우선주의\ 시장가치$$

k_{ps}: 우선주비용

7. 가중평균자본비용 - 글로벌 제약사 아스트라제네카 사례

　가중평균자본비용(WACC: Weighted Average Cost of Capital)이란 회사가 조달한 모든 종류의 자본을 시장가치로 환산해 각 자본비용을 비중대로 가중평균한 것이다.

$$WACC = K_e \times [\ \frac{E}{(D + E + PS)}\ ] + K_d^{after-tax} \times [\ \frac{D}{(D + E + PS)}\ ] + K_{ps} \times [\ \frac{PS}{(D + E + PS)}\ ]$$

K_e, $K_d^{after-tax}$, K_{ps}: 순서대로 자기자본비용, 세후 부채비용, 우선주비용
D, E, PS: 순서대로 부채의 시장가치, 자기자본의 시장가치, 우선주의 시장가치

　자본의 시장가치를 사용하는 이유는 기업은 시장가치에 근거해 자본을 조달하기 때문이다. 주식의 경우 최근 주가에 기반해 신주를 발행하고, 채권의 경우 발행직전의 신용등급에 따라 금리가 결정된다. 한 글로

벌 기업을 사례로 WACC를 계산해 보도록 하자.

• 아스트라제네카의 WACC

아스트라제네카^{AstraZeneca}는 영국의 제약회사이다. 1999년 스웨덴의 아스트라와 영국의 제네카가 합병해 아스트라제네카라는 글로벌기업을 이뤘다. 이 회사는 위장, 당뇨병, 심혈관, 호흡기, 암 치료제를 개발 및 판매하고 있으며, 현재 코로나백신을 공급하고 있다. 매출의 대부분이 미국을 포함한 해외에서 발생하고 있다.

WACC를 구하는 절차는 4단계로 나눌 수 있다. 첫째, 자본구조 파악, 둘째, 부채비용 계산, 셋째, 자기자본비용 추정, 넷째, WACC 계산이다. 금융부채를 구성하는 차입금과 채권의 숫자가 적을 경우 부채비용 계산은 매우 단순하다. 그러나, 그 숫자가 많고 발행내역과 시장가치에 관한 정보취득이 쉽지 않을 경우 부채비용 계산은 어려워진다. 아스트라제네카의 경우가 후자에 해당된다.

아스트라제네카 자본구조와 WACC

2020년 3분기말	장부가치	시장가치	시장가치 비중	자본비용	$, m WACC
총금융부채	22,339	22,339	12.9%	4.71%	0.61%
자기자본	13,669	150,802	87.1%	4.17%	3.63%
총자본	36,008	173,141	100.0%		**4.24%**

그림 3-17. 2020년 3분기말 아스트라제네카의 자본구조와 WACC

몸값 올리는 기업가치평가 실무

Step 1: 자본구조의 파악

WACC를 구하기 위한 1단계로 금융부채와 자기자본의 장부가치를 확인한 후 그 시장가치를 확인해야 한다. 아스트라제네카의 2020년 3분기 보고서에 의하면 금융부채는 $22,339백만이고, 자기자본은 $13,669백만이다. 금융부채는 차입금, 채권, 리스 등이며, 장기부채가 $18,574백만, 단기부채가 $3,585백만으로 구성되었다. 금융부채의 시장가치 확인을 위해 톰슨로이터를 참조한 결과 총 20개 채권의 내역과 시장가치를 확인했다. 그러나 분기보고서는 금융부채 중 채권가액을 따로 제공하지 않아 시장가치로 대체하는 것이 어렵다. 이로 인해 부채비용은 장부가액 기준으로 산출하기로 했다. 자기자본의 경우 2020년 9월 30일 기준 시가총액은 $150,802백만이다. 따라서 금융부채의 비중은 12.9%, 자기자본의 비중은 87.1%로 계산되었다.

Step 2: 부채비용

분기보고서는 금융부채의 상세한 내역을 제공하지 않아 각 부채의 이자율 확인이 불가능했다. 이런 경우 재무상태표의 금융부채와 손익계산서의 이자비용을 활용할 수 있다. 2020년 3분기 기준 총이자비용은 $985백만이다. 나머지 1분기는 외삽법으로 계산하면 2020년 총이자비용은 $1,313백만(= $985 + $985 / 3)이 된다. 하지만, 이 금액을 총이자비용으로 보기는 어렵다. 만약 2020년 중 부채로 조달한 금액이 있다면 본 부채에 대한 이자의 일부 또는 전부가 반영되지 않을 수도 있다. 다행이 분기보고서는 2020년 중 발행한 채권의 내용을 아래와 같이 공개했다.

- $1.2bn, 고정금리, 표면이율 0.700%, 만기 26년 4월, 발행 20년 8월 6일, 이자 반기지급
- $1.3bn, 고정금리, 표면이율 1.375%, 만기 30년 8월, 발행 20년 8월 6일, 이자 반기지급
- $0.5bn, 고정금리, 표면이율 2.125%, 만기 50년 8월, 발행 20년 8월 6일, 이자 반기지급

위 세 개의 채권은 2020년 8월 6일 미국에서 달러로 발행했으며, 반기마다 이자를 지급해 2020년 중 아직 한 번도 이자를 지급하지 않았다. 이런 경우 채권가액은 재무상대표에 포함되지만, 이자비용은 손익계산서에 포함되지 않는다. 2020년의 이자비용에 본 세 채권의 연이자비용을 더하면 $1,350백만(= $1,313 + $36.9)이 된다. 이렇게 구한 이자비용 $1,350백만을 금융부채 $22,339백만으로 나누면 6.044%의 부채비용이 계산된다. 아스트라제네카의 2020년 법인세율은 20%이다. 본 세율로 세전 부채비용을 계산하면 4.71%이다.

$$4.71\% = 6.044\% \times (1 - 22\%)$$

Step 3: 자기자본비용

		출처 또는 활용
자기자본비용	4.17%	
영국 10년 만기 국고채수익률	0.22%	톰슨로이터 아이콘
Adjusted β	0.607	아이콘 계산기로 회귀분석
영국 주식시장 프리미엄	6.50%	톰슨로이터 아이콘
β (5Y Monthly)	0.459	톰슨로이터 아이콘
β (5Y Monthly)	0.230	야후파이낸스 (출처 없음)
Adjusted β	0.607	아이콘 계산기로 회귀분석
β	0.411	아이콘 계산기로 회귀분석

그림 3-18. 아스트라제네카의 자기자본비용 계산

그림 3-18은 CAPM을 활용해 아스트라제네카의 자기자본비용을 추정한 것이다. 본 회사는 영국 주식시장에 상장되어 있는 영국회사이다. 따라서 영국 10년 만기 국고채수익률을 무위험이자율로, FTSE지수를 마켓 포트폴리오로 사용해 자기자본비용을 추정할 수 있다. 톰슨로이터가 제공한 정보를 활용할 경우 각각의 값은 0.22%, 6.50%이다. β값을 얻기 위해 네 가지 소스를 비교했다. 먼저 톰슨로이터는 과거 5년간 월별 데이터를 활용해 0.459를 제시한다. 그러나 정확히 어느 시점의 데이터인지 공개하지 않아 시점이 불분명하다. 야후파이낸스는 0.230을 제시하지만 본 β의 출처와 데이터 시점에 대한 언급이 없다. 그림 4-9는 2020년 12월 15일을 기준으로 과거 5년간 월별 FTSE지수와 아스트라제네카 주가를 활용해 계산한 β값을 보여 준다. 그 결과 역사적 β는 0.411, 조정 β는 0.607이다. 아스트라제네카의 주가 변동성이 FTSE지수의 변동성에 점점 근접한다는 가정을 전제로 자기자본비용을 산출하기 위해 조정 β를 산출했다.

그 결과 자기자본비용은 4.17%(= 0.22% + 0.607 × 6.5%)로 계산되었다.

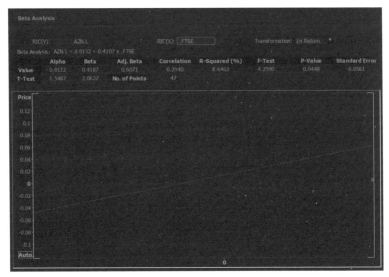

그림 3-19. 아스트라제네카와 FTSE지수와의 회귀분석 (참조: 톰슨로이터)

Step 4: WACC

이제 어려운 작업들은 모두 끝났다. 아스트라제네카의 경우 우선주를 발행하지 않아 우선주비용을 고려할 필요가 없다. 금융부채와 자기자본의 시장가치 비중으로 각 자본비용을 가중평균한 결과 WACC는 4.24%로 계산되었다. WACC공식을 적용해 계산내역을 다시 한번 정리하면 다음과 같다. 이렇게 산출한 WACC는 잉여현금흐름을 사용해 기업가치를 추정할 때 할인율로 사용된다.

4.24% = 6.044% × (1 - 22%) × ($22,339m / $173,141m)

+ 4.17% × ($150,802m / $173,141m)

Ch 4

매출액성장률과 손익계산서의 추정

1. 매출액 추정의 방법론

● 매출액 추정의 중요성

대상기업의 매출액 추정은 기업가치평가에서 가장 중요한 작업이다. 기업가치는 보유자산으로 창출하는 현금흐름의 양이며, 현금흐름은 매출에서 비롯되기 때문이다. 매출액은 재무제표의 많은 항목에 직·간접적인 영향을 끼친다. 현금흐름은 물론 영업이익과 세금에 영향을 끼치며, 운전자본과 고정자산에 대한 투자의사결정에도 영향을 미친다. 또한 이것들이 결정돼야 미래 요약재무제표를 작성할 수 있다. 따라서 매출액 추정은 매우 중요한 작업이며, 가치평가의 핵심이 된다. 그러나 매출액을 올바르게 추정하는 일은 매우 어렵다. 매출액에 영향을 주는 요인들이 많아 그것들을 헤아리기가 쉽지 않고, 각 요인들이 미래에 어떻게 움직일지 예측하는 것이 어렵기 때문이다. 그럼에도 불구하고 매출액 추정 없이 기업가치를 평가할 수는 없다. 현금흐름할인법의 경우 추정한 매출액으로부터 이익과 현금흐름을 예측해 가치평가를 수행한다.

상대가치평가법에서도 현재 시장데이터와 미래실적을 사용해 배수를 산출하는 경우가 있다.

잉여현금흐름모델에서 기업가치는 미래 잉여현금흐름의 총량이며, 잉여현금흐름은 매출액을 기반으로 계산할 수 있다.

1. 매출액의 추정
2. 재투자금액^{reinvestment}의 추정
3. 이익의 추정
4. 잉여현금흐름 계산

잉여현금흐름을 예측하기 위해 이익을 추정해야 하며, 이익을 추정하기 위해 매출액을 추정해야 한다. 또한 경영진은 보유한 이익으로 투자를 결정하며, 투자는 미래의 매출액과 이익에 영향을 미친다. 따라서 투자는 매출액과 이익, 그리고 궁극적으로 기업가치에 영향을 미친다.

● 매출액 추정의 방법론

그림 4-1. 세 가지 기준에 따른 매출액 추정의 난이도

몸값 올리는 기업가치평가 실무

매출액 추정 방법은 기업의 규모, 증권시장에 상장 여부, 정보 접근의 용이성, 사업의 속성 등에 따라 달라질 수 있다. 이 중 세 가지 기준에 따라 방법론은 어떻게 달라질 수 있는지 살펴보자.

먼저 기업정보에 접근이 쉬울수록 매출액 추정이 쉬워진다. 실적에 영향을 주는 요인을 분석할 수 있고, 참조할 자료가 많아지기 때문이다. 정보는 외부자료와 내부자료로 구분할 수 있다. 외부자료란 외부인으로서 기업 내부의 임직원과 연락 없이 얻을 수 있는 자료를 의미한다. 공시자료, 외부감사인이 작성한 재무제표, 증권사의 리서치리포트, 뉴스, 정보회사가 제공하는 기업정보, 회사 홈페이지 등이 여기에 속한다. 내부자료란 기업 내부의 임직원과 접촉을 통해 얻을 수 있는 정보들이다. 대개 투자자나 리서치 애널리스트들이 그들과 인터뷰를 통해 얻게 되는 자료들이다.

상장사의 경우 투자자들이 외부에서 일정 수준의 외부자료에 접근하는 것이 용이하다. 상장사는 반드시 외부감사인을 선임해 실적을 발표해야 하고, 공시해야 하므로 과거 재무정보까지 얻을 수 있다. 게다가 투자자들이 관심 갖는 상장사라면 애널리스트들이 그 기업에 대한 리서치리포트를 발행하기 때문에 간접적으로 내부자료를 활용한 전문가들의 의견을 참조할 수 있다. 기업규모로 볼 경우 규모가 클수록 매출추정이 쉬워질 수 있다. 규모가 클수록 상장될 확률이 높고, 참조할 수 있는 과거 실적자료가 길어지기 때문이다. 또한 비상장기업일지라도 기업규모가 큰 경우 회사 지체 IR을 위해 기업정보와 재무제표를 공개하는 경우가 많아 매출 추정에 참조할 수 있다.

방법 1: 역사적 성장률을 참조해 매출액 추정

가장 쉬운 방법으로서 대상기업의 재무제표를 구할 수 있는 경우 역사적 성장률을 참조해 미래 매출액을 추정할 수 있다.

$$S_t = S_{t-1} \times (1 + g)$$

$S_{t \, or \, t-1}$: t시점 또는 t-1시점의 매출액 / g: 예상성장률

과거 매출액 성장률로부터 예상성장률을 구해 매출액을 추정하는 방법이다. 이때 예상성장률을 구하는 방식은 세 가지가 있다. 첫째는 산술평균으로 과거 n년간 매년 매출액 성장률을 모두 더해 n으로 나누는 방법(= $\Sigma g_i/n$)이다. 단, 산술평균은 매년 성장률을 고려하는 대신 최근의 성장률을 반영하지 못하는 단점이 있다. 두 번째는 기하평균으로 가장 최근의 매출액을 가장 먼 해의 매출액으로 나눠 기하평균을 내는 방법[= $(S_0 / S_{-n})^{(1/n)}$ - 1]이다. 기하평균은 최근의 성장률을 반영한다는 장점이 있지만, 중간 수치들을 고려하지 않는 단점이 있다. 세 번째는 평가자가 과거 성장률을 참조해 정성적인 판단으로 예상성장률을 구하는 방법이다. 더 자세한 분석을 위해 전체 매출을 제품별, 매출처별 또는 지역별로 분류한 다음 각 부문별로 예상성장률을 구해 종합할 수도 있다. 이것은 산술평균과 기하평균이 갖는 단점을 보완할 수 있지만, 평가자마다 예측한 결과가 다를 수 있다.

본 방법은 오랜 역사와 안정된 성장률을 가진 성숙한 회사에 적용하기 좋다. 그러나, 대상회사가 벤처기업이거나 성장회사인 경우 성장률의 변동성이 커 본 방법이 적합하지 않을 수 있다.

몸값 올리는 기업가치평가 실무

방법 2: 애널리스트의 의견 참조

두 번째 방법은 증권사가 발행하는 리서치리포트를 참조하는 것이다. 애널리스트들은 대개 각자가 담당하는 기업이 있어 외부인들이 얻을 수 없는 내부자료에 접근할 수 있고, 필요한 경우 값비싼 고급데이터를 참조해 대상기업의 성장률을 추정한다. 한편, 어떤 정보서비스들은 그 기업을 담당하는 모든 애널리스트들의 의견이 모인 컨센서스^{consensus}를 제공하기도 한다. 그림 4-2는 2020년 12월 기준 아스트라제네카를 담당하는 애널리스트 26명의 컨센서스를 보여 준다. 그림의 상단 부분은 현재 주가의 적정성을 판단한 것으로 19명이 Buy, 4명이 Hold, 3명이 Sell의 의견을 내놓았다. 그림의 하단부분은 그들의 분석을 종합한 것으로 아스트라제네카는 2020년 8.18%, 2021년 13.98%, 2022년 13.31%의 매출액성장률을 가질 것이라고 알려 주고 있다. 정보서비스의 컨센서스는 한 애널리스트의 의견이 아닌 다수의 의견이 종합된다는 이점이 있다.

RECOMMENDATION SUMMARY ℹ️

Analysts Per level	23-Sep-2020	23-Oct-2020	23-Nov-2020	Current
1-StrongBuy	9	9	9	9
2-Buy	8	10	11	10
3-Hold	3	3	4	4
4-Sell	5	4	3	3
5-StrongSell	1	1	1	1
Rec Mean	2.3	2.2	2.1	2.1

Income Statement, Consolidated, USD

	HISTORICAL (ACTUALS)		FORECAST (SMART ESTIMATE)		
	FY Dec-18	FY Dec-19	FY Dec-20	FY Dec-21	FY Dec-22
REVENUE	22,090	24,384	26,379	30,066	34,069
YoY Growth %	-1.67%	10.38%	8.18%	13.98%	13.31%
COST OF GOODS SOLD	4,936	4,761	5,178	5,771	6,612
YoY Growth %	14.31%	-3.55%	8.76%	11.45%	14.56%
GROSS INCOME	17,154	19,623	21,239	24,431	27,847
YoY Growth %	-5.47%	14.39%	8.24%	15.03%	13.98%
GROSS PROFIT MARGIN	81.50%	80.47%	81.39%	82.71%	83.31%
YoY Growth	0.71%	-1.03%	0.92%	1.32%	0.60%

그림 4-2. 아스트라제네카에 대한 투자은행의 컨센서스 (출처: 톰슨로이터 아이콘)

애널리스트의 예측성장률을 참조하는 것은 외부인으로서 접근할 수 없는 내부자료를 간접적으로 접근할 수 있다는 장점이 있다. 그러나 애널리스트가 집중하는 대상기업은 주로 상장사로 시가총액이 크고, 거래량이 많으며, 기관투자자들이 많이 보유한 기업에 국한될 수 있다. 또한 애널리스트가 추정한 장기적 전망의 신뢰성을 검증하기 위해 투자자의 면밀한 검토를 요구하기도 한다.

방법 3: 기업의 펀더멘털 분석

세 번째는 회사의 펀더멘털을 분석해 성장률을 예측하는 것이다. 방법1 또는 2와 병행할 수도 있고, 독립적으로 수행할 수도 있다. 여기서 의미하는 펀더멘털fundamental은 기업이 보유한 내적 역량으로 그 기업의 실적에 영향을 줄 수 있을 만한 요인들을 말한다. 기업의 펀더멘털을 어떤 기준에 의해 구분하거나 그 리스트를 나열하는 것은 쉽지 않다. 그러나 하나의 유용한 방법은 기업이 자산을 운영해 매출을 발생시킨다는 관점에서 재무상태표에 기재된 자산요소와 기재되지 않은 자산요소를 찾아 분석하는 것이다.[7] 그림 4-3은 기업실적에 영향을 끼칠 만한 자산요소를 나열한 것이다. 먼저 그림의 좌측은 재무상태표의 자산항목이며, 우측은 그 항목들과 매칭되어 평가자가 재무상태표 밖에서 분석해야 할 요소들이다.

---

7) 이것에 대해 Ch 9에서 다른 각도로 더욱 자세히 다루게 될 것이다.

몸값 올리는 기업가치평가 실무

재무상태표의 자산요소	재무상태표에 기재되지 않은 자산요소
유동자산	
현금 ··················	향후 필요한 자본과 자본조달 능력
매출채권 ··················	매출처 분석, 유통채널, 마케팅
재고자산 ··················	
제품 ··················	기술력, 제품 포트폴리오, 경쟁사 대비 경쟁력
원재료 ··················	구매처, 원가경쟁력
비유동자산	
유형자산 ··················	설비능력, 가동률
건설중인자산 ··········	자본적지출, 완성도, 매출로 연결될 가능성
무형자산	경영진의 경영능력, 인적재산
R&D ··················	연구개발 내역과 단계, 매출로 연결될 가능성
지적재산 ··········	브랜드, 저작권, 특허, 디자인 외 기술적 노하우
지분관련투자자산 ··········	기업인수합병 활동

그림 4-3. 기업의 자산요소

현금은 현재 매출창출에 필요한 영업자산을 구매하고, 미래 매출증가를 위한 투자에 소요될 재원이다. 평가자는 장기적으로 기업에 소요될 현금을 추정하고, 앞으로 그것이 어떻게 충족될 수 있을지 판단해야 할 것이다. 매출채권은 회사의 매출창출 능력을 위해 분석해야 할 요소이다. 매출을 구성하고 있는 고객을 유형별 지역별로 분석하고, 회사의 영업능력과 유통채널을 살펴봐야 한다. 또한 기존고객의 유지와 잠재적 고객확보를 위한 기업의 마케팅 역량도 매우 중요한 요소이다.

재고자산은 매출창출에 직접 기여하는 제품과 연결된다. 제품은 그 회사의 매출을 이해하기 위해 평가자가 분석해야 할 가장 기본적이고 중요한 요소이다. 한걸음 더 나아가 제품분석은 산업조사와 연결되어 시장의 크기와 경쟁자 분석까지 요구하게 된다.[8] 대상회사가 제품생산을 위해 보유한 기술력은 어떤지, 경쟁사와 어떻게 차별화할 수 있는지,

---

8) 이것에 대해 Ch 9에서 더욱 자세히 다루게 될 것이다.

생산에 필요한 원료공급에 차질이 없도록 다양한 구매처를 확보했는지 분석해야 한다. 한편 제품의 종류에 따라 매출추정의 방법이 달라질 수 있다. 건설사나 조선소와 같이 발주처 위주로 구성된 사업에는 상향식^{bottom-up} 접근이 필요하다. 현재 고객으로부터 예상되는 매출을 기반으로 회사가 유통채널을 통해 신규로 창출할 수 있는 매출을 더하는 방식이다. 핸드폰이나 자동차와 같이 최종 상품을 제조하는 전방산업에는 하향식^{top-down} 접근이 적용될 수 있다. 전체 시장 규모를 추정한 후 대상회사가 시장에서 차지하는 점유율을 분석하는 방식이다. 경기변동에 따른 시장의 변화를 예측하고, 회사가 어떤 경쟁력으로 점유율을 높여 갈 수 있는지 분석해야 한다. 핸드폰이나 자동차에 부품을 제공하는 부품사업 또는 후방산업에 대해선 두 방법이 혼용될 수 있다. 대상회사가 보유한 매출처와 잠재적으로 확보가능한 신규고객을 분석함과 동시에 해당되는 전방산업의 미래를 예측해야 하기 때문이다. 만약 한 기업이 다양한 제품 포트폴리오를 보유하거나 둘 이상의 산업에 걸쳐 있다면 요구되는 분석의 양이 증가하기 때문에 매출추정 작업은 더 복잡해질 수 있다.

유형자산은 제품을 생산할 수 있는 토지, 건물, 기계장치, 설비자산 등으로 구성된다. 유형자산을 분석해 회사의 생산능력을 파악하고, 그 가동률을 파악해야 한다. 가동률이 높은 경우 매출상승을 이어 가기 위해, 또는 신규제품으로 추가적인 매출을 일으키기 위해 회사는 유형자산을 건설할 수 있다. 이렇게 건설 중인 유형자산을 건설중인자산으로 구분하고, 건설이 완료되면 유형자산으로 분류한다. 평가자는 건설중인자산의 내역을 파악해 본 자산이 미래 매출로 이어질 가능성과 규모를 예측해야 한다. 한편, 건설중인자산에 투입되는 비용을 자본적지출^{capital}

expenditure이라고 한다.

아마도 정량적 결과로 도출하기 어려워 평가자의 정성적 판단을 동원해야 하는 항목이 바로 무형자산이다. 특히 역사가 짧은 벤처기업이나 무형자산으로 매출을 창출하는 회사에 대해 무형자산 분석은 매우 중요하다. 경영진과 임직원 역량은 재무제표에 기재되지 않는 대표적인 무형자산이며, 정량적으로도 정성적으로도 결론 내리기 어려운 요소이다. 그러나 매출기록이 없는 벤처회사나 특정한 인재에 의존하는 회사, 또는 인력이 중요한 사업에 대해 인적자산 분석은 매우 중요하다. 경영진의 과거 이력과 성공사례, R&D 인력의 경력년수와 전공, 임직원의 평균급여, 임직원 수 대비 매출액이나 이익 등은 인적자산 분석의 예가 될 수 있다. 제약, 바이오, 소프트웨어, IT, 신기술과 같이 연구개발이 미래의 먹거리가 되는 사업에 대해 R&D분석은 매우 중요하다. 평가자는 대상기업이 현재 연구하고 있는 과제가 무엇인지, 어느 단계까지 도달했는지, 매출증가나 원가절감으로 연결될 가능성이 어느 정도인지 파악할 수 있어야 한다. 지적재산이란 상표, 저작권, 특허, 디자인으로서 법적으로 소유에 대한 권리를 보호받는 재산이다. 법적으로 보호되진 않지만 그 회사만이 보유한 기술을 기술적 노하우라고 한다. 평가자는 지적재산과 기술적 노하우가 회사 실적에 얼마나 중요한지, 그 실적을 지속적으로 보호할 수 있는지, 다른 회사의 지식재산을 침해하지 않는지 판단할 필요가 있다.

마지막으로 회사의 기업인수합병 활동을 파악해야 한다. 어떤 관점에서 보면 M&A는 R&D투자나 자본적지출과 유사한 부분이 있다. M&A를 통해 다른 기업이 이미 이룬 연구개발이나 지식재산을 획득할 수 있고,

이미 완성된 유형자산으로 이룬 별도의 사업을 빠른 시간 내에 얻을 수 있기 때문이다. 평가자는 대상기업의 M&A활동을 분석해 해당 이벤트가 미래 실적에 어떤 영향을 끼칠지 예측할 필요가 있다.

회사의 펀더멘털로 성장률을 추정할 경우 평가자가 접근할 수 있는 정보의 질과 양에 따라 분석의 깊이가 달라질 수 있다. 특히 벤처기업이나 비상장기업의 경우 내부자료로의 접근 없이 가치평가를 수행하는 것은 어렵다. 이런 기업에 대해 내부자료를 분석할 경우 평가자의 해석과 통찰력이 가치평가에 큰 영향을 미친다. 미래 매출에 연결할 수 있는 과거 실적이 미미해 평가자의 판단으로 매출을 추정해야 하기 때문이다. 반면 오랜 실적을 가졌거나 매출액 규모가 상당한 회사는 그 자체가 이미 보유자산의 경쟁력을 검증한 것이기도 하다. 이런 경우 과거 실적분석과 함께 대상기업의 속성상 중요할 것으로 판단되는 자산요소를 선별해 분석함으로써 미래 매출추정을 이어 나갈 수 있다.

2. 자본적지출, 감가상각비, 그리고 운전자본의 추정

매출액을 추정한 후 이익을 계산하려면 운영비용을 추정해야 한다. 그런데 운영비용에서 큰 비중을 차지하는 비용 중 하나가 감가상각비용이다. 감가상각비란 시간이 지남에 따라 감소하는 고정자산의 가치를 회계적으로 인식한 비용이다. 따라서 감가상각비를 계산하려면 고정자산의 규모를 알아야 하고, 미래의 감가상각비를 추정하려면 고정자산이 미래에 얼마만큼 증감하는지 예측해야 한다. 한편, 기업의 고정자산 투자는 운전자본투자와 함께 기업의 전형적인 재투자활동이다. 기업은 가까운 미래의 매출을 위해 운전자본에 투자하고, 장기적으로 매출을 증대하기 위해 고정자산에 투자한다. 고정자산 투자를 자본적지출^{Capital Expenditure}이라고도 한다. 이익뿐 아니라 잉여현금흐름 추정을 위해서도 자본적지출과 운전자본투자 계산은 필수이다. 본 과정에서는 자본적지출과 감가상각비, 그리고 운전자본투자 추정을 어떻게 하는 것인지 알아보도록 하겠다.

● 자본적지출과 감가상각비의 추정

자본적지출이란 기업이 유형자산이나 무형자산을 새로 취득하거나 기존의 자산을 개선 또는 유지하기 위해 투자하는 자금을 말한다. 건물, 설비, 기계장치, 차량 등이 유형자산에 포함되며, 기술, 특허나 상표, 저작권, 프랜차이즈 계약 등은 무형자산에 속한다. 그림 4-3과 같이 자본적지출은 회계적으로 바로 비용으로 처리하지 않고, 현금흐름표에 투자활동으로 인한 현금유출로 기재한다. 그리고 각 자산에 내용연수를 설정한 후 매해 인식할 감가상각비를 계산해 손익계산서에서 비용으로 처리한다. 감가상각비는 먼저 지출된 것을 나중에 인식하는 비용이므로 감가상각비가 인식된 그 기간에는 실제 현금흐름이 발생하지 않는다. 실무에선 감가상각비를 유·무형자산 모두의 감가상각비로 총칭하기도 한다. 하지만, 회계적으로 유형자산의 상각비용은 유형자산감가상각비^{depreciation}이며, 무형자산의 상각비용은 무형자산상각비^{amortisation}로 분류된다.

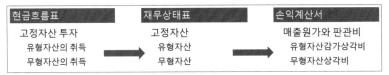

그림 4-4. 자본적지출과 감가상각비의 관계

자본적지출을 정확하게 추정하려면 내부 책임자와 인터뷰를 통해 현재 고정자산을 유지보수하는 데 드는 비용과 진행 중이거나 계획하고 있는 투자를 알아내야 한다. 특히 현재 고정자산 규모가 적은 벤처기업의 자본적지출을 추정하려면 경영진과의 인터뷰로 투자계획을 알아내는 것 외에는 방법이 없다. 그러나 대상기업을 실사하지 않는 이상 이러한 정보를 얻기는 어렵다. 이런 경우 과거 재무제표를 통해 역사적 자본적지출의 성향과 추정매출액을 기반으로 미래의 자본적지출을 추정해야 한다.

감가상각비 역시 정확한 추정을 위해 자산별로 취득시점, 취득가액, 내용연수, 잔존가액, 그리고 감가상각방법을 알아야 한다. 그림 4-5는 과거 취득한 고정자산 내역과 신규자산 투자계획을 반영해 감가상각비를 추정한 간단한 사례이다. 유형자산 1, 2와 무형자산 1, 2는 보유자산이며, 신규자산 1은 익년에 투자하며, 감가상각비는 정액법으로 상각하는 시나리오를 갖고 있다. 상세정보를 얻기 힘든 경우 마찬가지로 과거 감가상각비 성향분석과 추정매출액을 기반으로 미래 감가상각비를 추정할 수 있다.

몸값 올리는 기업가치평가 실무

자산내역	취득시점	취득가액	내용연수	잔존가액	D-3	D-2	D-1	D	D+1	D+2	D+3
유형자산 1	D-9	300	10	100	20	20	20	20			
유형자산 2	D-2	70	7	0		10	10	10	10	10	10
무형자산 1	D-7	140	20	0	7	7	7	7	7	7	7
무형자산 2	D-1	150	30	0			5	5	5	5	5
신규자산 1	D+1	450	10	200					25	25	25
유무형감가상각비					27	37	42	42	47	47	47

그림 4-5. 감가상각비 추정

● 사례연습: 아스트라제네카의 자본적지출과 감가상각비 추정

그림 4-6은 아스트라제네카의 2020년 연간보고서 자료를 기반으로 향후 4년간 자본적지출과 감가상각비를 추정한 내역이다. 자본적지출과 감가상각비는 유형자산과 무형자산 부문으로 구분되었다. 연간보고서는 각 항목에 대해 과거 3개년간 수치는 제공하지만 상세내역은 설명하지 않고 있다. 자본적지출에 대해서는 '올해의 자본적지출은 대체적으로 안정된 수준이었다'라는 수준으로 언급했으며, 향후 투자계획에 대해 밝히지 않고 있다. 이런 조건에서 과거 3개년도의 고정자산, 고정자산 투자와 처분, 그리고 감가상각비의 추이를 보고, 향후 4개년도의 자본적지출과 감가상각비를 추정한 사례이다.

자산가액$_t$ = 자산가액$_{t-1}$ + 자본적지출$_t$ - 자산처분가액$_t$

- 감가상각비$_t$ ± 기타조정$_t$

기타조정$_t$: t시점에서 해당 자산의 재평가, 손상 등으로 인식한 금액

그림 4-6의 2020년 유형자산은 $7,816m이다. 이 금액은 전년도 2019

년도 유형자산을 시작으로 2020년 신규투자분을 더하고, 처분한 자산의 금액과 감가상각비를 제한 다음 재평가나 손상 등으로 인식한 금액을 가감한 금액이다.

$$\$7,816m = \$7,313m + \$996m - \$571m - \$647m \pm 기타조정$$

단위: USD, 백만

	2018	2019	2020	2021(E)	2022(E)	2023(E)	2024(E)
유형자산							
유형자산	7,218	7,313	7,816	8,243	8,651	9,001	9,352
유형자산 투자	1,034	996	926	1,073	1,104	1,147	1,200
유형자산 투자비율	14.7%	13.8%	12.7%	13.7%	13.4%	13.3%	13.3%
유형자산 처분	-391	-571	-681	-728	-729	-792	-810
유형자산 처분비율	-5.6%	-7.9%	-9.3%	-9.3%	-8.8%	-9.2%	-9.0%
유형자산감가상각비	-614	-647	-689	-718	-767	-805	-838
감가상각비율	-8.7%	-9.0%	-9.4%	-9.2%	-9.3%	-9.3%	-9.3%
무형자산							
무형자산	21,542	24,251	25,660	27,432	28,690	29,997	31,151
무형자산 투자	513	2,001	1,592	2,034	1,796	1,879	1,964
무형자산투자비율	2.4%	9.3%	6.6%	7.9%	6.5%	6.5%	6.5%
무형자산 처분	-646	-186	-1,672	-923	-1,038	-1,043	-1,091
무형자산 처분비율	-3.0%	-0.9%	-6.9%	-3.6%	-3.8%	-3.6%	-3.6%
무형자산상각비	-2,165	-1,928	-1,992	-2,339	-2,500	-2,529	-2,719
상각비율	-10.2%	-8.9%	-8.2%	-9.1%	-9.1%	-8.8%	-9.1%

그림 4-6. 아스트라제네카의 자본적지출과 감가상각비 추정

유형자산의 경우 과거 3년간 조금씩 증가하는 추세이다. 투자는 전년도 유형자산 대비 비율로 13% 수준, 금액으로 대략 $1,000m 수준을 꾸준히 유지하고 있으며, 처분하는 자산도 조금씩 증가하는 추세이다. 감가상각비는 전년도 유형자산 대비 평균 9.2% 수준에서 절대금액으로 조금씩 상승하고 있다. 그림 4-6은 이러한 과거 비율과 절대금액을 참조해 향후 4년간 유형자산 투자와 감가상각비를 추정한 내역을 보여 준다. 향후 매출액이 증가할 것이라는 시나리오 아래 과거 추세를 감안하면 미

몸값 올리는 기업가치평가 실무

래에 유형자산 투자와 감가상각비는 조금씩 증가할 수 있을 것이라는 가정이 나온다. 무형자산의 경우도 같은 방법으로 추정한 것이다.

• 운전자본투자의 추정

운전자본$^{working\ capital}$은 매출을 창출하기 위해, 또는 유지하거나 증가를 위해 수반되는 영업용 자본으로 유동자산과 유동부채의 차액을 의미한다. 영업용 자본만 고려하므로 유동자산에서 현금과 단기투자자산은 제외하며, 유동부채에서 금융부채는 제외한다.

운전자본 = 유동자산 - 유동부채

현금, 단기투자자산, 금융부채 등 금융자산과 금융부채는 제외

운전자본은 약식으로 매출채권과 재고자산의 합에서 매입채무를 차감한 금액으로 표현할 수 있다. 매출의 창출과정은 이러하다. 거래처로부터 신용으로 원료나 제품을 들여온다. 이때 매입채무가 발생한다. 원료나 제품으로 판매할 상품을 만든다. 이때 재고자산이 쌓인다. 소비자나 구매처가 신용으로 상품을 구매한다. 여기서 매출채권이 발생한다. 그리고 매출채권이 현금으로 수금되면 매입채무를 갚는다.

운전자본 = 매출채권 + 재고자산 - 매입채무

운전자본투자란 매출증대를 위해 '추가적으로' 투자되는, 즉 증가하는

운전자본을 말한다. 매출이 증가할 것으로 기대하면 기업은 더 많은 재고를 준비해야 한다. 재고를 늘리는 과정에서 매입채무는 증가하며, 재고가 판매되면서 매출채권은 증가하게 된다. 현금흐름 측면에서 보면 매출채권과 재고자산이 증가하는 것이, 그리고 매입채무가 감소하는 것이 현금유출 효과, 즉 투자가 된다. 따라서 운전자본투자는 다음과 같이 계산될 수 있다.

$$운전자본투자(또는 증감분) = (매출채권_t - 매출채권_{t-1}) +$$
$$(재고자산_t - 재고자산_{t-1}) -$$
$$(매입채무_t - 매입채무_{t-1})$$
$$= 운전자본_t - 운전자본_{t-1}$$

운전자본투자의 추정을 위해 미래 매출액과 매출원가를 추정한 후 각 계정의 회전율로 나눠 주면 대략적인 추정치를 구할 수 있다.

매출채권회전율 = 매출액 / 매출채권

재고자산회전율 = 매출액 / 재고자산

매입채무회전율 = 매출액(또는 매출원가) / 매입채무

매출채권, 재고자산, 매입채무는 기초금액과 기말금액의 평균금액,
아니면 약식으로 기말금액 사용

예를 들어 전년도 매출액이 120억 원이고, 기말 매출채권이 20억 원이라고 하자. 이 경우 매출채권회전율은 6(= 120억 원 / 20억 원)이다. 전

년도에 매출채권이 발생했다가 현금으로 회수된 회수가 총 여섯 번이라는 뜻이다. 만약 익년도 매출액이 150억 원으로 추정된다면 익년도 매출채권을 30억 원(= 150억 원 / 6)으로 추정할 수 있다. 이 경우 익년도 운전자본투자 중 매출채권이 차지하는 금액은 10억 원(= 30억 원 – 20억 원)이 된다.

● **사례연습: 아스트라제네카의 운전자본투자 추정**

그림 4-7은 아스트라제네카의 운전자본투자를 추정한 내역이다. 2020년부터 2024년까지 5년간의 운전자본투자를 추정하기 위해 과거 3개년도의 평균회전율을 사용했다.

단위: USD, 백만

	2017	2018	2019	2020(E)	2021(E)	2022(E)	2023(E)	2024(E)
매출액	22,465	22,090	24,384	26,482	30,389	34,676	38,809	41,826
매출채권	5,009	5,574	5,761	6,265	7,190	8,204	9,182	9,895
매출채권회전율	4.5	4.0	4.2	4.2	4.2	4.2	4.2	4.2
재고자산	3,035	2,890	3,193	3,503	4,019	4,586	5,133	5,532
재고자산회전율	7.4	7.6	7.6	7.6	7.6	7.6	7.6	7.6
매입채무	11,641	12,841	13,987	14,730	16,903	19,288	21,587	23,265
매입채무회전율	1.9	1.7	1.7	1.8	1.8	1.8	1.8	1.8
운전자본	-3,597	-4,377	-5,033	-4,962	-5,695	-6,498	-7,272	-7,838
운전자본투자		-780	-656	71	-732	-803	-774	-565

그림 4-7. 아스트라제네카의 운전자본투자 추정

먼저 매출액을 기준으로 매출채권, 재고자산, 매입채무의 회전율을 구했다. 매출채권회전율은 4.2, 재고자산회전율은 7.6, 매입채무회전율은 1.8이다. 그다음 향후 5년간 추정한 매출액을 각 회전율로 나눠 매출채권, 재고자산, 그리고 매입채무를 추정했다. 그리고 매출채권과 재고자산의 합에 매입채무를 빼 각 년도의 운전자본을 추정했다. 마지막으로 익년도 운전자본에서 전년도 운전자본을 빼 익년도 운전자본투자를 추정했다. 그렇게 구한 운전자본투자는 2020년부터 2024년까지 순서대로 $71m, -$732m, -$803m, -$774m, -$565m이다. 매출액이 증가하면서 2020년만 제외하고 4년간 운전자본투자가 꾸준할 것으로 추정한 것이다.

3. 비용과 이익의 추정

매출액을 추정하면 제품이나 서비스의 생산량을 추정해야 하며, 목표 생산량이 설정되면 제조원가를 추정할 수 있다. 제조원가가 추정되면 매출원가가 산출되며, 매출액 수준에 따라 판매관리비 수준을 산출함으로써 영업이익을 추정할 수 있다. 그러나 제조원가와 판매관리비용을 정확하게 추정하려면 각 계정을 구성하는 상세한 내역을 알아야 하는데 외부인으로서 그 내역을 상세히 알아내는 것은 어렵다. 다른 항목과 마찬가지로 비용과 이익의 추정은 접근할 수 있는 정보의 수준에 따라 추정의 방법과 결과의 질은 달라질 수 있다.

● 추정 방법론

정보 접근성에 따라 달라질 수 있는 방법론을 알아보자. 첫 번째는 단순히 과거 원가율을 참조해 미래 원가와 이익을 추정하는 방법이다. 이를 위해 역사적 손익계산서가 필요하며, 과거 기간은 길면 길수록 좋다.

이때 비율만 참조해야 할지, 절대적 숫자를 참조해야 할지 결정할 필요가 있다.

	D-4	D-3	D-2	D-1	D	D+1
매출액	372	383	389	287	233	290
운영비용	309	322	319	258	214	
영업이익	63	61	70	29	19	?
이익률	17.0%	16.0%	18.0%	10.0%	8.0%	

그림 4-8. 역사적 원가를 참조한 미래 비용과 이익의 추정 사례

그림 4-8은 과거 5년간 매출액과 운영비용, 그리고 영업이익을 보여준다. 그리고 D+1의 매출액이 290억 원으로 추정될 때 운영비용과 영업이익을 산출해야 한다. 만약 과거 평균 영업이익률을 참조한다면 5년간 영업이익률은 13.8%이므로 익년도 영업이익은 48억 원(= 290억 원 × 13.8%)로 추정할 수 있다. 그러나 D-1년 실적을 보면 비슷한 수준의 매출액임에도 영업이익 29억 원이다. 이것을 감안하면 추정이익 48억 원은 매우 높게 보인다. 과거 5년간의 이익률을 자세히 살펴보면 최초 과거3년간의 영업이익률은 16% 이상이지만, 최근 과거 2년은 매출액이 감소하면서 영업이익률은 8~10% 수준을 보여 준다. 이것은 운영비 중 고정비 비중이 높아 매출액과 상관없이 일정하게 지출되는 비용이 존재할 확률이 높다. 이런 경우 과거 평균비율을 적용하는 것보다 절대적 숫자를 참조해 추정하는 것이 나을 수 있다. 따라서 D+1년도 실적 추정은 D-1년도를 참조해 운영비용을 260억 원 수준으로 보고 영업이익을 30억 원 수준에서 결정하는 것이 보다 합리적이다.

두 번째는 상장사에 한정된 방법으로써 애널리스트의 리서치를 참조

하는 것이다. 애널리스트들은 담당하는 상장기업의 주가분석을 위해 미래 매출액과 이익을 주기적으로 또는 수시로 분석하고 추정한다. 리서치나 그들의 의견을 종합한 컨센서스의 장점은 나보다 그 기업을 더 잘 아는 전문가들의 의견을 참조해 쉽게 재무제표를 추정한다는 것이다. 그러나 유의해야 할 점은 애널리스트마다 추정치가 다르고, 때론 그들 간에 예측치의 편차가 매우 크다. 따라서 과거 어떤 애널리스트가 대상기업 실적을 잘 예측했는지 조사한 다음 그들의 의견을 참조하는 것이 좋다.

단위: 천억원

	2021	2022	2023
매출액	2,606	2,868	2,871
영업이익	460	597	610
이익률	17.6%	20.8%	21.3%
순이익	343	444	463
이익률	13.2%	15.5%	16.1%

그림 4-9. 삼성전자의 미래 실적 컨센서스 (출처: 네이버, FnGuide, 2021년 3월 기준)

세 번째는 추정 매출액에 유사업종 원가율을 적용해 비용과 이익을 추정하는 방법이다. 대개 역사적 자료나 외부 참조할 자료가 부족한 벤처기업이나 비상장기업에 적합하다. 본 방법은 상대가치평가를 활용한 가치평가 절차와 흡사하다. 먼저 대상기업의 제품별, 고객별, 지역별로 발생가능한 매출액을 추정한다. 그리고 대상기업과 유사한 사업을 영위하는 기업들의 손익계산서를 취득해 유사기업들의 평균원가율을 산출한다. 이때 유사기업의 자산이나 매출액 규모가 상당해 대상기업과 차이가 클 경우 유사기업 그룹에서 해당 기업을 제외하거나 원가율을 높여

몸값 올리는 기업가치평가 실무

적당하게 조정하는 것이 좋다. 자산이나 매출액이 클 경우 대상기업에 없는 '규모의 경제' 효과를 갖고 있을 수 있기 때문이다.

　마지막으로 담당자가 직접 원가를 분석해 추정매출액에 따라 비용과 이익을 산출하는 방법이다. 본 방법은 상장사건 비상장사건, 대기업이 건 벤처기업이건 모두 적용할 수 있는 방법이다. 다만 담당자가 취득할 수 있는 자료의 질과 정도에 따라 분석수준이 달라질 수 있다. 원가분석을 위해 최소한으로 필요한 외부정보로는 사업보고서나 (외국기업의 경우)연간보고서$^{annual\ report}$, 또는 감사보고서이다. 이러한 보고서는 재무제표 각 계정의 내역들을 주석에서 설명해 준다. 다만, 어떤 주석들은 미래 비용을 추정할 수 있을 만큼 자세한 내역이나 계획을 포함하지 않을 수 있다. 이런 경우 첫 번째와 두 번째에 언급했던 방법들을 혼용해 사용할 필요가 있다. 만약 투자자나 감사인의 자격으로 실사를 하는 입장이라면 각 비용의 상세내역과 향후 지출 및 투자계획에 관한 정보를 취득함으로 더욱 자세한 추정이 가능해질 것이다.

● 매출원가와 판매관리비 추정

　매출원가$^{Cost\ of\ Goods\ Sold\ (or\ Cost\ of\ Sales)}$는 회사가 판매한 제품을 생산하는 데 든 직접비용을 말한다. 여기에는 주로 판매된 재고자산, 제품을 만들기 위해 사용된 원재료, 인건비, 제조에 사용된 기계설비나 공장의 감가상각비 등이 포함된다. 판매관리비$^{Selling,\ General\ \&\ Administrative\ Expense\ (SG\&A)}$는 모든 직·간접 판매비용과 관리비용을 의미한다. 여기에는 주로 영업과 관리직원에 대한 인건비, 영업·유통비, 광고비, 제조에 직접 관여되지 않는 유·무형자산의 감가상각비 등이 포함된다. 매출액에서 매출원가와 판매관리비를 제하면 영업이익을 산출할 수 있다.

매출액 - (매출원가 + 판매관리비) = 영업이익

매출원가와 판매관리비를 올바르게 추정하려면 각 비용을 구성하는 항목을 변동비와 고정비로 분류할 필요가 있다. 변동비는 매출액이 증가함에 따라 정비례로 증가하는 비용이며, 고정비는 매출액과 관계없이 고정적으로 지출되는 비용이다. 일정 수준 고정적으로 지출되다가 매출액이 증가하면 비례적으로 증가하는 변동비를 준변동비, 매출액 증가가 일정 수준을 벗어나면 증가하는 고정비를 준고정비라고도 한다.

주어진 자료에서 원가를 분석할 만한 내역 파악이 어려운 경우 과거 원가율을 참조해야 한다. 추정매출액에 과거 평균원가율을 곱해 추정원가를 산출할 수 있다. 일반적으로 성숙기업들이 매출액 변동이 작고 과거 원가율이 고른 편이다. 이런 경우 추정원가 산출을 위해 과거 원가율을 적용하는 것은 수월해진다. 성장기업의 경우 매출이 증가하면서 원가율이 개선되는 것으로 보이면 이것을 추정원가에도 반영할 수 있을 것이다. 만약 매출액이 크게 낮아짐에도 불구하고 원가가 비례적으로 낮아지지 않는다면 원가에 고정비가 차지하는 비중이 클 확률이 높다. 인프라스트럭처나 유형자산이 자산의 큰 부분을 차지하는 섹터에서 이런 현상이 보일 수 있다. 이런 경우 최대한 장기간의 과거 손익계산서를 분석한 다음 변동하지 않는 부분을 고정비로 보고 추정원가에 반영하는 것이 좋다.

몸값 올리는 기업가치평가 실무

사업보고서나 연간보고서 등에서 원가에 대한 상세한 내역이 나올 경우 변동비와 고정비를 구분해 미래원가를 추정해야 한다. 일반적인 보고서는 각 비용들을 변동비와 고정비로 표시하지 않을 확률이 크다. 이런 경우 평가자가 각 비용의 성격을 파악해 매출액 증감에 따른 원가증감을 추정해야 한다. 대개 재고자산, 재료비, 지급수수료 및 기타항목은 변동비로 볼 수 있다. 그리고 인건비, 유·무형자산의 감가상각비는 고정비 성격을 지닌다. 미래매출액이 증가하는 것으로 추정한 경우 그에 따른 설비 가동률을 예측해야 한다. 기존 설비의 가동률이 100%에 가까워지면 새로운 설비 증설, 즉 자본적지출이 수반되어야 하며, 그에 따라 감가상각비가 증가하게 된다. 설비가 증설됨에 따라 새로운 인력 충원이 필요한지, 그에 따라 추가 인건비를 고려해야 하는지도 감안해야 한다. 또한 과거 비용을 분석할 때 비경상적 비용은 제거해 원가율을 표준화^{normalisation}하고, 조정된 원가율을 미래비용에 반영해야 한다. 일회성으로 발생할 수 있는 대표적 비용은 인력조정으로 인해 발생한 구조조정 비용, 비경상적인 인수합병 비용, 비경상적 소송 비용, 대손상각비 등이 있다. 이러한 비용들은 미래에 또다시 발생할 것으로 기대할 수 없으므로 추정 시 제거해야 한다.

한편 분석목적에 따라 분석수준을 결정할 필요가 있다. 만약 인수합병이나 투자를 위한 실사나 컨설팅이 목적이라면 최대한 많은 자료를 획득해 계정별로 상세한 분석이 필요할 것이다. 이와 달리 타당성 검토를 위한 초기검토나 대략적인 가치평가 등이 목적이라면 모든 비용 항목을 상세하게 분석할 필요는 없다. 이것은 시간과 노력을 상당히 소모하기 때문이다.

4. 매출액과 손익 추정 연습 - 아스트라제네카 사례

영국 제약회사 아스트라제네카^{AstraZeneca}의 손익계산서를 추정해 보자. 본 추정을 위해 사용한 자료는 다음과 같다.

- 회사의 2020년 연간보고서$^{annual\ report}$
- 제품 파이프라인^{pipeline}에 대한 회사 공시자료
- 몇 개의 글로벌 투자은행 리서치

아스트라제네카의 연간보고서는 288페이지로 구성되어 제법 자세한 사항들을 기록하고 있으나 미래 재무제표의 각 항목을 추정하기 위해 필요한 만큼의 정보는 포함하지 않고 있다. 예를 들어 2020년 매출원가가 약 $5.3b인데 $5.3b을 구성하는 요소들을 파악할 수가 없다. 따라서 변동비와 고정비의 정확한 구분이 어렵고, 그에 따라 매출액 증가에 따라 원가율이 어떻게 변할 것인지 구체적인 예측이 어렵다. 또한 보유자산 항목에 대한 정확한 내역이 없어 향후 감가상각비, 이자수익, 이자비용 등을 논리적으로 추정하는 것이 어렵다. 이러한 정보의 한계성을 감안한 상태에서 향후 매출액을 비롯해 영업이익과 순이익을 추정해 보았다.

● **아스트라제네카의 매출액 추정**

그림 4-10은 아스트라제네카의 과거 4년간 매출액^{revenue}, 비용, 영업이익, 그리고 향후 4년간 그것들을 추정한 내역이다. 먼저 매출액 추정을

위해 시장규모를 파악하고, 향후 인구변화에 따른 시장규모의 변화를 예측했다. 그다음 아스트라제네카의 시장점유율과 제품별 경쟁사 현황을 파악했다. 마지막으로 진행 중인 연구개발과 제품별·지역별 파이프라인 현황을 반영했다. 또한 다른 한 방법으로 애널리스트들의 컨센서스를 살펴보았다.

아스트라제네카의 사업분야는 크게 네 가지로 종양학, CVRM, 호흡기, 그리고 면역 부문으로 이뤄졌다. 그리고 상위 10개 제품은 아스트라제네카 전체매출의 74%를 구성하고 있다. 이중 Tagrisso란 제품은 폐암 처방약으로 매출의 가장 큰 비중을 차지하고 있다. 미국, 중국, EU, 일본을 포함해 87개국에서 승인되었으며, 판매 성장률이 미국에서 26%, 중국을 포함한 신흥국가에서 72%, 유럽 49%, 일본 12%에 달하고 있다. 시장규모도 당분간 커질 것으로 기대된다. 세계 인구와 기대수명이 증가하고 있고, 전염병과 만성비전염병도 증가하는 추세다. 이로 인해 글로벌 전체 제약시장은 2019년 $1,033b에서 2023년 $1,519b로 성장할 것으로 기대된다.[9] 다수의 투자은행 애널리스트들도 아스트라제네카의 매출액 증가가 당분간 지속될 것으로 예측하고 있다. 다만 성장률의 정도는 애널리스트마다 차이가 있다.

아스트라제네카 매출액은 2019년 10.4%, 2020년 9.2% 성장했다. 이러한 모든 상황을 종합해 2021년 8.9%, 2022년 9.7%, 2023년 7.3%, 2024년 5.2% 성장할 것으로 추정했다. 향후 4년간 연평균성장률 7.7% 수준에 해당된다.

---

9) 출처: 아스트라 2019년 연간보고서, IQVIA.

Income Statement		2017	2018	2019	2020	2021(E)	2022(E)	2023(E)	$ million 2024(E)
Revenue		22,465	22,090	24,384	26,617	28,986	31,798	34,119	35,893
	Growth rate	-2.1%	-1.7%	10.4%	9.2%	8.9%	9.7%		
Cost of Goods Sold		4,318	4,936	4,921	5,299	5,652	6,137	6,551	6,856
Gross Profit		18,147	17,154	19,463	21,318	23,334	25,661	27,568	29,037
	Gross margin	80.8%	77.7%	79.8%	80.1%	80.5%			
Selling, General & Administrative Expenses		10,233	10,031	11,682	11,294	12,232	13,260	14,023	14,644
Research & Development		5,757	5,932	6,059	5,991	6,292	6,648	6,895	7,002
Other Operating Expense (Income)		1,520	2,196	1,202	1,129	1,188	1,272	1,331	1,364
Operating Income		3,677	3,387	2,924	5,162	5,998	7,025	7,981	8,755
	Operating income margin	16.4%	15.3%	12.0%	19.4%	20.7%			

그림 4-10. 아스트라제네카의 매출액과 영업이익 추정

• 아스트라제네카의 운영비용과 영업이익 추정

아스트라제네카의 매출원가$^{cost\ of\ goods\ sold}$에는 제조원가, 로열티 지불, 재고 상각 및 손상 비용, 공동작업에 대한 이익 공유, 그리고 외환손익이 포함된다. 제조원가에는 재료의 구입원가, 유·무형자산의 감가상각비, 제조관련 임직원에 대한 인건비 등이 포함될 것으로 추정된다. 과거 4년간 매출액 대비 평균 20%의 원가율을 보이고 있으며, 감가상각비와 같은 일부 고정비로 인해 매출액 증가에 따라 매출총이익률이 미세하게 개선되는 양상을 보이고 있다.

판매관리비$^{selling,\ general\ \&\ administrative\ expenses}$는 감가상각비, 영업관련 임직원들의 인건비, 마케팅 및 유통비용 등을 포함하고 있다. 2020년의 경우 무형자산 상각비는 $1,895m이고, 마케팅 및 유통비용은 $185m이다. 과거 4년간 매출액 대비 평균 45%의 수준이며, 2020년의 경우 전년 대비 3.3% 감소했다. 판매관리비에서도 감가상각비와 같은 일부 고정비로 인해 매출액 증가에 따라 원가율이 조금씩 감소되는 추세를 보이고 있다.

아스트라제네카는 영국, 스웨덴, 미국에 연구소를 세워 종양학, 심혈관, 신장 및 신진 대사, 그리고 호흡기 및 면역학에 대한 연구를 진행하

몸값 올리는 기업가치평가 실무

고 있다. 제품의 개발부터 상품화가 되기 직전까지 전 과정에 걸쳐 관여하고 있다. 연구개발비$^{research \& development}$에는 자체 연구에 대한 비용뿐 아니라 제3자의 라이선스에 대한 로열티까지 포함한다. 2020년에는 전년 대비 종양학 부문의 파이프라인 투자가 증가했으나 전체비용은 1% 감소했다. 과거 4년간 $6,000m 밑도는 수준으로 꾸준히 투자해 왔다.

아스트라제네카는 영업외이익으로서 무형자산 처분이익과 로열티 수입을 꾸준히 거두고 있다. 2020년에는Atacand에 대한 국제 및 캐나다 권리를 Cheplapharm에 매각해 $400m의 수입을 거두었다.

2020년 영업이익은 $5,162m로 전년 대비 77% 상승했으며, 영업이익률은 12%에서 19.4%로 증가했다. 익년도 영업이익은 $6,000m에 가까울 것으로 기대되며, 향후 매출액 증가에 따라 영업이익률도 증가할 것으로 기대된다. 이는 유·무형자산 감가상각비와 같은 고정비 효과와 연구개발비가 일정 수준 이상을 크게 넘지 않는 것에서 기인한다.

• 아스트라제네카의 순이익 추정

Income Statement		2017	2018	2019	2020	2021(E)	2022(E)	2023(E)	2024(E)
									$ million
Operating Income		3,677	3,387	2,924	5,162	5,998	7,025	7,981	8,755
	Operating income margin	15.4%	25.1%	12.0%	19.4%	20.7%		23.4%	24.4%
Share of after tax losses in associates and joint ventures		55	113	116	27	78	74	77	81
Interest Expense		1,508	1,419	1,432	1,306	1,416	1,357	1,308	1,276
Interest Income		113	138	172	87	128	120	120	120
Pre-Tax Income		2,227	1,993	1,548	3,916	4,632	5,714	6,716	7,518
	Pre-tax income margin	9.4%	9.0%	6.3%	14.7%	16.0%		19.7%	21.0%
Income Tax Expense		-641	-57	321	772	1,137	1,583	2,061	2,319
Non-controlling interests		133	105	108	52	0	0	0	0
Net Income		3,001	2,155	1,335	3,196	3,495	4,131	4,655	5,199
	Net income margin	13.4%	4.8%	5.5%	12.0%	12.1%		13.6%	14.5%

그림 4-11. 아스트라제네카의 순이익 추정

아스트라제네카는 조인트벤처$^{joint \ venture}$를 통해 활발한 공동연구를 진행하고 있다. 2018년 미국에서 설립한 Viela Bio사의 지분율은 최초 45% 였으며, 상장된 이후 26.7%로 희석되었다. 중국의 FIIF펀드와 중국에도 조인트벤처를 설립하는 등 다수의 조인트벤처를 보유하고 있다. 과거 4년간 조인트벤처 및 관계기업으로부터 얻은 손실은 연평균 $78m이며, 2020년에는 $27m으로 줄었다. 향후 4년간 본 손실에 대한 예측이 어려워 과거 평균수준을 적용했다.

　금융비용 중 금융부채와 상업어음^{CP}에 대한 이자가 가장 크다. 그 외 초과인출^{overdrafts}, 리스, 퇴직 후 확정급여제도 순부채에 대한 이자 등을 지급하고 있다. 과거 4년간 평균적으로 $1,400m 수준의 이자비용을 지급해 왔다. 매출액이 조금씩 증가함에 따라 매년 일정 부문의 금융부채를 상환할 가능성이 있다. 그러나 2020년 12월 미국의 희귀질환 치료제 개발회사인 알렉시온^{Alexion}을 $39.6b에 인수하는 계약을 체결함에 따라 인수금융으로 금융부채를 조달한다면 이자비용은 증가할 확률이 높다. 한편, 아스트라제네카는 단기예금과 고정예금, 그리고 지분증권 등을 보유해 본 자산으로부터 이자수익을 얻고 있다. 과거 4년간 평균적으로 약 $130m의 이자수익을 얻었으며, 2020년에는 $80m의 수익을 얻었다. 아스트라제네카의 법인세율은 20%가 적용된다. 2020년 법인세는 $981m이었으며, 전년도 조정 $10m와 이연법인세 $199m가 감해져 총 $772m의 법인세를 지급했다.

　2020년 아스트라제네카의 순이익은 $3,196m이며, 12%의 순이익률을 보이고 있다. 향후 4년간 매출액이 증가함에 따라 순이익의 절대량과 함께 순이익률도 증가할 것으로 기대된다. 그러나 2021년도 알렉시온^{Alexion}에 대한 인수금액을 위해 금융부채를 조달한다면 높아진 금융비용으로 인해 순이익과 순이익률이 소폭 감소할 가능성도 분명히 존재한다.

현금흐름할인법 적용하기

1. 배당할인모델 - 애플 주식가치평가

현금흐름할인법$^{\text{DCF (Discounted Cash Flow) Model}}$은 사업으로부터 기대되는 미래의 현금흐름을 현재가치로 환산해 가치를 평가하는 방법이다.

$$Value = \sum_{t=1}^{t=n} \frac{CF^t}{(1+r)^t}$$

n: 사업의 연수

CF_t: t시점의 현금흐름

r: 사업의 위험을 반영하는 할인율

기업가치평가를 위한 현금흐름할인법에는 두 가지가 있다. 배당할인모델과 잉여현금흐름모델이다. 배당할인모델은 주식가치를 평가하며, 잉여현금흐름모델은 주식가치와 기업가치를 평가한다. 실무에선 잉여현금흐름모델을 월등하게 많이 사용한다. 주주와 채권자에게 귀속되는 실제적인 경제가치를 가장 잘 나타내기 때문이다. 잉여현금흐름모델을 가장 많이 사용하므로 실무에선 잉여현금흐름모델을 현금흐름할인법으로 부를 때가 많다. 엄밀하게 말하면 현금흐름할인법은 상위개념의 방법론이며 잉여현금흐름모델은 그 하위에 속한다. 여기선 배당할인모델을 먼저 설명한 후 잉여현금흐름모델을 본격적으로 설명하고자 한다.

● 배당할인모델의 이해

투자자가 주식을 산 후 팔기 전까지 유일하게 기대할 수 있는 현금 흐름은 배당금이다. 미래에 기대되는 이 모든 배당금을 현재가치로 환산해 주식가치를 산정하는 방법이 배당할인모델(DDM: Dividend Discount Model)이다. 따라서 배당할인모델을 사용하기 위해 배당금을 예측하고, 주주가 요구하는 수익률, 즉 자기자본비용을 산출해야 한다. 두 요소만 구하면 주식가치를 평가할 수 있으므로 모델이 단순하고 직관적이다. 주주에게 귀속되는 현금흐름인 배당금을 예측해 현재가치로 할인하는 모델이므로 현금흐름할인법에 속하며, 다른 기업과 비교 없이 해당 기업의 현금흐름만으로 평가하므로 절대가치평가법으로 분류된다.

$$\text{주가}^{\text{Value per share of stock}} = \frac{\Sigma E\,(DPS_t)}{(1 + K_e)^t}$$

DPS_t: t시점에 예상되는 주당배당금
K_e: 자기자본비용

배당할인모델은 미래에 기대되는 모든 배당금을 현재가치로 환산한 후 총합해 주식가치를 추정한다. 주주에게 귀속되는 현금흐름만 고려하므로 현재가치로 환산하기 위한 할인율은 자기자본비용을 사용한다.

배당할인모델은 다음과 같은 단점을 가질 수 있다.

- 본 모델은 배당금만 기대한다는 것을 전제로 한다. 일정시점에서 주식매각을 통해 얻는 자본소득은 고려하지 않는다.
- 본 모델에 적합하지 않은 기업들이 있다. 배당률보다 유보율을 높게 책정하는 회사에는 사용하기가 힘들다.
- 배당성향이 높은 회사일수록 고평가된다. 미래 투자를 위해 배당률을 낮추고, 유보율을 높이는 회사의 주가는 상대적으로 낮게 평가된다. 투자효과로 인해 미래 이익이 높아져 더 많은 배당금을 지급하는 것을 가정할지라도 현금흐름할인법의 구조상 현재 배당률이 높은 회사의 주가가 더 높게 평가될 수 있다.
- 할인율과 성장률에 따라 가치평가가 크게 변동된다. 특히 성장률은 평가자의 정성적인 판단을 요구하므로 주관적 의견에 따라 주식가치가 크게 변동될 수 있다.

이러한 단점을 갖지만 실무를 위해 배당할인모델을 이해하는 것이 유익할 수 있다. 투자주식으로부터 배당금을 주수익원으로 여기는 투자자에게 적합할 수 있다. 또한 배당금을 잉여현금흐름으로 대체하면 잉여현금흐름모델의 기본적 구조는 이해하게 된다. 배당금으로 주식가치를 추정하는 방법론을 살펴보자.

- 영속성장모델과 2단계 성장모델

$$\text{주가} = \frac{Dividend_1}{(K_e - g)}$$

Dividend$_1$: 익년도 배당금
K_e: 자기자본비용, g: 배당금의 영속성장률

위 공식은 고든의 영속성장모델$^{The\ Gordon\ growth\ model}$로 익년도 배당금을 자기자본비용과 성장률의 차이로 나눠 주식가치를 구하는 방법이다. 익년도 배당금이 일정한 성장률에 따라 증가한다는 것을 가정한다. 본 모델에 적합한 대상은 앞으로 꾸준히 배당금을 지급할 것으로 기대되는 회사이다. 그러기 위해 과거에 배당금을 일정한 성장률에 따라 꾸준히 지급한 회사가 적합할 수 있다.

$$\text{주가} = \frac{\Sigma\ DPS_t}{(1 + K_{e,hg})^t} + \frac{DPS_{n+1} / (K_{e,st-g})}{(1 + K_{e,hg})^n}$$

n: 고성장기간, n+1부터 안정기간
DPS$_t$: 고성장기간의 배당금
K_e: 자기자본비용 (hg: 고성장기간, st: 안정기간)
g: 안정기간 성장률

위 공식은 2단계 성장모델$^{Two-stage\ DDM}$으로 배당금이 두 단계에 걸쳐 성장한다는 것을 가정으로 한다. 첫 번째 단계는 고성장기간으로 n년 동안 배당금이 고성장한다고 가정하고, 해당기간의 배당금을 현재가치로 환산해 합하는 부분이다. 두 번째 단계는 안정기간으로 n+1시점이 되면 배당금이 일정하게 성장한다고 가정한다. 그리고 n+1시점의 배당금을 자기자본비용과 성장률의 차이로 나눠 현재가치로 환산한다. 본 모델은 한동안 높은 성장률을 보일 것으로 기대되는 고성장기업에 적용할 수 있다. 영속성장모델과 2단계 성장모델을 애플에 적용해 그 주가를 평가해 보도록 하자.

● 사례분석: 애플의 주식가치평가

애플Apple은 과거 일정한 성장률에 따라 배당금을 지급해 왔다. 애플이 미래에 다음과 같은 두 가지 시나리오로 배당금을 지급할 것이라는 전제 하에 영속성장모델과 2단계 성장모델을 적용해 주식가치를 평가해 보도록 하자.

1) 애플이 향후 일정한 성장률에 따라 배당금을 지급한다.
2) 애플은 향후 5년간 고성장률에 따라 배당금을 지급하고, 6년째부터 일정한 성장률에 따라 배당금을 지급한다.

그림 5-1. 애플의 배당금 지급 현황 (출처: 톰슨로이터)

1) 영속성장모델

애플은 영속성장모델을 적용하기에 적합하다. 과거 4년간 이익의 24 ~27%를 꾸준히 배당했고, 평균 10%로 꾸준히 성장했다. 그림 5-1의 첫째 열은 배당지급일[10]이며, 두 번째는 연 총배당금액, 세 번째는 주당순이익, 네 번째는 배당성향, 다섯 번째는 해당 날짜의 주가이다.

Apple's Equity Cost		Source
R_f	1.14%	Thomson Reuter
β (5Y Monthly)	1.24	Thomson Reuter
Market Premium	6.01%	Thomson Reuter
K_e	**8.59%**	
12-Feb-21		

그림 5-2. 애플의 자기자본비용 (출처: 톰슨로이터)

애플에 영속성장모델을 적용하기 위해 애플의 자기자본비용과 성장률을 추정해야 한다. 2021년 2월 기준 미국의 국채수익률과 마켓프리미엄은 각각 1.14%와 6.01%이며, 애플의 베타는 1.24이다. CAPM으로 자기자본비용을 계산하면 8.59%이다.

과거 4년간 평균성장률을 따라 앞으로 10% 성장한다고 가정할 경우 2021년의 배당금은 $0.89로 기대된다. 그리고 향후 영속적으로 5%의 성장률로 배당금을 지급한다고 가정하면 영속성장모델에 의해 애플의 주식가치는 $24.73이다. 민감도를 보기 위해 성장률을 1%씩 올릴 경우 추정되는 주식가치는 다음과 같다. 성장률이 자기자본비용과 접근할수록

---

10) 애플은 실제 분기마다 배당금을 지급한다. 그림 5-1의 배당금은 네 번의 배당금을 합산한 연 총배당금이다.

주가는 매우 큰 폭으로 변동한다.

성장률 5%: $24.73 = $0.89 / (8.59% - 5.0%)

성장률 6%: $34.26 = $0.89 / (8.59% - 6.0%)

성장률 7%: $55.78 = $0.89 / (8.59% - 7.0%)

성장률 8%: $149.94 = $0.89 / (8.59% - 8.0%)

2021년 2월 기준으로 애플의 주가는 $120~145 수준에 머물고 있다. 본 영속성장모델을 적용한 애플의 주식가치에 비교하면 상당히 고평가된 것으로 판단된다.

2) 2단계 성장모델

Share value of Apple						
Year	2021	2022	2023	2024	2025	2026
Time factor	1	2	3	4	5	6
Period		High-growth period				Stable
g_n	6.17%	7.10%	11.60%	11.60%	11.60%	5.00%
Dividend_t	$0.86	$0.92	$1.02	$1.14	$1.28	$1.34
K_e	8.59%					
Share value_5					$37.30	
Present value	$0.79	$0.78	$0.80	$0.82	$25.55	
Share value	$28.74					

그림 5-3. 2단계 성장모델을 적용한 애플의 주식가치평가

그림 5-3은 애플이 향후 5년간 매년 높은 성장률에 따라 배당금을 지급하고, 6년째부터 일정한 성장률로 배당금을 지급할 경우 배당할인모델로 평가한 애플의 주식가치를 보여 준다. 향후 5년간 고성장기간은 리서치기관의 애널리스트들이 추정한 성장률을 참조했고, 6년째부터 5%

의 배당금 성장률을 가정했다. 그림의 Share value₅는 5년째의 잔존가치를 구하기 위해 6년째 배당금에 영속성장모델을 적용한 것이다.

$$\$37.30 = \$1.34 / (8.59\% - 5.0\%)$$

이렇게 배당성장률을 두 단계로 구분해 추정한 애플의 주식가치는 $28.74이다. 마찬가지로 2021년 2월의 애플 주가수준과 비교하면 애플의 현재 시장주가는 상당히 고평가된 것으로 보인다. 2단계 성장모델은 고성장기간의 연수와 그 기간의 성장률을 유연하게 조정할 수 있어 영속성장모델보다 적용할 수 있는 대상기업의 폭이 넓다는 것이 장점이다. 그럼에도 불구하고 배당할인모형으로 추정한 주식가치와 시장가격이 현저하게 차이나는 이유는 당연한 두 가지의 가능성으로 귀결된다. 첫째는 배당할인모델이 애플의 주가를 설명하지 못하고 있거나, 둘째는 애플의 주가가 가치에 비해 현저하게 높은 것이다.

2. 주주잉여현금흐름 - FCFE

• FCFE의 이해

주주잉여현금흐름(FCFE: Free Cash Flow to Equity)이란 주주에게 귀속되는 현금흐름을 말한다. 배당할인모델과 같이 FCFE를 활용하면 기업의 주식가치를 추정할 수 있다. 그림 5-4로 FCFE를 이해해 보자.

경영진은 회사가 창출한 이익을 재투자
에 사용할 수 있다. 재투자하기로 결정한
금액을 '에쿼티 재투자'라고 하자. FCFE는
이익에서 이 재투자금액을 제외하고 남
는 현금흐름을 의미한다. FCFE는 배당금
재원으로 사용될 수도 있고, 미래에 또 다
른 투자를 위해 회사에 유보할 수도 있다.

그림 5-4. 순이익에서 FCFE로의 흐름

FCFE = 순이익 - 에쿼티 재투자

● 에쿼티 재투자

에쿼티 재투자는 다음과 같은 세 가지 활동을 의미한다.

1) 자본적지출
2) 운전자본투자
3) 부채의 상환

첫 번째, 자본적지출은 기존 제품의 생산량을 늘리거나 신규 제품 생산
을 위해 투자되는 부분이다. 사업에 따라 유형자산에 투자할 수도 있고,
무형자산에 투자할 수도 있다. 자본적지출은 손익계산서에서 바로 비용
으로 인식되지 않고, 현금흐름표의 투자부문(Cash flow from investing)
에서 현금유출로 반영된다. 그리고 투자자산의 내용연수에 따라 매년

손익계산서에서 감가상각비란 항목으로 비용처럼 인식된다. 따라서 실제로 발생한 현금유출은 현금흐름표에서 인식되며, 비용으로서는 손익계산서에서 인식된다. 그래서, EBITDA와 같은 수익성 지표는 실제 현금흐름이 아닌 유·무형 감가상각비용을 더해 이익성지표로 인식한다.

두 번째, 운전자본은 영업에 필요한 자산으로 유동자산에서 유동부채를 제외한 금액으로 정의할 수 있다. 영업에 필요한 자산이므로 유동자산 중 영업에 활용되지 않는 현금과 단기금융상품은 제외한다. 또한 유동부채에서 단기차입금도 제외한다. 대개 운전자본은 매출액이 증가함에 따라 증가한다. 재고자산을 더 많이 확보해야 하고, 그에 따라 매출채권과 매입채무가 늘어나기 때문이다. 운전자본투자란 이렇게 운전자본의 절대금액이 아니라 매출에 따라 증가하거나 감소하는 변동분을 의미한다.

마지막으로 기존 차입금의 상환이다. 차입금 상환은 투자가 아니지만 이자비용을 줄여 순이익을 증가시킨다는 의미에서 여기에서만 투자의 한 부분으로 본다. 주의할 점은 순차입금, 즉 상환금액에서 신규로 조달한 차입금을 제외한 금액만 고려해야 한다. 신규차입금은 현재 주주 또는 주주가 선임한 이사회의 경영계획에 따라 사용할 수 있는 금액이므로 주주에게 귀속되는 현금, 즉 FCFE로 간주한다. 만기에 상환하기 때문에 언젠가 다시 유출되는 금액이다. 에쿼티 재투자를 정리하면 다음과 같다.

에쿼티 재투자 = 순자본적지출 + 운전자본 증감액 + 순차입금 상환액

= (자본적지출 - 유·무형 감가상각비) +

(유동자산 증감분 - 유동부채 증감분) +

(차입금 상환금액 - 신규 차입금)

- **FCFE 계산**

FCFE를 좀 더 깊이 이해해 보자. FCFE는 순이익에서 재투자를 제외한 금액이다. 재투자는 순자본적지출, 운전자본 증감분, 그리고 순차입금 상환액이다. 이것을 재정리하면 다음과 같다.

FCFE = 순이익 - 에쿼티 재투자

　　= 순이익 - (순자본적지출 + 운전자본 증감액 + 순차입금 상환액)

　　= 순이익 - (자본적지출 - 감가상각비 + 운전자본 증감액 + 순차입금 상환액)

　　= 순이익 + 감가상각비 - 자본적지출 - 운전자본 증감액 - 순차입금 상환액)

　　　운전자본 증감액: 유동자산 증감분 - 유동부채 증감분
　　　순차입금 상환액: 차입금 상환금액 - 신규 차입금

FCFE는 순이익에 감가상각비를 더한 후 자본적지출, 운전자본 증감액, 그리고 순차입금 상환금을 제한 금액이다. 만약 우선주를 발행했다면 우선주주에게 지급한 배당금은 현금유출로 보며, 신규로 발행한 우선주는 현금유입으로 본다. 우선주는 차입금과 달리 만기가 없으므로 상환금을 고려하지 않는다. 이것을 정리하면 다음과 같다.

FCFE = 순이익 + 감가상각비 - 자본적지출 - 운전자본 증감액 - 순차입금 상환액 - (우선주 배당금 - 우선주 발행금액)

• 배당금과 FCFE의 비교

주주는 순이익에서 일부 또는 전부를 배당금으로 지급받는다. 순이익에서 재투자금액을 제한 후에 배당을 고려한다면 FCFE로부터 배당금을 지급받는다고 할 수 있다. FCFE 대비 배당금은 다음과 같이 정의된다.

FCFE 대비 배당금 비율 = (배당금 + 자사주매입) / FCFE

자사주매입은 기업이 주주의 주식을 매입해 주주에게 현금으로 보상하는 한 방법이므로 배당금으로 본다. 이론적으로 배당금은 FCFE보다 작아야 한다. 즉 FCFE 대비 배당금 비율은 1보다 작아야 한다. 그러나 배당금이 FCFE보다 클 수도 있고, 작을 수도 있다. FCFE보다 배당금이 많은 경우 배당금 지급을 위해 순이익 외에 추가적인 현금을 동원했다는 의미이다. 기존에 보유한 현금을 사용할 수도 있고, 현금이 부족한 경우 신규차입, 신주발행, 또는 자산매각 등으로 현금을 충원할 수도 있다.

FCFE보다 더 낮은 금액을 배당했다면 다음과 같은 이유일 수 있다.

- 미래의 위험을 대비하기 위해 회사 내부에 현금 보유
- 미래의 자본적지출을 위한 수요를 대비
- 세금의 문제 (배당세 > 자본소득세)

배당할인모형으로 주식가치를 평가할 경우 FCFE 대비 배당금 비율이 1보다 크면 주식가치가 고평가되고, 1보다 낮으면 저평가될 수 있다. 즉 배당할인모형은 배당정책에 따라 주식가치가 변동될 여지가 크다.

FCFE는 배당할인모형의 이러한 단점을 보완할 수 있다. FCFE는 배당금과 기업 내부에 유보되는 모든 현금을 반영하므로 배당정책에 영향을 받지 않기 때문이다.

한편, 다수의 주주가 존재할 경우 소액주주는 배당금 외의 현금사용 정책에 영향을 끼치기가 어렵다. 차입금 조달 또는 상환, 자본적지출의 결정, 신규투자 재원 준비 등은 대개 경영권을 가진 주주가 결정할 수 있는 것들이다. 이런 의미에서 FCFE는 대주주의 지분, 또는 경영권 인수를 위한 주식의 가치평가에 더욱 적합하다.

3. FCFE의 활용 - 애플 주식가치평가

앞서 배당할인모형을 활용해 애플의 주가를 평가했다. 이번에는 FCFE를 적용해 애플의 주식가치를 평가해 보자. FCFE를 활용한 주식가치평가의 기본적인 공식은 다음과 같다.

$$\text{주식가치} = \frac{\Sigma E\,(FCFE_t)}{(1 + K_e)^t}$$

$FCFE_t$: t시점의 추정FCFE
K_e: 자기자본비용

미래 기대되는 모든 FCFE을 현재가치로 계산해 모두 합하면 주식가치가 도출된다. 유의할 것은 현재가치로 계산하기 위해 사용되는 할인율은 자기자본비용$^{equity\ cost}$이라는 것이다. 나중에 설명할 FCFF는 가중평균자본비용^{WACC}으로 할인하게 된다. 이것이 FCFE와 FCFF에 적용되는 할인율의 차이점이다.

● FCFE의 영속성장모델

$$주식가치 = \frac{FCFE_1}{(K_e - g_n)}$$

FCFE₁: 익년도 추정FCFE
K_e: 자기자본비용, g_n: 영속성장률

위 공식은 배당할인모형에서 소개한 영속성장모델의 기본공식이다. 본 공식은 내년의 FCFE가 일정한 성장률에 따라 증가할 것이라 가정한다. 주식가치를 구하기 위해 익년의 FCFE를 자기자본비용과 성장률의 차이로 나누게 된다. 과거에 FCFE가 꾸준히 성장했고, 앞으로도 그러할 것으로 기대된다면 본 모델을 적용할 수 있다.

그림 5-5. 애플의 과거 6년간 FCFE 계산

몸값 올리는 기업가치평가 실무

그림 5-5는 과거 6년간 애플의 FCFE와 FCFE를 구성하는 펀더멘털들을 보여 준다. 그래프를 보면 애플의 FCFE는 순이익 대비 변동성이 커 보인다. 그러나 FCFE를 구성하는 펀더멘털들을 살펴볼 경우 그 변동성은 운전자본 증감분과 순차입금 증감분에서 기인한 것으로 보인다. 그에 비해 순이익과 감가상각비, 그리고 자본적지출은 안정적인 흐름을 보이고 있다. 앞으로 운전자본과 순차입금의 증감분이 경상적인 흐름을 따른다고 가정할 경우 애플에 FCFE의 영속성장모델을 적용할 수 있을 것으로 판단된다.

Equity value ps of Apple	
FCFE ps $_1$	$4.79
K_e	8.54%
g	3.06%
Equity Value ps	$87.36
Market Price	$133.19
Overpriced (Underpriced)	52.46%

그림 5-6. 영속성장모델을 적용한 애플 주식가치평가

2021년 주당 FCFE를 예측하기 위해 톰슨로이터가 제공한 애널리스트들의 추정치를 사용했다. 애널리스트가 추정한 2021년 주당 FCFE는 $4.79이다. 애플의 자기자본비용은 CAPM을 사용해 8.54%(= 1.30% + 1.24 × 5.84%)를 적용했다. 영속성장률은 애널리스트들이 추정한 향후 5년간 FCFE의 평균성장률을 참조했다. 이렇게 해서 계산된 애플의 주당가치는 $87.36이다. 이 가치를 추정한 2021년 2월 17일 기준 애플의 주가는 $133.19이다. 영속성장모델을 사용해 추정한 애플의 주당가치를 고려하면 현재 시장주가는 52% 이상 고평가된 것으로 보인다.

• FCFE의 2단계 성장모델

$$\text{주식가치} = \frac{\Sigma\ FCFE_t}{(1 + K_{e,\,hg})t} + \frac{FCFE_{n+1} / (K_{e,\,st} - g)}{(1 + K_{e,\,hg})^n}$$

n: 고성장기간, n+1부터 안정기간, $FCFE_t$: 고성장기간의 FCFE
K_e: 자기자본비용 (hg: 고성장기간, st: 안정기간), g: 안정기간 성장률

위 공식은 FCFE가 두 단계에 걸쳐 성장한다는 가정을 전제로 한 2단계 성장모델이다. 일정기간 동안 고성장을 이루다 특정시점에 접어들면 안정적으로 성장한다는 시나리오를 갖고 있다.

Equity value ps of Apple	2020	2021	2022	2023	2024
			High-growth period		Stable
g_n		10.95%	7.71%	10.46%	3.06%
$FCFE_t$	$3.96	$4.79	$5.16	$5.70	$5.88
K_e	8.54%				
Equity Value ps $_3$				$107.11	
Present Value		$4.42	$4.38	$88.22	
Equity Value ps $_0$	$97.02				
Market Price	$133.19				
Overpriced (Underpriced)	37.28%				

그림 5-7. 2단계 성장모델을 적용한 애플 주식가치평가

그림 5-7은 2단계 성장모델을 적용한 애플의 주식가치를 보여 준다.

몸값 올리는 기업가치평가 실무

성장률은 톰슨로이터가 제공한 애널리스트 추정치를 적용했다. 첫 3년 간은 1단계로 고성장단계이며, 4년째부터 안정단계로 접어든다는 시나리오이다. 고성장기간 동안 약 7~10% 성장하며, 안정단계에선 3.06%로 성장한다는 가정이다. 이렇게 추정한 애플의 주가는 $97.02이다. 이 가치를 추정한 2021년 2월 17일 기준으로 애플의 주가는 $133.19이다. 2단계 성장모델을 적용해 추정한 애플의 주당가치에 비교하면 시장주가는 37% 이상 고평가된 것으로 보인다.

• FCFE 모델을 사용할 때 고려할 사항들

FCFE = 순이익 + 감가상각비 - 자본적지출 -

운전자본 증감액 - 순차입금 상환액

FCFE로 주가를 평가할 때 미래 FCFE를 추정하게 된다. 평가자가 정성적 판단으로 FCFE를 추정할 경우 FCFE를 구성하는 각 펀더멘털 요소들을 분석해야 한다. 이때 각 요소들이 다른 요소에 어떻게 영향을 미치는지 고려해야 한다.

- 순이익을 추정하기 위해 매출액을 추정한 후 원가구조를 분석해야 한다.
- 자본적지출은 고정자산의 유지보수와 향후 투자계획에 따라 결정될 수 있다. 따라서 평가자는 과거의 고정자산 유지보

수, 건설중인자산, 그리고 신규투자계획을 파악해야 한다.

- 자본적지출이 증가하면 고정자산이 증가하고, 그에 따라 감가상각비도 증가한다. 감가상각비 추정을 위해 각 자산의 내역과 내용연수의 파악이 필요하다.
- 신규투자를 위한 자본적지출이 매출액과 순이익을 어떻게 향상시키는지 파악해야 한다.
- 매출액이 증가하면 일반적으로 운전자본이 증가한다.
- 보유한 현금과 유보이익보다 자본적지출이 크다고 판단될 경우 유상증자나 추가적인 차입이 필요할 수 있다.

FCFE 추정은 배당금 추정보다 복잡하고, 심도 있는 분석을 요구한다. 위와 같은 정보를 얻기 위해 내부자료가 필요할 수 있고, 그것이 어려울 경우 사업보고서나 애널리스트의 리서치를 참조해 심도 있게 분석할 필요가 있다.

4. 회사잉여현금흐름 - FCFF

• FCFF의 이해

회사잉여현금흐름(FCFF: Free Cash Flow to Firm)이란 회사에 자금을 제공한 모든 이해관계자에게 귀속되는 현금흐름을 의미한다. 이해관계자는 주주와 채권자이다. 좀 더 구분하면 보통주주, 우선주주, 은행, 채

권자 등이 될 수 있다. FCFE를 활용해 주식가치를 추정하듯이 FCFF를
활용해 기업가치를 추정할 수 있다. 즉 FCFE로 주주의 가치를, FCFF로
주주와 채권자 가치의 합을 구할 수 있다. FCFF도 어려운 개념이 아니
다. 그림 5-8로 쉽게 이해해 보자.

그림 5-8. 매출에서 FCFF로의 흐름

FCFF는 매출에서 원가와 투자를 제한 후 주주와 채권자에게 돌아가는
현금흐름이다. 더 쉬운 이해를 위해 매출에서 FCFF로 도달하는 과정을
순차적으로 살펴보자.

1. **EBIT**: 올해 발생한 매출액에서 해당 매출을 창출하기 위해
   발생한 비용을 제외하면 영업이익이다. 본 영업이익은 채권
   자에게 지급할 이자와 주주에게 지급할 배당금을 포함하고
   있다.
2. **EBIT(1 - 세율)**: 과세대상 이익에 대해 세금이 부과된다. 세
   금은 실질적인 현금유출이므로 영업이익에서 제외된다.

3. **EBIT(1 - 세율) + 유무형 감가상각비**: 감가상각비는 실제 현금으로 유출된 비용이 아니다. 현금 유출은 이미 현금흐름표에서 인식했다. 실제 현금흐름을 반영하기 위해 본 비용은 영업이익에 더해져야 한다.

4. **EBIT(1 - 세율) + 유무형 감가상각비 - (운전자본 증감액 + 자본적지출)**: 매출 증대를 위해 투자가 필요하다. 투자는 크게 두 가지로 구성된다. 하나는 매출액이 증가함에 따라 증가하는 운전자본투자이며, 다른 하나는 미래 추가적인 수익 증대를 위한 자본적지출이다. 본 투자를 제외하면 비로소 주주와 채권자에게 귀속될 수 있는 현금이 남게 된다.

정리하면 매출로부터 주주와 채권자에게 귀속되는 현금흐름은 매출에서 비용, 세금, 재투자를 제외한 후 감가상각비를 더한 금액이다. 이것을 FCFF, 회사잉여현금흐름이라고 한다.

● **FCFF 계산**

FCFF를 계산하는 방법은 다양하다. 영업이익이나 순이익, 또는 EBIT-DA와 같은 이익항목을 기준으로 시작할 수 있다. 또는 영업으로부터의 현금흐름^{CFO}이나 FCFE와 같은 현금흐름항목을 기준으로 계산할 수도 있다. 어떤 항목을 기준으로 하는가에 따라 FCFF값이 달라질 수 있다. 그 이유는 예를 들면 영업이익에는 포함되지만 순이익에는 포함되지 않는 항목들이 있기 때문이다. 이것에 대해서는 잠시 후 자세하게 설명하도록 하겠다. 여기선 두 가지 방법을 살펴보기로 하자.

첫번째는 지금까지 설명한 것으로 영업이익을 기준으로 시작하는 것이다.

FCFF = 영업이익 × (1 - 법인세율) + 유무형 감가상각비 -

(운전자본 증감액 + 자본적지출)

FCFF는 매출액에서 운영비용과 세금을 제외한 후 순투자금액을 제외한 금액이다. 이론적으로 영업이익을 기준으로 FCFF를 추정하는 방법이 가장 유용할 수 있다. 영업이익 추정을 위해 매출액 추정이 필요한데 자본적지출은 매출액에 어떤 영향을 끼치는지, 또한 매출액이 증가함에 따라 운전자본은 어떻게 변동되는지 직관적으로 이해하고 수정할 수 있기 때문이다.

다른 하나는 FCFE를 기준으로 시작하는 것이다.

FCFF = FCFE + 이자비용 × (1 - 법인세율) +

(차입상환금 - 신규차입금) + 우선주 배당금

FCFE는 주주잉여현금흐름으로 주주에게만 귀속되는 현금흐름이다. 여기에 채권자와 우선주주에게 귀속되는 이자비용, 순차입금 상환액, 우선주 배당금을 더해 주주와 채권자 모두에게 귀속되는 잉여현금흐름을 계산할 수 있다.

참고로 다른 항목을 기준으로 FCFF를 계산하는 방법은 다음과 같다.

$$FCFF = 당기순이익 + 이자비용 \times (1 - 법인세율) +$$
$$유무형 감가상각비 - (운전자본 증감액 + 자본적지출)$$

$$FCFF = EBITDA\,(1 - 법인세율) +$$
$$(유 \cdot 무형 감가상각비 \times 법인세율) -$$
$$(운전자본 증감액 + 자본적지출)$$

$$FCFF = CFO + 이자비용 \times (1 - 법인세율) - 자본적지출$$

• FCFE와 FCFF의 성장률, 어떻게 다른가?

　주주에게 귀속되는 FCFE는 배당금을 포함하는 순이익에서 비롯되고, 주주와 채권자에게 귀속되는 FCFF는 배당금과 이자비용을 포함하는 영업이익에서 비롯된다. 따라서 FCFE 성장률은 순이익 성장률에 기반하고, FCFF 성장률은 영업이익 성장률에 기반해야 한다.

영업이익	60	80	100	120	140
영업이익 변동률	-40.0%	-20.0%	0%	+20.0%	+40.0%
이자비용	0	0	0	0	0
세전이익	60	80	100	120	140
세금 (30%)	18	24	30	36	42
순이익	42	56	70	84	98
순이익 변동률	-40.0%	-20.0%	0%	20.0%	40.0%

그림 5-9. 이자비용이 없을 경우 영업이익 변동에 따라 순이익이 변동하는 정도

몸값 올리는 기업가치평가 실무

영업이익 성장률과 당기순이익 성장률은 이자비용에 따라 달라진다. 그림 5-9와 같이 이자비용이 없을 경우 영업이익이 변동함에 따라 순이익도 동일한 비율로 변동한다. 그러나 그림 5-10과 같이 이자비용이 클수록 영업이익이 변동함에 따라 순이익의 변동율은 증폭된다. 채권자에게 지급하는 이자비용은 일정하기 때문이다. 이것을 레버리지 효과라고 한다. 그림 5-9와 그림 5-10을 비교하면 레버리지 효과를 이해할 수 있다. 결론적으로 FCFE의 성장률은 순이익 성장률에, FCFF의 성장률은 영업이익 성장률에 기반해야 한다.

영업이익	60	80	100	120	140
영업이익 변동률	-40.0%	-20.0%	0%	+20.0%	+40.0%
이자비용	60	60	60	60	60
세전이익	0	20	40	60	80
세금 (30%)	0	6	12	18	24
순이익	0	14	28	42	56
순이익 변동률	-100.0%	-50.0%	0%	50.0%	100.0%

그림 5-10. 이자비용이 클 경우 영업이익 변동에 따라 순이익이 변동하는 정도

● FCFF의 특징

가치평가 관점에서 FCFF를 사용하는 것이 FCFE를 사용하는 것보다 수월할 수 있다. FCFF는 영업이익을 기반으로, FCFE는 순이익을 기반으로 시작한다. 만약 차입비중이 높거나 자주 변하면 이자비용을 추정하는 것이 어렵다. 이런 경우 당기순이익을 예측하는 것이 어렵고, 당기순이익을 기반으로 계산하는 FCFE를 추정하는 것도 어려워진다. 또한

차입금 상환 계획을 알아야 하고, 그에 따른 FCFE의 변동을 감안해야 한다. 이러한 이유로 FCFE보다 FCFF를 추정하는 것이 수월해진다.

FCFF를 활용한 가치평가의 특징은 다음과 같다.

- 변동성이 높은 비교기업의 주가를 활용하지 않고, 기업 본연의 펀더멘털 요소에 근거하므로 기업의 내재가치를 반영한다.
- 주주와 채권자 모두에게 귀속되는 잉여현금흐름을 사용하므로 기업가치를 도출할 때 이론적으로 합리적인 가치평가이다.
- 기업가치를 도출하므로 경영권 인수를 위한 평가에 유용하다. 인수자는 주식과 함께 부채까지 승계하므로 FCFF를 활용한 평가가치는 실질적인 인수금액을 반영한다. 또한 경영진이 결정하는 자본적지출과 부채상환에 대한 스케줄을 반영할 수 있으므로 M&A를 위한 가치평가로써 합리적일 수 있다.
- 주식가치 계산이 필요하나 경우 기업가치를 추정한 후 채권자의 가치를 제해 주식가치를 도출할 수 있다.
- 단, 주관적인 요소가 개입될 여지가 많다. 현금흐름의 추정, 성장률, 할인율의 결정은 평가자의 정성적인 판단에 달려 있기 때문이다.

몸값 올리는 기업가치평가 실무

5. FCFF의 활용 - 애플 기업가치평가

FCFF를 활용해 애플의 기업가치를 평가해 보자. FCFF를 활용한 기업가치평가의 기본적인 공식은 다음과 같다.

$$기업가치^{\text{Value of a firm}} = \frac{\Sigma E\ (FCFF_t)}{(1 + WACC)^t}$$

$FCFF_t$: t시점의 예상 FCFF
WACC: 가중평균가본비용

먼저 미래 FCFF를 추정한 후 각 FCFF를 현재가치로 계산해 합하면 기업가치가 도출된다. 다시 한번 기억할 점은 FCFE를 활용해 추정한 가치는 주식가치, FCFF를 활용해 추정한 가치는 기업가치이다. FCFE는 주주에게 귀속되는 잉여현금흐름이며, FCFF는 주주와 채권자에게 귀속되는 잉여현금이기 때문이다. 따라서 미래 FCFF를 현재가치로 바꾸기 위해 사용하는 할인율은 부채비용과 자기자본비용을 혼합한 가중평균자본비용(WACC: Weighted Average Cost of Capital)이다. 단, 본 기업가치는 영업자산으로 창출한 영업가치만 반영한다는 것을 유의하자. 영업가치에 비영업용자산의 가치를 더해야 완전한 기업가치를 산출할 수 있다. 이것에 대해 다음 단원에서 설명하도록 하겠다.

- 영업이익, 영업현금흐름, FCFE를 기반으로 계산한 FCFF

						million
FCFF from EBIT	2020	2019	2018	2017	2016	2015
EBIT	$66,288	$63,930	$70,898	$61,344	$60,024	$71,230
Tax	-$9,680	-$10,481	$11,872	-$15,738	-$15,685	-$19,121
Depreciation	$11,056	$12,547	$10,903	$10,157	$10,505	$11,257
Changes in Working Capital	$5,690	-$3,488	$34,694	-$4,923	$405	$11,647
Capital Expenditure	-$7,309	-$10,495	-$13,313	-$12,451	-$12,734	-$11,488
FCFF from EBIT	$66,045	$52,013	$91,310	$38,389	$42,515	$63,525
FCFF from FCFE	2020	2019	2018	2017	2016	2015
FCFE	$55,685	$46,001	$92,247	$70,148	$65,920	$94,115
Interest	$2,873	$3,576	$3,240	$2,323	$1,456	$733
Interest x (1-t) - t=20%	-$2,298	-$2,861	-$2,592	-$1,858	-$1,165	-$586
Net Issuance of Debt	-$2,499	-$7,819	$432	$29,014	$22,057	$29,305
FCFF from FCFE	$60,482	$56,681	$94,407	$42,992	$45,028	$65,396
FCFF from CFO	2020	2019	2018	2017	2016	2015
CFO	$80,674	$69,391	$77,434	$64,225	$66,231	$81,266
Net Income	$57,411	$55,256	$59,531	$48,351	$45,687	$53,394
Depreciation	$11,056	$12,547	$10,903	$10,157	$10,505	$11,257
Deferred Taxes	-$215	-$340	-$32,590	$5,966	$4,938	$1,382
Non-cash Items	$6,732	$5,416	$4,896	$4,674	$4,696	$3,586
Changes in Working Capital	$5,690	-$3,488	$34,694	-$4,923	$405	$11,647
Capital Expenditure	-$7,309	-$10,495	-$13,313	-$12,451	-$12,734	-$11,488
Interest	$2,873	$3,576	$3,240	$2,323	$1,456	$733
Interest x (1-t) - t=20%	-$2,298	-$2,861	-$2,592	-$1,858	-$1,165	$586
FCFF from CFO	$75,663	$61,757	$66,713	$53,632	$54,662	$70,364

그림 5-11. 애플의 FCFF 계산

FCFF는 영업이익, 순이익, EBITDA와 같은 이익항목, 또는 영업현금
흐름, FCFE와 같은 현금흐름항목을 기준으로 계산할 수 있다. 그림 5-11
은 영업이익, FCFE, 그리고 영업현금흐름을 시작으로 애플의 FCFF를 계
산한 내역을 보여 준다. 어떤 항목을 기준으로 계산하는가에 따라 FCFF
는 달라질 수 있다. 그 이유는 각 항목 중 어떤 항목은 영업 외 또는 비경
상 손익을 포함하거나 포함하지 않기 때문이다. 그림 5-12는 영업이익
과 세 가지 방식으로 계산한 FCFF의 추이를 보여 준다. 애플의 경우 영
업이익과 영업이익을 기준으로 계산한 FCFF의 추세가 다소 완만한 반
면, 영업현금흐름과 FCFE를 기준으로 계산한 FCFF는 높은 변동성을 보
이고 있다.

몸값 올리는 기업가치평가 실무

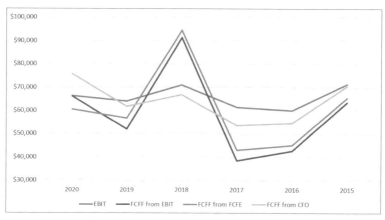

그림 5-12. 세 가지 방식으로 도출한 애플의 FCFF 추이 비교

그림 5-11과 5-12에서 애플에 적용한 FCFF계산 세 가지 공식은 다음과 같다.

- FCFF = **영업이익** - 법인세 + 감가상각비 - 운전자본 증감액 - 자본적지출
- FCFF = **FCFE** + 이자비용 × (1 - 법인세율) + 순차입금 상환액
- FCFF = **CFO** + 이자비용 × (1 - 법인세율) - 자본적지출

여기서 영업이익, FCFE, CFO를 순이익 기준으로 풀어쓰면 다음과 같다.

- FCFF = 영업이익 - 법인세 + 감가상각비 - 운전자본 증감액 - 자본적지출
- FCFF = 영업이익 - 이자비용 **± 영업외손익** - 법인세 + 감가상 각비 - 운전자본 증감액 - 자본적지출 - 순차입금 상

환액 + 이자비용 × (1 - 법인세율) + ~~순차입금 상환액~~

- FCFF = 영업이익 - 이자비용 **± 영업외손익** - 법인세 + 감가상
  각비 **± 이연법인세 + 기타 비현금 비용** - 운전자본 변
  동분 - 이자비용 × (1 - 법인세율) - 자본적지출

위 공식을 자세히 살펴보면 어떤 항목으로 시작하느냐에 따라 어떤 공식은 영업 외 손익을 반영하기도 하고, 어떤 항목은 이연법인세와 여러 비현금성 지출 비용을 포함하기도 한다. 같은 기업인데 출처에 따라 FCFF 값이 왜 다른지 의문을 가졌다면 이것이 그 대답이 될 수 있다.

그렇다면 어떤 항목을 시작으로 FCFF를 계산하는 것이 보다 나은 방법일까? 이론적으로 영업이익으로 시작하는 것이 가장 좋은 방법일 수 있다. 그 이유는 다음과 같다.

- 미래 FCFF를 추정하기 위해 비경상적 또는 영업 외 항목을 예측할 수는 없다. 따라서 매출을 추정한 후 경상적 영업이익을 추정하는 것이 합리적이다.
- FCFF의 이해관계자는 주주와 채권자이다. 영업이익은 이자와 배당금을 포함해 주주와 채권자 모두의 이해관계를 반영하는 대표적 이익지표이다. 그러므로 의미적으로 또는 이론적으로 영업이익을 기반으로 시작하는 것이 합리적이다.

몸값 올리는 기업가치평가 실무

- FCFF의 영속성장모델

$$기업가치 = \frac{FCFF_1}{(WACC - g_n)}$$

g_n: FCFF의 영속적 성장률

    영속성장모델은 FCFF에도 적용할 수 있다. 내년의 FCFF를 WACC와 성장률의 차이로 나누면 기업가치를 산출할 수 있다. 본 모델은 익년도 FCFF가 일정한 성장률에 따라 꾸준히 증가한다는 것을 가정으로 한다. 과거 FCFF가 꾸준히 성장했고, 미래에도 그러할 것으로 기대되는 기업에 적합할 수 있다. 애플의 FCFF는 꾸준히 성장했고, 앞으로도 그러할 것으로 기대되므로 본 모델을 적용할 수 있을 것으로 판단된다. 따라서 영업이익을 기준으로 계산한 애플의 FCFF로 그 기업가치를 산출해 보도록 하자.

Apple's WACC	As of 10.2020 (m)	Source or Note
Total debt (D)	$113,097	As of Sep. 2020
Market value of total equity (E)	$1,954,357	As of Nov. 2020
Interest expense (I)	$2,873	As of Sep. 2020
Tax rate	21%	
Proportion of Debt	5.5%	D/(D+E)
Proportion of Equity	94.5%	E/(D+E)
K_d	2.54%	I/D
R_f	0.77%	Thomson Retuers
β (5Y Monthly)	1.34	Thomson Retuers
Market premium	5.98%	Thomson Retuers
K_e	8.78%	
WACC	8.41%	

그림 5-13. 애플의 가중평균자본비용(WACC) (2020년 11월 기준)

그림 5-13은 애플의 WACC를 계산한 내역이다. 2020년 3분기 기준 애플의 재무상태표와 2020년 11월 기준 시가총액을 기준으로 자본비중을 산출했다. 부채비용은 2020년 총이자비용을 금융부채로 나눠 계산했고, 자기자본비용은 CAPM을 사용했다. 그렇게 얻은 애플의 WACC는 8.41%이다.

Apple's Firm value & Equity Value	As of Nov.2020
FCFF$_1$ (million)	$78,224
WACC	8.41%
growth rate	3.00%
Firm value (million)	$1,445,239
Total debts (million)	$113,097
Total equity value (million)	$1,332,142
Diluted weighted average shares (million)	17,528
Equity value ps	$76.00
Market price ps	$108.77
Overpriced (underpriced)	43.12%

그림 5-14. FCFF의 영속성장모델로 산출한 애플의 기업가치와 주식가치 (2020년 11월 기준)

그림 5-14는 FCFF의 영속성장을 가정해 애플의 기업가치를 산출한 내역이다. 애플의 2020년 FCFF는 $66,045m이었다. 2021년 FCFF를 추정하기 위해 애널리스트들이 예측한 애플의 영업이익 성장률 18.44%를 사용했다. 이렇게 해서 추정된 2021년 FCFF는 $78,224m이다. 본 FCFF를 WACC 8.41%와 단순 가정한 영(영속/연)성장률을 3%의 차이로 나누었다. 이렇게 해서 추정한 애플의 EV는 약 $1,445b였다.

주주의 가치 = 기업가치 - 채권자의 가치

애플의 기업가치로부터 주식가치를 산출하려면 기업가치에서 채권자의 가치, 즉 금융부채를 차감하면 된다. 애플의 총금융부채는 약 $113b이다. 기업가치에서 본 금융부채를 차감하면 애플의 총주식가치는 $1,332b로 추정된다. 애플의 현재 시장주가와 FCFF로 추정한 내재적 가치와 비교하기 위해 애플의 총주식가치를 희석주식수 17,528m주로 나눴다. 이렇게 구한 애플의 주당가치는 $76이었다. 2020년 11월 2일 기준 애플의 시장주가는 $108.77이다. FCFF의 영속성장모델을 적용해 평가한 애플의 주식가치에 비교하면 현재 시장주가는 약 43% 이상 고평가된 것으로 판단된다. 단, 본 기업가치에는 아직 애플의 비영업용자산의 가치가 포함되지 않았다. 이것에 대해 다음 단원에서 논의하겠다.

- 2단계 FCFF 모델

$$기업가치 = \frac{\Sigma\,FCFF_t}{(1 + WACC_{hg})^t} + \frac{FCFE_{n+1} / (WACC_{st} - g)}{(1 + WACC_{hg})^n}$$

n: 고성장기간, n+1부터 안정기간
$FCFF_t$: 고성장기간의 FCFF
WACC: 가중평균자본비용 (hg: 고성장기간, st: 안정기간)
g: 안정기간 성상률

FCFF의 2단계 성장모델을 애플에 적용해 보자. 2단계 성장모델은 FCFF

가 일정기간 동안 고성장하다가 일정기간 이후 안정적으로 성장한다는 시나리오를 내포한다. 그림 5-15는 애플의 기업가치를 추정하기 위해 FCFF의 2단계 성장모델을 적용한 엑셀 모델링이다.

Apple's Firm value & Equity Value	2020	2021	2022	2023	2024
			High-growth period		Stable
growth rate		18.44%	5.42%	1.28%	3.00%
FCFF$_t$ (million)		$78,224	$82,463	$83,519	$86,025
WACC	8.41%				
Terminal value$_3$ (million)				$1,589,365	
Present value		$72,154	$70,162	$1,312,888	
Firm value (million)	$1,455,204				
Total debts (million)	$113,097				
Total equity value (million)	$1,342,107				
Diluted weighted average shares (million)	17,528				
Equity value ps	$76.57				
Market Price	$108.77				
Overpriced (underpriced)	42.05%				

그림 5-15. FCFF의 2단계 성장모델로 산출한 애플의 기업가치와 주식가치 (2020년 11월 기준)

그림 5-15에 따르면 2021년부터 2023년까지 고성장기간이다. 성장률 은 톰슨로이터가 제공한 향후 3년간 애널리스트의 영업이익 추정성장률 을 적용했다. 4년째부터 FCFF는 3%로 꾸준히 성장한다고 가정하에 2023 년 말 애플의 잔존가치 $1,589b를 구했다.

$$\$1,589,365m = \$86,025m / (8.41\% - 3\%)$$

이렇게 해서 3년간 추정한 FCFF와 3년째 말 잔존가치를 현재가치로 환산해 기업가치 $1,455b를 산출했다. 그리고 기업가치에서 채권자의 가치를 제함으로 $1,342b의 총주식가치를 얻었다. 총주식가치를 애플의 총희석주식수로 나누면 주당 $76.57로 계산된다. 2020년 11월 2일 기준 애플의 시장주가는 $108.77이다. FCFF의 2단계 성장모델로 구한 애플의 주가에 비교하면 시장주가는 약 43% 고평가된 것으로 판단된다. 단, 본 기업가치에는 아직 애플의 비영업용자산의 가치는 포함되지 않았다.

6. 비영업용자산, 전체 기업가치, 그리고 주식가치로의 계산

● 영업용가치와 비영업용가치, 그리고 전체 기업가치와 주식가치

전 단원에서 애플의 FCFF를 활용해 기업가치를 구했다. 그리고 그 기업가치로부터 금융부채를 제해 주식가치를 구했다. 그러나 FCFF로 산출한 기업가치는 영업용가치만 반영한다. 전체 기업가치를 추정하기 위해 영업용 기업가치에 비영업용자산의 가치를 더해야 한다. 전장에서 애플의 FCFF를 구하기 위해 아래와 같은 공식을 사용했다.

FCFF = 영업이익 - 법인세 + 감가상각비 -

운전자본 증감액 - 자본적지출

기업의 자산은 영업용도에 따라 두 가지로 나뉠 수 있다. 하나는 영업용자산, 다른 하나는 비영업용자산이다. FCFF를 산출하기 위한 위 다섯 가지 펀더멘털 요소는 영업용자산으로부터 발생하는 항목들이다. 그 항목에는 애플이 초과보유한 현금이나 금융자산, 또는 단순히 투자목적으로 보유한 유형자산 등은 포함되지 않는다. 따라서 FCFF를 사용해 산출

한 기업가치는 영업용자산에서 비롯된 기업가치, 즉 영업용 기업가치이다. 전체 기업가치를 구하려면 본 영업용 기업가치에 비영업용 기업가치를 더해야 한다. 그림 5-16은 재무상태표를 통해 전체기업가치의 구성과 주식가치의 관계를 보여 주고 있다.

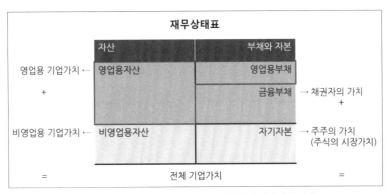

그림 5-16. 재무상태표로 보는 기업가치와 주식가치의 관계

그림 5-16은 기업의 자산을 영업용자산과 비영업용자산, 부채는 영업용부채와 금융성부채로 구분했다. FCFF를 활용한 기업가치는 그림 5-16의 영업용자산과 영업용부채를 운영해 얻은 기업가치, 즉 영업용 기업가치이다. 따라서 기업의 총가치를 산출하려면 본 가치에 비영업용 기업가치를 더해야 한다. 이것은 다음과 같이 그림 5-16의 좌측인 자산의 영업적 측면을 설명한다.

기업가치 = 영업용자산의 가치 + 비영업용자산의 가치

그림 5-16의 우측은 재무상태표의 자본조달 측면으로 채권자와 주주

몸값 올리는 기업가치평가 실무

의 가치를 설명한다.

기업가치 = 채권자의 가치 + 주주의 가치

회계의 좌측 차변과 우측 대변에 관한 기본적 공식은 차변의 자산은 대변의 부채와 자기자본의 합은 같다는 것이다.

자산 = 부채 + 자기자본

재무상태표의 차변과 대변이 같다는 기본적 논리에 기업의 영업측면의 가치와 이해관계자의 가치를 대입하면 다음과 같은 공식이 성립될 수 있다.

영업용 기업가치 + 비영업용 기업가치 =
채권자의 가치 (금융부채의 시장가치) +
주주의 가치 (주식의 시장가치)

위 공식을 주식의 시장가치 중심으로 재배치하면 다음과 같다.

주식의 시장가치 =
영업용 기업가치 + 비영업용 기업가치 -
금융부채의 시장가치

영업용자산의 가치 = FCFF로 계산한 기업가치
(우선주가 있을 경우) 부채의 가치에 우선주의 가치를 더함

FCFF를 활용해 주식의 시장가치를 구하는 과정을 정리하면 그림 5-17과 같다. 첫 번째, FCFF를 사용해 기업의 영업용 기업가치를 산출한다. 두 번째, 재무상태표로부터 비영업용자산을 확인해 비용업 기업가치를 더함으로 전체 기업가치를 산출한다. 세 번째, 전체 기업가치에서 금융부채의 가치를 제함으로 주식의 시장가치를 도출한다. 마지막으로, 주식의 시장가치를 전체 주식수로 나눠 주당가치를 산출한다.

그림 5-17. 재무상태표로 보는 기업가치와 주식가치의 관계

그렇다면 어떤 것들이 비영업용자산인가? 그림 5-18은 비영업용자산으로 구분할 수 있는 항목들을 보여 준다.

재무상태표

자산	부채와 자본
영업용자산	영업용부채
	금융부채
비영업용자산 - 초과 현금 및 현금등가물 - 장단기 투자 - 비영업용 대여금 - 투자목적의 유형자산과 건설중인자산	자기자본

그림 5-18. 비영업용자산 항목

몸값 올리는 기업가치평가 실무

영업상 필요한 현금은 대개 시장수익률을 위한 금융상품이나 초과수익률을 위한 유가증권에 투자하지 않는다. 그런 것들을 위해선 대개 초과 보유한 현금을 사용한다. 영업용 현금과 비영업용 현금의 구분은 사업이나 경제에 따라 다를 수 있다. Retail성 사업은 현금이 많이 필요할 것이며, 개발도상국일수록 현금을 많이 사용할 가능성이 높다. 투자목적으로 구매한 유가증권은 최대한 시장가액과 가깝도록 반영해야 한다.

• 사례분석: 애플 기업가치에서 주식가치로 계산

전 단원에서 추정한 애플의 기업가치는 영업가치만 반영한 것이다. 전체 기업가치 추정을 위해 비영업용자산의 가치를 더해야 한다. 그림 5-19는 2단계 성장모델로 애플의 영업용 기업가치를 추정한 후 비영업용자산을 더해 전체 기업가치를 도출한 결과를 보여 준다. 그리고 금융부채를 제함으로 주식가치를 산출했다.

Apple's EV & Equity Value	2020	2021	2022	2023	2024
			High-growth period		Stable
growth rate		18.44%	5.42%	1.28%	3.00%
FCFF₁ (million)		$78,224	$82,463	$83,519	$86,025
WACC	8.41%				
Terminal value₃ (million)				$1,589,365	
Present value		$72,154	$70,162	$1,312,888	
Operating Value (million)	$1,455,204				
Non-operating Value (million)	$174,057				
Total EV (million)	$1,629,261				
Total debts (million)	$113,097				
Total equity value (million)	$1,516,164				
Diluted weighted average shares (million)	17,528				
Equity value ps	$86.50				
Market Price	$108.77				
Overpriced (underpriced)	25.75%				

그림 5-19. 애플의 전체 기업가치와 주식가치

애플의 영업가치는 $1,455b이다. 2020년 9월 기준 재무상태표로부터 찾은 애플의 비영업용자산의 가치는 $174b이다. 영업용 현금을 $18b으로 볼 때, 본 현금을 제외하고 초과로 보유한 현금과 현금등가물이 $20b이며, 장단기 투자자산은 $154b에 달한다. 따라서 애플의 총기업가치 $^{Total\ EV}$는 $1,629b으로 추정된다. 애플의 총주식가치 산출을 위해 총기업가치 $1,629b에서 금융부채는 $11b를 제하면 $1,516b에 달한다. 본 총주식가치를 총주식수로 나눌 경우 주당가치는 $86.50으로 추정된다. 2020년 11월 2일 기준 애플의 시장주가는 $108.77이다. FCFF의 2단계 성장모델을 활용하고 비영업용자산의 가치를 모두 고려한 애플의 내재적 가치에 비교하면 시장주가는 약 25% 고평가된 것으로 판단된다.

7. 잔존가치(Terminal Value) 추정 - 애플의 잔존가치

● 잔존가치란?

잔존가치(TV: Terminal value)란 현금흐름할인모델에서 미래 현금흐름을 추정할 수 있는 기간 이후의 기업가치를 말한다. 추정이 가능한 기간까지 현금흐름을 예측한 후 그 시점에서 기대되는 기업가치를 추정하는 것이다. 이것은 마치 투자자가 보유한 오피스텔로부터 5년 동안 꾸준히 월세를 받다가 5년 후 오피스텔 가치를 추정하는 것과 같다. 다음의 공식을 살펴보자.

$$\text{기업가치} = \sum_{t=1}^{t=n} \frac{CF_t}{(1+r)^t} + \frac{TV_n}{(1+r)^n}$$

위 공식은 사업을 두 기간으로 구분해 각 기간의 현금흐름을 예측해 기업가치를 산출하는 전형적인 현금흐름할인모델이다. 먼저 1년부터 n년까지 기대되는 현금흐름^{CF}을 추정하고, n년 시점에서의 기업가치, 곧 잔존가치^{TV}를 추정한다. 그리고 해당 현금흐름과 잔존가치를 모두 현재가치로 환산해 기업가치를 추정하는 방식이다. 잔존가치는 일반적으로 전체 기업가치에서 큰 부분을 차지해 평가결과에 큰 영향력을 미친다. 따라서 잔존가치를 추정함에 있어 신중한 결정을 필요로 한다. 잔존가치를 추정하는 방법은 세 가지가 있다. 각 방법을 살펴보도록 하자.

● **잔존가치 추정방법**

1) 청산가치

첫 번째 방법은 일정시점에서 사업을 종료한 다음 그 시점에서 자산을 가장 높은 가격에 판다는 가정이다. 자산을 매각한 후 채권자에게 부채를 먼저 상환한 뒤 남는 가치를 주주에게 배분하므로 청산가치는 곧 장부가치가 된다. 청산가치 추정은 다음과 같다.

$$\text{예상 청산가치} = \text{자산의 장부가치}_n \times (1 + \text{인플레이션율})^{\text{자산의 수명}}$$

$$\text{장부가치}_n = \text{자산의 시장가치}_n - \text{부채}_n$$

청산가치를 추정하는 방법은 먼저 n시점의 장부가치를 추정한 다음, 보유자산의 잔존수명을 추정해 잔존수명 동안 인플레이션율을 반영하는 방법이다. 예를 들어 그림 5-19에서 애플의 주식가치를 평가하기 위해 2021년부터 2023년까지 3년간 FCFF를 추정한 다음 2023년에서 애플의 잔존가치를 추정했다. 만약 2023년 말에 애플의 청산가치를 잔존가치로 사용한다고 하자. 애플의 2023년 장부가치가 \$45,212m로 추정되고, 잔존수명은 5년으로 예측될 경우 애플의 청산가치는 \$52,413m이 된다.

$$\$52,413m = \$45,212m \times (1 + 3\%)^5$$

이 경우 애플은 2023년 말 이후 더 이상 사업을 영위하지 않고, 보유한 자산을 모두 매각해 청산한다는 가정을 내포한다. 따라서 지속적으로 사업을 영위하는 기업의 잔존가치 추정방법으로는 적합하지 않다. 본 방법은 기간이 정해진 프로젝트나 일정기간 이후 청산하기로 계획한 조인트벤처 등에 적합할 수 있다.

2) 상대가치평가법

두 번째 방법은 상대가치평가법의 사용이다. 1년부터 n년까지 현금흐름을 추정한 후 n년 말 상대가치평가 배수를 활용해 잔존가치를 추정하는 것이다.

Apple's EV & Equity Value	2020	2021	2022	2023
			High-growth period	
growth rate		18.44%	5.42%	1.28%
FCFF$_t$ (million)		$78,224	$82,463	$83,519
WACC	8.41%			
EBITDA$_{2023}$ (million)				$103,985
EV/EBITDA				20.38
EV$_{2023}$ (million)				$2,119,214
Present value		$72,154	$70,162	$1,728,716
Operating Value (million)	$1,871,032			
Non-operating Value (million)	$174,057			
Total EV (million)	$2,045,089			
Total debts (million)	$113,097			
Total equity value (million)	$1,931,992			
Diluted weighted average shares (million)	17,528			
Equity value ps	$110.22			

그림 5-20. 상대가치평가를 사용한 애플의 잔존가치

그림 5-20은 EV/EBITDA를 사용해 2023년 애플의 잔존가치를 추정한 후 현재 기업가치와 주식가치를 산출한 내역을 보여 준다. 향후 3년간 FCFF를 추정한 다음 2023년 말 EBITDA를 예측했고, 현재 애플의 EV/EBITDA배수를 적용해 2023년 말 기업가치를 추정했다. 이 경우 애플의 잔존가치는 $2,119b이 되고, 현 시점에서 애플의 주식가치는 $110.22로 추정된다.

기업가치일 경우 EV 배수: EV/EBITDA, EV/Sales
주식가치일 경우 Equity 배수: PER, PSR, PBR

기업가치를 추정할 땐 EV배수를 사용하고, 주식가치를 추정할 땐 Equity 배수를 사용하면 된다. 시장배수로 잔존가치를 추정하면 절대가치평가법과 상대가치평가법이 혼합된다. 현금흐름 추정은 절대가치평가법이며, 잔존가치 산출은 상대가치평가법이다. 따라서 본 방법은 사모펀드의 경영권 인수와 같이 특정시점에 시장에서 매각하는 것을 가정할 경우 적합할 수 있다.

3) 영속성장률 사용

마지막으로 영속성장률을 사용하는 것이다. 일정시점 이후 사업의 현금흐름이 일정한 비율에 따라 안정적으로 성장한다는 가정을 전제로 한다. 주식의 잔존가치를 추정할 경우 FCFE를 자기자본비용과 영속성장률의 차이로 나누고, EV의 잔존가치를 추정할 경우 FCFF를 가중평균자본비용과 영속성장률의 차이로 나누면 된다.

$$\text{주식 잔존가치}_n = FCFE_{n+1} \,/\, (r_{n+1} - g_n)$$

$$\text{EV 잔존가치}_n = FCFF_{n+1} \,/\, (WACC_{n+1} - g_n)$$

r_{n+1}: n+1시점의 자본비용, $WACC_{n+1}$: n+1시점의 가중평균자본비용, g_n: 영속성장률

그림 5-19에서 애플의 잔존가치는 영속성장률을 사용한 사례였다. 2023년 말 애플의 잔존가치를 구하기 위해 2024년의 FCFF를 추정한 후 3%의 영속성장률과 8.41%의 가중평균자본비용의 차이로 나누었다. 그렇게 얻은 잔존가치는 $1,589b이다.

$1,589b = $86b / (8.41% - 3%)

영속성장률로 잔존가치를 추정할 경우 기업이 어느 시점에서 안정적 성장기로 접어들 것인가를 예측해야 한다. 예를 들어 고성장할 것으로 판단되는 벤처기업과 오래전부터 매출액 성장률이 낮은 성숙기업은 서로 다른 추정시점을 가져야 한다. 일반적으로 현금흐름을 예측하는 기간은 젊은 기업일수록, 신기술 사업일수록, 진입장벽이 높고 지속가능한 경쟁력을 가질수록 길어질 수 있다. 그만큼 잔존가치 추정시점은 멀어지게 된다.

기업이 안정적 성장기에 접어들면 성장률은 영속적 관점에서 경제성장률과 비슷하거나 낮아지게 된다. 경제성장률보다 높다면 여전히 고성장 중인 것으로 판단해 해당기간은 고성장을 적용해야 한다. 따라서 영속성장률은 해당 기업이 매출을 일으키는 국가나 대륙, 또는 글로벌 경제성장률이 기준이 될 수 있다.

상대가치평가법의 이해와 활용

1. 상대가치평가법의 이해와 장·단점

상대가치평가법은 대상기업과 유사한 속성을 가진 비교기업[peers]의 시장배수를 참조해 대상기업의 가치를 간접적으로 추정하거나 평가하는 방법이다. 아래 공식에서 분자인 시장가격은 비교기업들의 주가[price] 또는 기업가치[EV]로, 분모인 재무지표는 그 기업들의 이익이나 장부가치 또는 매출액 등으로 구성된다.

$$시장배수^{market\ multiple} = \frac{비교기업들의\ 시장가격}{비교기업들의\ 재무지표}$$

위에서 언급한 대상기업의 가치를 추정한다는 것은 '아직 형성되지 않은 대상기업의 시장가치를 예측한다'는 의미이며, 평가한다는 것은 '이미 형성된 시장가격이 높은지, 낮은지, 아니면 적정한지 판단한다'는 뜻이다.

	활용 방법
대상기업 시장가치 추정	대상기업의 시장가치 = 대상기업의 재무지표 × 비교기업의 시장배수
대상기업 시장가격 평가	대상기업의 시장배수 vs 비교기업의 시장배수

상대가치평가법은 현금흐름할인법에 비해 계산 절차가 단순하고 직관적이지만 유의해야 할 두 가지 사항이 있다.

첫째, 배수를 계산할 때 분자와 분모에 사용하는 수치는 일관되야 한다. 예를 들어 분모에 어떤 기업은 최근 일 주가를 사용하고, 어떤 기업은 최근 한 달간의 평균주가를 사용한다면 두 기업간 배수 계산 기준이 다르게 된다. 마찬가지로 분자에 주당이익^{EPS}을 활용할 경우 어떤 기업은 전년도 주당이익을 사용하고, 다른 기업은 익년도 추정 주당이익을 사용한다면 이 또한 다른 기준을 적용한 것이다.

둘째, 비교기업을 올바르게 선정하는 것이다. 대개 쉽게 할 수 있는 방법이 대상기업과 같은 산업에 있는 기업들을 선정하는 것이다. 그러나 같은 산업에 속한 기업들도 각 회사의 비즈니스 구성이 다를 수 있고, 그에 따라 발생되는 현금흐름의 속성과 잠재적 성장률, 또는 각 회사가 보유한 위험이 다를 수 있다. 대상기업과 유사한 비교기업을 찾아내는 것은 많은 노력을 요구한다.

• 상대가치평가법의 장·단점

상대가치평가법은 애널리스트나 인수합병$^{M\&A}$ 전문가들이 범용적으로 사용하고 있다. 그 이유는 다음과 같다.

첫째, 상대가치평가법은 현금흐름할인법만큼 많은 가정을 요구하지 않으며, 빨리 계산될 수 있다. 현금흐름할인법을 활용할 경우 미래 잉여 현금흐름을 추정하기 위해 다소 어려운 작업을 수행해야 한다. 반면, 상대가치평가법은 비교기업의 시장배수와 대상기업의 재무지표만 요구하므로 상대적으로 쉽게 수행될 수 있다.

둘째, 계산법이 간단하기 때문에 고객이나 의뢰인에게 설명하는 것이 용이하다. 상대가치평가에선 중요한 두 단계를 수행하면 결론에 수월하게 도달할 수 있다. 먼저 대상기업을 분석해 재무수치를 결정한 다음 비교기업들을 찾아 그것들의 배수를 계산하면 된다. 이 과정들은 단순해 이해하기가 쉽고, 직관적이기 때문에 결론이 도출되는 것을 쉽게 파악할 수 있다.

마지막으로 상대가치평가는 현재의 시장가격과 분위기를 반영한다. 어떤 이해관계자들에게는 회사의 현금흐름으로 인한 본질적 가치보다 현재의 시장가격이 중요할 수 있다. 예를 들면 상장사 주식에 투자하는 펀드매니저나 리서치부서의 애널리스트들이다. 그들의 성과는 시장가격으로 판단될 수 있기 때문에 경우에 따라 상대가치평가법이 더 유용할 수 있다.

그러나 이러한 장점들이 상대가치평가법의 약점이 되기도 한다. 그 이유는 다음과 같다.

첫째, 대상기업을 평가하기 위해 선택한 비교기업들은 같은 산업군에 속했을지라도 서로 다른 사업들을 가질 수 있고, 그에 따라 사업위험과 성장률이 다를 수 있다. 이로 인해 적합하지 않은 비교기업의 시장가격으로 대상기업의 가치를 평가하게 된다.

몸값 올리는 기업가치평가 실무

둘째, 비교기업을 주관적이거나 편향되게 선정해 결과를 조작할 가능성도 존재한다. 비교기업군에 어떤 기업은 포함하고, 어떤 기업은 제외하는 방법 등을 사용해 의도한 결과에 맞춰 갈 수도 있다.

마지막으로, 현금흐름의 본질적 가치보다 주식시장의 분위기를 반영하는 것이 약점이 될 수 있다. 시장에서 특정 산업이나 기업이 과대평가되거나 과소평가된다면 대상기업의 가치도 그 편향을 반영하게 된다.

● 배수의 종류

$$\text{시장배수}^{\text{market multiple}} = \frac{\text{비교기업들의 시장가격}}{\text{비교기업들의 재무지표}}$$

배수란 '시장가격이 특정 재무지표 대비 몇 배로 형성되었나'를 의미한다. 보통 같은 산업 내에 기업 간 배수를 비교할 경우 배수가 높을수록 주가가 높다고 판단한다. 배수의 유형은 분자가 되는 재무지표 종류에 따라 구분될 수 있다. 그중 실무적으로 많이 사용되는 배수는 다음과 같이 세 유형이다.

1) 이익배수earnings multiple

기업의 가치를 이익의 배수로 표현한 것이다. '투자자들이 기업이 창출하는 이익 1원에 대해 몇 배의 가격을 지불하고 있는가' 또는 '시장가격이 이익 대비 몇 배인가'를 의미한다. 이익배수로는 주가수익비율

(PER: Price-to-Earnings Ratio)과 EV/EBITDA가 대표적이다.

$$\text{주가수익비율}^{PER} = \text{주가}^{Price} / \text{주당순이익}^{EPS}$$

PER은 한 주의 가격을 주당순이익(EPS: Earnings Per Share)으로 나눈 값이다. 주식이 창출하는 순이익 1원당 투자자가 지불하는 금액을 의미한다. 주식 A와 B의 PER이 각각 5와 20이라고 가정하자. 투자자는 주식 A의 이익 1원당 5원을 지불하고, 주식 B에는 20원을 지불한다는 의미이다. 단순비교할 경우 투자자는 주식 B에 더 많은 가격을 지불하므로 주식 B가 고평가되었다고 할 수 있다.

$$\text{EV/EBITDA} = \text{EV/EBITDA}$$

EV/EBITDA는 기업가치(EV: Enterprise Value)를 EBITDA로 나눈 것이다. EV는 주주의 가치와 채권자의 가치, 즉 주식가치와 금융부채의 가치를 더한 것을 의미한다. EBITDA는 영업이익^{EBIT}에 유·무형 감가상각비^{DA}를 더한 것이다. EV/EBITDA는 특히 M&A에서 유용한 평가지표로 사용될 수 있다.

2) 순자산배수$^{\text{book-value multiples}}$

기업의 가치를 순자산의 배수로 표현한 것이다. 순자산배수로는 주가순자산비율(PBR: Price-to-Book Ratio)이 대표적이다. 자기자본의 시장가치가 장부가치 대비 몇 배에 평가되는가를 의미한다.

몸값 올리는 기업가치평가 실무

$$주가순자산비율^{PBR} = 주가^{Price} / 주당순자산가치^{BPS}$$

PBR은 주가를 주당순자산가치(BPS: Book value Per Share)로 나눈 것이다. PBR이 높을수록 시장이 기업의 순자산을 높게 평가한다는 의미이다. 예를 들어 기업 A와 B의 순자산은 모두 100억 원이고, PBR은 각각 0.5, 2라고 하자. 이 경우 기업 A의 시가총액은 50억 원이고, B는 200억 원이다. 시장은 A보다 B의 순자산을 높게 평가하고 있다는 의미가 된다. EPS는 회계처리 방법에 따라 달라질 수 있지만, BPS는 덜 변동된다는 장점이 있다.

3) 매출배수sales multiples

기업의 가치를 매출액의 배수로 표현한 것이다. 매출배수로는 주가매출비율(PSR: Price-to-Sales Ratio)과 EV/Sales가 대표적이다. 매출액 대비 주식의 시장가치 또는 기업가치^{EV}가 몇 배로 평가되는가를 의미한다.

$$주가매출비율^{PSR} = 시가총액^{Market\ value\ of\ equity} / 매출액^{Sales\ revenue}$$

PSR은 한 기업의 시가총액을 매출액으로 나눈 것이다. 매출액 대비 주가가 몇 배로 평가되는가를 의미한다. 매출액은 EPS나 BPS에 비해 회계처리 방법에 덜 영향을 받기 때문에 서로 다른 회계기준을 적용하는 기업 간에 비교하는 것이 용이할 수 있다. 또한 초기기업이나 쇠퇴기업과 같이 적자가 발생하거나 완전자본잠식된 기업에도 적용할 수 있다는 장점이 있다.

$$\text{EV/Sales} = \text{기업가치}^{EV} / \text{매출액}^{Sales\ revenue}$$

EV/Sales는 EV를 매출액으로 나눈 것이다. PSR은 주식가치를 평가하는 데 사용되고, EV/SALES은 기업가치^{EV}를 평가할 때 사용된다.

2. 상대가치평가 활용과 비교기업 선정

상대가치평가는 비상장기업의 시장가치를 추정할 때 사용될 수 있다. 평가하고자 하는 비상장기업과 유사한 상장기업의 시장배수를 참조해 대상기업의 시장가치를 추정하는 것이다.

$$\text{비상장기업의 재무 지표} \times \frac{\text{상장기업들의 시장가격}}{\text{상장기업들의 재무지표}} = \text{비상장기업의 시장가치}$$

또한 기업 간 배수를 비교해 저평가되거나 고평가된 기업을 선별할 수도 있다. 예를 들어 유사한 사업을 영위하는 기업 A, B, C의 PER이 각각 13, 26, 28이라고 하자. 이 경우 다른 것들이 비슷하다면 기업 A의 주가가 가장 저평가됐다고 판단할 수 있다.

대상기업의 배수 vs 비교기업의 배수

몸값 올리는 기업가치평가 실무

그림 6-1은 상대가치평가법을 활용해 대상기업의 시장가치를 평가할 때 예측할 수 있는 가장 일반적인 절차이다. 먼저 대상기업을 분석한 후 대상기업과 유사한 비교기업을 선정한다. 그다음 선정된 비교기업군의 시장배수를 계산한 후 해당 배수를 활용해 대상기업의 가치를 평가한다.

그림 6-1. 상대가치평가법의 활용 절차

상대가치평가법은 간단하고, 직관적이지만 그림 6-1의 두 번째와 세 번째 단계에서 오류를 범하기 쉽다. 대상기업과 유사한 비교기업을 선정하는 것과 비교기업군으로부터 유의한 시장배수를 도출하는 것에 대해 자세히 살펴보도록 하자.

● 비교기업의 선정

비교기업이란 대상기업과 비슷한 사업을 영위하면서 비슷한 위험과 성장률을 가진 기업이다. 이런 기업들을 찾았다면 대상기업의 가치평가는 매우 수월해진다. 비교기업을 찾는 가장 쉬운 방법은 대상기업과 같은 산업 또는 섹터에 속한 기업을 선택하는 것이다. 그러나 이 방법이 항상 옳지만은 않다. 같은 군에 속했을지라도 사업 속성이 다를 수 있고,

그에 따라 사업의 위험과 성장률이 다를 수 있다. 쉬운 예로 도요타^{Toyota}와 테슬라^{Tesla}가 같은 자동차 제조업에 속했을지라도 도요타는 전통적 방식의 자동차 생산이 대부분을, 테슬라는 전기차 생산이 전체를 차지하고 있다. 게다가 테슬라는 신재생에너지 사업까지 겸하고 있다. 주식시장에서 도요타는 15배의 PER을, 테슬라는 1,700배의 PER을 형성하고 있다.[11]

비교기업을 국내에서 찾기 어려운 경우 해외에서 찾는 것도 방법이 될 수 있다. 예를 들어 반도체 산업의 배수가 필요할 경우 한국뿐 아니라 다른 아시아 국가, 미국, 유럽에서 비교기업을 찾을 수 있다. 이런 경우 평가자는 분석에 의거해 각 기업 간 산업의 속성과 위험, 그리고 성장률을 비교하여 특정기업을 제거하거나 임의로 배수를 조정할 필요가 있다.

비교기업의 PER이 필요한 경우 PEG$^{Price/Earnings-to-Growth}$비율을 활용하는 것도 하나의 방법이 될 수 있다. PEG는 PER을 성장률로 나눈 값이다. 각 기업의 성장률이 다를 경우 PER만으로 주가수준을 판단하면 오류를 범할 수 있다. PEG는 기업의 성장률 대비 PER의 수준을 보여 준다. 따라서 PER이 높지만 성장률도 높은 기업은 적절한 PEG값을 갖게 된다. 이로 인해 PER만으로 주가수준을 판단할 때 발생하는 오류를 줄일 수 있다. 이것에 대해선 5단원에서 더욱 자세히 설명된다.

또한 특정 기업의 배수가 너무 높아 전체 평균을 크게 높인다면 해당 기업을 비교그룹에서 제거할 필요가 있다. 이런 경우 일시적으로 주가가 너무 높든가, 재무지표가 현저하게 낮아 시장배수를 높였을 가능성이 있다. 평가자는 평소에 관심산업이나 기업들의 배수 수준에 익숙한

---

11) 출처: 톰슨로이터, 2021년 1월.

것이 좋다. 이런 경우 평가자는 배수를 보고 관심산업이나 기업의 시장가치 변동을 인지할 수 있고, 평균에서 크게 동떨어진 기업^{outlier}을 선별할 수 있다.

• 시장배수의 계산

그림 6-2는 시장배수의 분자와 분모를 구성할 수 있는 항목들을 보여주고 있다. 그림과 같이 분모가 주식가치와 관련된 재무지표이면 분자는 주식가치이여야 하며, 분모가 기업가치와 관련된 재무지표이면 분자는 기업가치이여야 한다. 예를 들어 분모가 EBITDA일 경우 분자는 EV이어야 한다. EBITDA는 이익뿐 아니라 이자를 포함하고 있어 주주와 채권자에게 귀속되는 현금흐름을 모두 포함하고 있다. 따라서 분자에는 주식가치가 아닌 EV가 와야 한다.

분자	주식가치$^{Market value of equity}$	기업가치^{EV}
분모	주식가치와 관련된 재무지표: 순이익, 매출, 주당순이익^{EPS}, 주당순자산^{BPS}, 주주로의 잉여현금흐름^{FCFE}	기업가치와 관련된 재무지표: 매출, 영업이익, EBITDA, 회사로의 잉여현금흐름^{FCFF}

그림 6-2. 배수의 분자와 분모에 쓰이는 항목

또한 배수의 분자와 분모의 항목 선정기준은 모든 기업에 동일하게 적용되어야 한다. 예를 들어 보자. 비교기업군의 PER을 계산하려면 주가를 EPS로 나눈 공식, 즉 매우 간단한 '주가/EPS'를 사용한다. 그러나 주가는 최근 일자, 과거 6개월 평균, 과거 1년간 평균 등에서 하나일 수 있다.

EPS의 경우 분석목적에 따라 전 회계연도의 주당순이익^{Current EPS}, 최근 4분기의 주당순이익^{Trailing EPS}, 또는 익년도 주당순이익^{Forward EPS} 중 하나를 선택할 수 있다. 게다가 EPS 계산에 사용된 주식수는 현재 발행주식수, 또는 옵션이 모두 행사된 것을 가정하는 희석된^{diluted} 주식수 중 하나일 수 있다. PER 계산은 단순해도 분자와 분모에 사용되는 주가와 EPS의 계산은 다양하기 때문에 모든 기업에 선정기준은 같아야 한다.

위 기준들이 일관되게 적용되지 않을 경우 기업 간에 산출된 배수 사이에 오류가 발생할 수 있다. 예를 들어 기업 A는 익년도 EPS를 사용하고, 기업 B는 전년도 EPS를 사용한다고 가정하자. 만약 두 기업이 모두 성장기업이라면 A의 PER은 상대적으로 낮아지고, B의 PER은 높아질 수 있다. 이는 전년도 EPS보다 익년도 EPS가 높아지기 때문이다.

3. PER의 이해와 비상장기업 주식가치평가

• PER의 정의

주가수익비율(PER: Price-to-Earnings Ratio)은 상대가치평가에서 가장 많이 쓰인다. 애널리스트가 상장사의 주가를 평가할 때, 벤처캐피탈이 비상장기업에 투자하거나, 비상장기업이 신규상장 될 때 PER을 사용한다.

$$주가수익비율^{PER} = 주가^{Price} / 주당순이익^{EPS}$$

PER은 주가를 주당순이익(EPS: Earnings Per Share)으로 나눈 값이다. 기업의 이익 대비 주가가 몇 배인가를 의미한다. 또는 주식 한 주가 창출하는 이익 1원에 대해 투자자들은 얼마를 지불하는가로 해석할 수 있다. 2020년 애플^{Apple}은 약 63조 원의 순이익을 창출했고, 2021년 초 시가총액은 2,500조 원에 달해 애플의 PER은 약 40배이다. 따라서 애플 주가는 순이익이 40배로 평가된다고 말할 수 있다. 또는 투자자들이 애플의 이익 $1에 $40를 지불한다고 해석할 수 있다. 투자자는 해당 기업의 이익이 미래에 성장할 것이라고 판단한다면 그 주식을 사기 위해 높은 가격을 지불할 것이다. 반대로 이익이 떨어질 것으로 판단한다면 낮은 가격을 지불할 것이다.

PER을 구하는 계산은 비교적 쉽다. 그러나 분모의 EPS를 구할 때 유의해야 할 사항이 있다.

주당순이익^{EPS} = 순이익 / 주식수

EPS는 순이익을 주식수로 나눈 값이다 이때 어느 시점의 순이익을 사용할지, 어떤 주식수를 사용할지 결정해야 한다.

순이익은 세 가지 시점에서 계산할 수 있다. 하나는 최근 회계년도 이익, 다른 하나는 이번 달을 기준으로 최근 12개월 이익, 또 다른 하나는 익년 회계년도 예상이익이다. 이 중 어떤 이익을 사용하는가에 따라 계산되는 EPS를 순서대로 Current EPS, Trailing EPS, Forwarding EPS라고 한다. 또한 각각의 EPS로 계산한 PER을 순서대로 Current PER, Trailing PER, Forwarding PER로 부른다.

주식수는 두 가지 방법으로 계산할 수 있다. 하나는 현재 발행한 주식 수만 고려하는 것이고, 다른 하나는 여기에 회사가 발행한 전환권과 스톡옵션이 모두 행사됐을 때 신규로 발행되는 주식수까지 더한 것을 고려하는 것이다. 전자의 주식수로 계산한 EPS를 Primary EPS, 후자의 주식수로 계산한 EPS를 Diluted EPS로 부른다.

고성장기업의 경우 어떤 EPS를 쓰는가에 따라 PER은 현저하게 달라질 수 있다. 고성장기업의 이익은 매년 성장하므로 Forwarding EPS가 Training EPS보다 높다. 따라서 같은 주가를 사용할 경우 Forwarding PER은 Trailing PER보다 낮아진다. 또한 고성장기업은 전환권을 가진 주식연계증권을 발행할 확률이 높고, 임직원에 스톡옵션을 발행할 가능성이 높다. 이 옵션들이 모두 행사된다고 가정할 경우 보통주식수가 늘어남에 따라 Diluted EPS는 Primary EPS보다 낮아진다. 따라서 평가자는 비교기업들의 PER을 계산할 때 순이익 시점과 주식수의 계산기준을 동일하게 적용해야 한다. 만약 금융정보회사나 인터넷 사이트로부터 PER을 인용한다면 어떻게 PER을 계산했는지 살펴볼 필요가 있다.

• PER로 주가 판단 시 유의할 사항

기업들의 PER만으로 이 주식 가격은 높고, 저 주식 가격은 낮다고 판단하기 쉽다. 그러나 다른 펀더멘털 요소를 배제하고 PER만으로 주가를 평가할 때 오류를 범할 수 있다. 동일한 사업을 영위하는 기업 A와 B의 PER이 각각 10과 20이라고 가정하자. PER만 고려할 때 A보다 B의 주가가 고평가되었다고 판단할 수 있다. 그러나 최근 3년간 A의 매출액과 순

몸값 올리는 기업가치평가 실무

이익이 정체된 반면 B는 30%의 성장률을 보였고, 내년에는 50%가 성장할 것으로 기대된다고 하자. 이 경우 A의 주가가 저평가되었다는 판단은 틀릴 수 있다. 따라서 PER로 주가를 판단할 때 다른 펀더멘털 요소도 고려해야 한다. 이러한 점을 고려한 한 방법으로 PER에 성장률을 고려한 PEG를 사용하는 것이다. PEG는 다음 단원에서 논의하게 될 것이다.

● PER로 비상장기업 주식가치평가

PER을 활용해 비상장기업의 주식가치를 평가할 수 있다. 아래와 같이 상장된 비교기업의 PER과 대상기업의 EPS를 곱하면 주식가치가 산출된다. 이 논리는 다른 지역 아파트의 평당 가격으로 우리 아파트의 가치를 산출하는 논리와 같다. 다른 기업의 이익당 주가로 대상기업의 주식가치를 추정하는 것이다.

대상기업의 주식가치 = 상장된 비교기업의 PER × 대상기업의 EPS

공식은 보면 간단하지만 올바른 계산을 위해 정교한 작업이 필요하다. 순서는 이렇다.

1) 대상기업과 비교할 상장기업들을 찾고,
2) 비교기업군의 PER을 산출한다.
3) 대상기업의 EPS를 계산한 후,
4) 산출한 비교기업군의 PER을 곱해 대상기업의 주식가치를 산

출한다.

4단원에서 본 네 단계를 따라 사례분석을 시도해 보자.

4. PER의 활용 - 다이슨 주식가치평가

다이슨$^{Dyson\ Ltd}$은 1991년 James Dyson이 설립한 영국의 기술기업이다. 진공청소기, 공기청정기, 헤어드라이어, 날 없는^{bladeless} 선풍기, 히터 및 조명과 같은 가전제품을 디자인, 설계 및 제조하고 있다. 영국은 물론 한국을 비롯한 아시아, 유럽, 북미까지 진출한 글로벌 기업이다. 그러나 비상장기업으로 시장에서 형성된 기업가치나 주식가치가 없다. PER을 사용해 다이슨의 주식가치를 평가해 보자.

● 1단계: 비교기업의 선정

다이슨과 비교할 만한 상장사를 찾기 위해 먼저 다이슨의 사업을 분석해야 한다. 간단하게 정리하면 다이슨은 고급$^{high-end}$가전제품을 제조·판매하는 기업으로 2018년을 기준으로 영국에서 과거 5년간 평균 9%의 매출 성장률을 보였고, 매출은 대부분 B2C 형태로 발생했다. 다이슨과 비교할 만한 상장사를 찾기 위해 야후 주식 스크리너를 사용했다.

몸값 올리는 기업가치평가 실무

그림 6-3. 다이슨의 비교기업 검색 (출처: 야후 파이낸스)

비교기업을 찾기 위한 선정기준으로 지역은 영국, 시가총액은 약 1,500억 원 이상, 섹터는 기술^{technology}, 산업은 가전$^{consumer\ electronics}$, 전자부품$^{electronic\ components}$, 과학기술장비$^{scientific\ \&\ technical\ instruments}$로 정했다. 이렇게 검색할 때 아래와 같이 총 10개의 기업이 검색되었다.

Symbol	Name	Price (Intraday)	Change	% Change	Volume	Avg Vol (3 month)	Market Cap	PE Ratio (TTM)	52 Week Range
RSW.L	Renishaw plc	4,682.00	-72.00	-1.51%	36,917	93,987	3.408B	11,705.00	2,234.11 — 5,149.00
SXS.L	Spectris plc	2,495.00	-28.00	-1.11%	140,572	296,528	2.898B	13.43	2,058.00 — 3,072.00
ITM.L	ITM Power Plc	273.00	+13.00	+5.00%	1.473M	4.112M	1.303B	N/A	35.86 — 367.00
DSCV.L	discoverIE Group plc	592.00	+10.00	+1.72%	13,931	85,639	529.579M	35.88	330.29 — 627.98
KETL.L	Strix Group Plc	218.00	+8.00	+3.81%	477,798	649.337	433.556M	20.57	110.80 — 228.30
JDG.L	Judges Scientific plc	5,480.00	+100.00	+1.86%	4,299	11,554	343.894M	30.48	2,850.00 — 6,060.00
VTC.L	The Vitec Group plc	704.00	+4.00	+0.57%	4,204	47,218	321.123M	N/A	495.98 — 1,136.00
TTG.L	TT Electronics plc	183.00	-2.00	-1.08%	23,004	172,134	300.314M	45.75	136.75 — 268.00
GHH.L	Gooch & Housego PLC	1,040.00	-10.00	-0.95%	11,661	23,404	260.425M	55.91	9.20 — 1,499.20
QTX.L	Quartix Holdings plc	347.00	0.00	0.00%	1,800	15,795	166.402M	26.90	202.00 — 460.00

그림 6-4. 다이슨 비교기업 스크리닝 결과 (출처: 야후 파이낸스)

본 단계에서 주관적 기준이 개입되었음을 알 수 있다. 첫째, 비교기업을 찾기 위해 야후 주식스크리너를 사용했다. 둘째, 다이슨을 대기업으로 판단해 비교기업의 시가총액을 1,500억 원$^{large\ cap}$ 이상만 고려했다. 마지막으로 다이슨의 산업을 가전제품으로 분류한 후 가전산업 내에서 비교기업을 찾았지만 하나의 기업만 검색되었다. 더 많은 기업을 찾기 위해 전자부품과 과학기술장비까지 산업 범위에 포함시켰다. 이렇게 평가자마다 각자 옳다고 판단하는 기준을 적용하면 비교기업군은 달라지게 된다.

• 2단계: 비교기업의 PER 산정

그림 6-5와 같이 엑셀을 이용해 10개 기업을 시가총액 순서대로 나열하고 PER을 포함한 펀더멘털 데이터를 정리했다.

Comparable	Market cap (£, million)	Diluted EPS (TTM)	Trailing PE	Forward PE	Profit margin	ROE	Payout Ratio	Quarterly Revenue Growth (yoy)
Renishaw plc	3,460	0.40	79.2	45.1	0.1%	0.1%	11500.0%	-9.5%
Spectris plc	2,954	185.80	13.4	26.3	14.7%	17.7%	11.8%	-21.1%
ITM Power Plc	1,240	-4.10	-	-	-202.4%	-26.9%	0.0%	162.3%
discoverIE Group plc	523	16.50	35.9	23.9	3.1%	8.5%	58.9%	3.2%
Strix Group Plc	444	10.60	20.6	16.2	22.2%		68.9%	4.0%
Judges Scientific plc	328	179.80	30.5	24.7	13.8%	39.6%	23.9%	3.5%
The Vitec Group plc	317	-3.30	-	12.1	-0.5%	-1.0%		-35.5%
TT Electronics plc	300	4.00	45.8	20.3	1.4%	1.5%	84.0%	-11.8%
Gooch & Housego PLC	260	18.60	55.9	22.1	3.7%	4.3%	61.6%	-3.8%
Quartix Holdings plc	166	12.90	26.9	29.9	23.6%	33.4%	18.8%	4.3%
Average			28.8	23.6				

그림 6-5. 다이슨 비교기업의 시장데이터 (출처: 야후 파이낸스)

10개의 기업 중 아래와 같은 절차를 따라 일부 기업을 제외하고 비교기업군의 PER을 산출했다.

첫째, 적자로 인해 PER 배수가 없는 ITM Power와 Vitec Group을 제외했다. 둘째, Trailing PER 배수가 50이 넘는 회사를 아웃라이어[outliers]로 보

았다. Renishaw와 Gooch & Housego가 아웃라이어에 속해 그 손익계
산서 추이를 살펴보았다. Renishaw의 경우 순이익이 £92m에서 £0.3m
로 크게 감소해 PER이 급격히 높아졌다. Gooch & Housego도 £8m에서
£3.7m감소해 PER 배수가 높아진 것으로 보였다. 따라서 두 기업도 비
교기업군에서 제외시켰다. 네 기업을 제외하고 나머지 여섯 기업의 평
균 Trailing PER은 28.8, Forward PER은 23.6으로 계산되었다. Forward
PER이 Trailing PER보다 낮은 이유는 익년에 대부분의 기업의 EPS가 성
장할 것으로 예측되었기 때문이다. 본 단계에서 적용된 주관적인 기준
은 Trailing PE가 50이 넘는 기업을 아웃라이어로 보고 비교기업군에서
제외한 것이다.

● 3단계: 대상기업의 EPS 계산

다이슨의 EPS를 계산하기 위해 비교기업의 PER이 어떻게 산정되었
는지 먼저 살펴보아야 한다. 비교기업의 PER은 Trailing PER와 Forward
PER 두 가지로 계산되었다. 만약 비교기업군의 Forward PER을 사용한
다면 다이슨도 익년도 추정 EPS를 사용해야 하며, Trailing PER을 사용
한다면 최근 12개월간의 EPS를 사용해야 한다.

대상기업의 주식가치 =

비교기업의 Forward PER × 대상기업의 Forward EPS

대상기업의 주식가치 =

비교기업의 Trailing PER × 대상기업의 Trailing EPS

여기선 비교기업군의 Trailing PER과 다이슨의 Trailing EPS를 사용하도록 하겠다. 비교기업군은 또한 Diluted EPS를 사용했다. 따라서 다이슨도 보통주식 전환권과 스톡옵션을 고려해 Diluted EPS를 사용해야 한다.

Diluted EPS = 최근 12개월간의 순이익 / Diluted 주식수

다이슨이 최근 제출한 2018년 감사보고서 기준으로 총발행주식수는 2,222주이다. 다이슨은 주식연계증권을 발행하지 않았으며, 스톡옵션에 대한 사항을 공개하지 않았다. 따라서 다이슨의 Primary EPS와 Diluted EPS는 같다. 만약 주식연계증권을 발행한 경우 행사가격을 기준으로 전환가능성이 있는 총주식수를 현재 발행주식수에 포함시켜야 한다. 스톡옵션도 마찬가지이다. 다이슨의 2018년 순이익은 £263.2m로 발행주식수 2,222주로 나눌 때 EPS는 £118,452이다.

다이슨의 Trailing EPS = £263.2m / 2,222 = £118,452

- **4단계: 대상기업의 주가**

비교기업의 Trailing PER 28.8과 다이슨의 EPS £118,452를 곱하면 다이슨의 주가가 산출된다.

다이슨 주가 = 28.8 × £118,452 = £3,411,410

다이슨의 한 주당 가치는 약 £3.4m으로 예측된다. 발행주식수가 낮고 이익규모가 커 추정된 주가가 매우 크다. 본 주식가치에 총발행주식수를 곱하면 다이슨의 주식가치 총액을 추정할 수 있다.

$$\textit{다이슨 주가총액} = £3,411,410 \times 2,222 = £7,580,160,000$$

PER을 활용한 다이슨의 총주식가치 약 £7.6b으로 추정된다. 비교기업들의 시가총액보다 훨씬 큰 규모이다.

5. PEG의 이해 - 애플 PER 36배 평가하기

PER만으로 주가수준을 판단하면 오류를 범할 수 있다. 기업 A와 B는 사업이 같고 최근 회계연도의 자기자본과 이익도 모두 같다고 가정하자. 다른 모든 요인들도 비슷하되 다만, 기업 B는 최근 북미로 판매경로를 개척해 향후 매출액이 크게 급성장할 것으로 기대된다. 이런 경우 B의 주가는 당연히 오를 것이며, 그와 함께 PER이 상승할 것이다. 이러한 상황을 배제하고, 단순히 두 기업의 PER만으로 기업 A의 주가가 저평가됐다고 판단하면 잘못된 투자판단을 하게 된다. 따라서 PER로 주가를 판단할 때 기업의 성장률도 고려해야 한다.

• PEG의 이해

PER의 단점을 보완한 지표가 PEG이다. PEG는 PER을 성장률로 나눈 값으로 기업의 성장률 대비 몇 배의 PER로 거래되는가를 의미한다. 따라서 PEG가 낮을수록 성장률 대비 PER이 낮아 저평가된 것으로 본다. PER만으로 주가수준을 판단하면 오류를 범할 수 있지만, PEG를 사용하면 의미 있는 값을 얻을 수 있다. 특히 기업간 성장률의 편차가 큰 고성장 섹터나 산업에서 PEG는 더욱 유용하게 사용될 수 있다.

$$PEG = PER / g_{EPS}$$

g_{EPS}: EPS의 성장률

PER을 나누는 성장률은 순이익 또는 EPS의 성장률이다. PER은 EPS 대비 주가의 거래 배수이므로 PEG에 사용되는 성장률도 EPS의 성장률을 사용한다. 또한 PEG에 사용되는 PER은 Current PER 또는 Trailing PER을 사용하며, 분모의 성장률은 PER과 같은 시점에서 추측한 성장률을 사용한다.

$$Forward\ PEG = Forward\ PER / g_{EPS}$$

$$Forward\ PER = Share\ price / Forward\ EPS$$

Forward EPS: 익년도 추정 EPS
g_{EPS}: EPS의 장기성장률

Forward PER을 사용할 경우 EPS의 장기성장률을 사용해야 한다. Forward PER의 분모는 익년도 추정 EPS이므로 이미 1년치의 성장률을 반영하고 있다. 따라서 PEG에 사용되는 EPS의 성장률은 최소한 2년 이상의 성장률을 반영해야 한다.

PEG는 PER처럼 같은 섹터의 기업들을 비교할 때 유용하다. 사업의 속성에 따라 어떤 섹터는 PEG가 높고, 어떤 섹터는 낮기 때문이다. 예를 들어 성장률이 높을수록 사업 위험이 높을 수 있다. 이런 경우 높은 위험을 가진 기업의 성장률이 높아 낮은 PEG를 보임으로 낮은 위험을 가진 회사보다 저평가된 것으로 판단할 수 있다. 사업위험과 성장률이 다른 섹터 간에 속한 회사의 PEG를 서로 비교할 경우 이러한 잘못된 판단에 이를 수 있다.

● 사례분석: 미국 테크놀로지 섹터의 PEG

Company	Market cap ($, billion)	Trailing PE	Forward PEG
Apple Inc	2,266	36.49	2.04
Microsoft Corp	1,806	35.67	1.84
Alphabet Inc	1,301	37.08	1.76
Facebook Inc	761	26.48	1.08
NVIDIA Corp	336	88.61	2.11
Netflix Inc	243	93.09	1.22
Intel Corp	236	11.74	2.25
Adobe Inc	232	44.64	2.51
Broadcom Inc	194	75.50	2.26
Average		**49.92**	**1.90**

그림 6-6. 미국 테크놀로지 섹터 상위 10개 기업의 PER과 PEG (출처: 톰슨로이터)

그림 6-6은 2021년 2월 기준 미국 테크놀로지 섹터로 분류되는 기업 중 시가총액이 높은 9개의 기업을 보여 준다. 또한 각 기업의 PER과 Forward PEG를 포함하고 있다. PER 배수만으로 보면 넷플릭스의 PER이 93.09로 가장 고평가되었고, 인텔의 PER은 11.74로 가장 저평가되었다. 한편,

시가총액이 가장 큰 애플의 PER은 36배에 이른다. 9개 기업의 평균 PER 49.9보다 높은 기업은 엔비디아, 넷플릭스, 브로드컴이며 나머지는 모두 평균보다 낮다.

그림 6-6의 Forward PEG는 Forward PER을 EPS의 장기성장률로 나눈 값이다. 9개 기업의 평균 PEG는 1.90이며, 평균 PEG보다 높은 기업은 5개사로 애플, 엔비디아, 인텔, 어도비, 그리고 브로드컴이다. 평균 PEG보다 낮은 기업은 마이크로소프트, 구글Alphabet, 페이스북, 그리고 넷플릭스이다.

PER만으로 판단할 때 넷플릭스 주가가 가장 높다고 판단되지만, 장기성장률 대비 PER, 즉 PEG는 1.22로 상대적으로 저평가되었다. 한편, 인텔의 PER은 약 12배수로 가장 낮지만 PEG는 2.25로 평균보다 높다. 달리 설명하면 기대성장률이 상대적으로 높지 않다는 것이다. 한편 애플의 PER은 약 36배로 9개사 중 약간 낮은 편에 속하지만, PEG는 평균보다 약간 높다.

6. EV/EBITDA의 이해와 실무적 해석

서두에 기업가치와 주식가치의 차이점을 설명한 바 있다. 두 가치의 구분은 EV/EBITDA의 활용을 위해 더욱 중요해지므로 다시 한번 그 차이점을 살펴보도록 하자. 그림 6-7과 같이 서울 어느 지역에 시세가 같은 아파트 A와 B가 있다.

몸값 올리는 기업가치평가 실무

	아파트 A	아파트 B
시세	10억 원	10억 원
소유주의 주택담보대출	6억 원	2억 원

그림 6-7. 시세가 같은 아파트 A와 B

X 씨와 Y 씨는 위의 시세대로 기존의 소유주가 지고 있는 담보대출을 승계하면서 각각 A와 B를 구매했다. 즉 X는 6억 원의 대출을 승계하면서 자신의 돈 4억 원으로 아파트 A를 구매했고, Y는 2억 원의 대출을 승계하며 8억 원의 자금으로 아파트 B를 구매했다. 이때 X와 Y는 각각 얼마에 아파트를 구매했다고 할 수 있는가? X와 Y가 아파트를 사기 위해 동원한 자금내역은 그림 6-8과 다음과 같다.

	X의 아파트 A구매	Y의 아파트 B구매
기존의 담보대출 승계	6억 원	2억 원
새 소유주의 자기자본	4억 원	8억 원

그림 6-8. X와 Y의 아파트 구매 내역

위 질문에 대한 답은 X와 Y 모두 10억 원에 구매했다. X와 Y의 자기자본은 각각 4억 원, 8억 원이지만 아파트 가격은 모두 10억 원이며, X와 Y는 모두 이 가격에 아파트를 인수한 것이다.

• 기업가치

그림 6-8의 개념을 기업에 적용할 수 있다. 두 아파트를 각각 기업 A와 B로 볼 경우 A와 B의 기업가치, 즉 EV는 모두 10억 원이다. 그리고 A와

B의 주식가치, 즉 주주의 가치는 각각 4억 원, 8억 원이다. A의 담보대출 6억 원과 B의 2억 원은 은행에 귀속된 가치, 즉 채권자의 가치이다. 이 개념을 반영해 기업가치와 주식가치의 관계는 다음과 같다.

$$기업가치^{EV} = 채권자의\ 가치^{12)} + 주주의\ 가치$$

간혹 기업가치와 주식가치가 구별 없이 사용되는 경우가 있다. 그러나 두 가치는 결코 같지 않다. 기업가치는 주주의 가치와 채권자의 가치를 합한 금액이며, 주식가치는 주주의 가치만 의미한다. M&A 관점에서 기업가치와 주식가치의 구별은 더욱 중요해진다. 매수자 입장에서 한 기업을 인수하는 금액은 기업가치이다. 위 아파트 사례와 같이 전 주주에게 지불하는 금액은 주식가치가 되며, 기업의 모든 부채까지 인수하는 것이므로 총인수금액은 기업가치가 된다. 단, 기업가치에서 고려하는 부채는 이자를 지급하는 금융부채만 고려한다.

• EBITDA

EV는 EBITDA[13)]를 발생시키는 자본의 시장가치로 해석될 수 있다. 그림 6-9를 살펴보자.

---

12) 엄밀하게 말하면 채권자의 가치에서 현금을 제한 순금융부채를 의미한다. 이것에 대해 다음 단원에서 사례로 설명된다.

13) Earnings Before Interest, Taxes, Depreciation and Amortization(법인세, 이자, 감가상각비 차감 전의 영업이익).

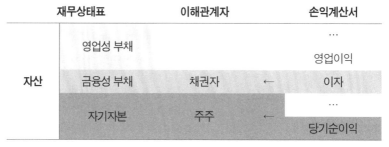

재무상태표		이해관계자		손익계산서
자산	영업성 부채			···
				영업이익
	금융성 부채	채권자	←	이자
	자기자본	주주	←	···
				당기순이익

그림 6-9. 재무상태표 항목과 채권자 및 주주의 가치 관계

EV는 재무상태표의 대변에 속한 금융부채와 자기자본의 시장가치를 합한 금액이다. 그리고 각각의 이해관계자는 채권자와 주주이다. 이 두 이해관계자의 자본으로 매출을 창출해 이자는 채권자에게, 당기순이익은 주주에게 귀속된다. 따라서 EV는 영업이익을, 자기자본은 당기순이익을 발생시킨다고 할 수 있다.

한편 실제 현금유출이 발생하지 않은 대표적인 비용이 유·무형 감가상각비이다. 유·무형 감가상각비는 자본적지출로 이미 유출된 현금을 사후에 비용으로 인식하는 것이다. 영업이익에 본 두 상각비를 더한 이익을 EBITDA라고 하며, 이것을 EV가 발생시킨 수익지표로 사용한다. EBITDA는 순이익에 이자, 법인세, 유·무형자산 상각비를 더해 계산할 수 있지만, 영업이익에 유·무형자산 상각비를 더하는 쉬운 방법을 자주 사용한다. 영업이익 후에 발생하는 비경상적 손익은 말 그대로 경상적이지 않기 때문에 발생하지 않은 것으로 간주하는 것이다.

EBITDA = 순이익 + 이자 + 세금 + 유·무형자산 상각비 ≈ 영업이익 +

유·무형자산 상각비

- EV/EBTIDA

상대가치평가에서 사용되는 PER, PBR, PSR은 모두 자기자본, 즉 에쿼티^{equity}배수인 반면 EV/EBITDA는 기업가치 배수이다. 앞서 주식가치와 기업가치를 설명한 이유는 이것을 구별하기 위함이다. EV/EBITDA는 EV를 EBITDA로 나눈 배수로 다음과 같이 정의된다.

$$EV/EBITDA = \frac{\text{Market value of equity + Market value of debt - cash}}{\text{EBITDA}}$$

EV = 자기자본의 시장가치 + 금융부채의 시장가치 - 현금
= 자기자본의 시장가치 + 순부채

분모의 EV에서 현금을 제하는 이유는 두 가지이다. 하나는 EBITDA에 이자비용은 포함하지만 보유한 현금으로부터 나오는 이자수익은 더하지 않는다. 따라서 기업이 보유한 현금을 제하지 않으면 EV/EBITDA는 과대평가된다. 다른 하나는 현금으로 금융부채를 갚은 후 남은 금융부채만 고려하는 것이다. 이 개념은 기업을 인수하는 시각에서 보면 좀 더 쉬워진다.

1. 금융부채 100억 원을 보유한 기업 A를 주식가치 100억 원으로 인수했다고 가정하자. 이 경우 기업 A를 200억 원으로 매수한 것이다.
2. 한 가지 가정을 더해 보자. 기업 A는 50억 원의 현금을 보유했고 다른 모든 상황은 1과 같다. 이 경우 인수자는 기업 A를

총 150억 원으로 매수한 것이다. 인수자는 A를 100억 원에 인수한 후 A가 보유한 50억 원으로 금융부채 100억 원 중 50억 원을 갚을 수 있기 때문이다.

EV/EBITDA가 유용하게 쓰이는 이유는 다음과 같다. 첫째, 순이익이나 영업이익이 적자인 회사도 EBITDA는 흑자일 수 있다. 따라서 가치평가를 적용할 수 있는 회사가 더욱 많아진다. 둘째, 회사마다 다른 회계기준으로 감가상각비를 인식할지라도 해당 감가상각비를 영업이익에 더하기 때문에 EBITDA에 영향을 주지 않는다. 셋째, 순이익은 이자 후 이익이므로 차입비중에 영향을 받지만 EBITDA는 이자 전 이익이므로 기업의 차입 규모에 영향을 받지 않는다. 이러한 이유로 EV/EBITDA는 통신회사, 항공, 항만, 도로 등 장기간 자본적지출이 일어나는 사업에 더욱 유용하게 쓰일 수 있다.

7. EV/EBITDA와 M&A 가치평가 - 델컴퓨터 M&A

• EV/EBITDA로 M&A 가치평가

EV/EBITDA는 M&A에 적합한 상대가치평가법이다. EV는 매수자가 주주에게 지불하는 주식가치뿐 아니라 승계하는 채권가치까지 고려하기 때문이다. EV/EBITDA 배수는 또한 기업인수에 투자한 자본을 회수하는 데 걸리는 년수를 의미한다. 예를 들어 EBITDA가 20억 원인 기업

A의 EV가 100억 원이라고 하자. A를 인수한 매수자는 EBITDA 20억 원을 5년간 회수하면 A를 사기 위해 사실상 지불한 주식가치와 채권가치 100억 원을 모두 회수할 수 있다.

EV/EBITDA를 활용해 인수대상기업의 기업가치를 평가할 수 있다.

대상기업의 기업가치 = 비교 상장기업의 EV/EBITDA × 대상기업 EBITDA

PER을 활용해 비상장기업의 주가를 추정한 것처럼 대상기업의 EBITDA에 유사한 상장기업의 EV/EBITDA를 곱해 기업가치[14]를 추정할 수 있다. 절차는 그림 6-10과 같다.

그림 6-10. EV/EBITDA의 M&A 가치평가 절차

순서는 이렇다. 1) 먼저 타깃기업과 비교할 상장기업들을 선정해 찾아 EV/EBTIDA를 계산하고, 2) 타깃기업의 EBITDA를 계산 또는 추정한다. 3) 비교기업군의 EV/EBITDA와 타깃기업의 EBITDA를 곱해 타깃기업의 EV를 추정한 후, 4) 주주에게 지불할 주식가치를 산출한다. 본 네 단

---

14) 이렇게 얻은 기업가치는 영업용가치에 해당된다. 이것에 대해 사례를 통해 설명하겠다.

몸값 올리는 기업가치평가 실무

계를 따라 2013년도에 발생한 델컴퓨터 M&A사례를 2020년 기준의 EV/EBITDA배수로 평가해 보도록 하자.

● **사례분석: 마이클 델의 델컴퓨터 MBO**

마이클 델은 1984년 델컴퓨터를 창업했고, 1992년 27세의 나이에 회사를 포춘^{Fortune} 500대 기업 중 하나로 성장시켰다. 그러다, 실적의 이유로 2004년 그는 경영에서 손을 떼었다가 2007년 이사회의 권유로 다시 CEO로 돌아왔다. 경영자로 다시 복귀했을 때 마이클이 보유한 델컴퓨터 지분은 13.4%였다. 그러던 중 마이클 델은 자신의 사업전략으로 경영에 더욱 집중하기 위해 다른 투자자가 보유한 86.6%의 지분을 모두 사들일 계획을 세웠다. 그리고 2013년 마이클 델은 실버레이크 사모펀드, 마이크로소프트 등의 투자자를 동원해 나머지 지분을 모두 인수했다. 본 MBO 딜에서 델컴퓨터의 기업가치는 약 $22billion이었다.

1단계: 비교기업 선정 후 비교기업의 EV/EBITDA 산출

델컴퓨터는 미국 Nasdaq에 상장되었던 컴퓨터 제조·판매 회사이다. 비교기업 선정을 위해 섹터는 컴퓨터 하드웨어로 정했다. 2019년 기준 시장점유율별로 나열하면 상위 여섯 개 기업은 레노버^{Lenovo}, HP, 델, 애플^{Apple}, 에이서^{Acer}, 아수스^{Asus}이다. 여섯 개의 기업 중 델은 비교당사자이기에 제외하고, 애플 역시 스마트폰과 iOS 사업 비중이 높아 제외한 후 네 개의 기업으로 EV/EBITDA를 산출했다. 아수스와 에이서는 대만 주식시장에 상장되었음에도 불구하고 비교기업 수를 확보하기 위해 편입시켰다.

Company Name	Stock Market	EV	EV/EBITDA	EV currency, unit	Vendors market share (2019)
HP Inc.	NYSE	29.32	8.44	USD, billion	22.20%
Lenovo Group Limited	Other OTC	10.89	4.84	USD, billion	24.10%
ASUSTeK Computer	Taiwan	184.95	4.79	TWD, billion	5.50%
Acer Incorporated	Taiwan	41.21	6.70	TWD, billion	5.70%
Average			6.19		

그림 6-11. 델컴퓨터의 비교기업 EV/EBITDA 계산 (출처: 야후 파이낸스)

야후 파이낸스에서 제공한 데이터로 네 기업의 EV/EBITDA를 추출했다. 네 기업의 EV/EBITDA 평균은 6.19이다. 야후 파이낸스가 제공한 EV/EBITDA는 Capital IQ 자료를 참조했는데 해당 배수의 산정 기준에 대한 언급이 없는 것이 단점이다.

2단계: 타깃기업의 EBITDA계산 또는 추정

다음으로 델컴퓨터의 EBITDA를 계산해야 한다. EBITDA를 산정하는 방법은 크게 세 가지로 과거 실적 활용, 미래 실적 활용, 또는 두 가지를 혼합하는 것이다.

- 과거 실적 활용: 전년도, 최근 4분기나 12개월, 또는 과거 n개년도의 평균이나 가중평균 EBITDA 사용
- 미래 실적 활용: 익년도, 다음 4분기나 12개월, 또는 미래 n개년도 추정 후 평균이나 가중평균 EBITDA 사용
- 과거와 미래의 혼합: 예를 들어 과거 2년간과 익년도 예측치의 평균, 또는 직전년도와 익년도 예측치의 평균 등

어느 시점의 EBITDA를 선택할 것인가는 평가자가 정성적으로 판단

몸값 올리는 기업가치평가 실무

하되 향후 수익의 방향성을 고려해 사용하는 것이 논리적이다. 성장기업의 경우 현재보다 미래의 EBITDA가 높을 것이다. 큰 변동 없이 꾸준히 수익을 창출하는 성숙기업의 경우 과거 실적으로 가까운 미래를 추정할 수 있다. 만약 쇠퇴기에 접어들었다면 미래에 감소할 수익을 반영하는 것이 합리적일 것이다.

										$, million
Part of Income Statement	2004	2005	2006	2007	2008	2009	2010	2011	2012	2013
Revenue	41,444	49,121	55,788	57,420	61,133	61,101	52,902	61,494	62,071	56,940
Operating Income	3,544	4,206	4,382	3,070	3,440	3,190	2,172	3,505	4,431	3,012
Net Income	3,544	3,018	3,602	2,583	2,947	2,478	1,433	2,635	3,492	2,372
Normalized EBITDA	3,807	4,537	4,776	3,546	4,130	4,241	3,621	4,770	5,680	4,156
Part of Balance Sheet	2004	2005	2006	2007	2008	2009	2010	2011	2012	2013
Total Assets	19,311	23,215	23,252	25,635	27,561	26,500	33,652	38,599	44,533	47,540
Cash and Short Term Investments	5,152	9,807	9,070	10,298	7,972	9,092	11,008	14,365	14,818	12,777
Long Term Investments	6,770	4,294	2,686	2,147	1,560	454	781	704	3,404	2,565
Total Liabilities	13,031	16,730	19,205	21,196	23,732	22,229	28,011	30,833	35,616	36,860
Total Debt	505	505	690	757	587	2,011	4,080	5,997	9,254	9,085
Total Equity	6,280	6,485	4,047	4,439	3,829	4,271	5,641	7,766	8,917	10,680

그림 6-12. EBITDA 계산을 위한 델컴퓨터의 요약 재무제표

델컴퓨터는 성숙기업으로 과거 10년간 EBITDA 평균이 $4,326m, 3년간 평균이 $4,869m, M&A가 있었던 전년도에 $4,156m을 기록했다. 본 사례에선 과거 3년간 평균과 M&A 전년도의 EBITDA 두 개를 사용해 기업가치의 범위를 추정해 보겠다.

3단계: 타깃기업의 EV 산출

그림 6-13의 좌측 컬럼은 2013년도 EBITDA, 우측 컬럼은 2011~2013년 3년간의 평균 EBITDA를 이용했다. 각 EBITDA에 비교기업군의 EV/EBITDA 배수를 곱하면 델컴퓨터의 기업가치가 산출되며, 약 $26~30b

의 결과를 얻었다. 여기서 짚고 넘어가야 할 중요한 점은 이렇게 얻은 EV는 영업용 기업가치라는 것이다.

Case 1			Case 2		
EBITDA in 2013	$	4,156 million	Average EBITDA in 2011~2013	$	4,869 million
EV/EBITDA of the peer group		6.19	EV/EBITDA of the peer group		6.19
EV	$	25,736 million	EV	$	30,149 million
Non-operating assets	$	2,565 million	Non-operating assets	$	2,565 million
Total EV	$	28,301 million	Total EV	$	32,714 million
Total Debt	$	9,085 million	Total Debt	$	9,085 million
Cash and Cash equivalents	$	12,777 million	Cash and Cash equivalents	$	12,777 million
Equity Value	$	31,993 million	Equity Value	$	36,406 million

그림 6-13. 델컴퓨터의 기업가치와 주식가치 계산

대상기업의 '영업용' 기업가치 = 비교기업의 EV/EBITDA X 대상기업 EBITDA

EBITDA는 영업활동을 통해 얻은 이익이기 때문에 EBITDA로 얻은 결과는 영업가치만 반영한다. EBITDA와 상관없는 비영업용자산은 대차대조표의 자산항목에서 찾을 수 있다. 여기에는 투자목적의 장단기 증권, 투자목적의 유형자산이나 건설중인 자산 등이 포함된다. 이러한 비영업용 자산의 가치가 영업가치에 더해져야 비로소 전체 기업가치가 산출된다.

전체 기업가치 = 영업용 기업가치 + 비영업용 기업가치

영업용 기업가치 = 비교기업군의 EV/EBITDA = 대상기업 EBITDA

델컴퓨터의 경우 2013년 시점에 약 $2.6b의 비영업용자산을 보유했

몸값 올리는 기업가치평가 실무

다. 따라서 영업용 기업가치와 비영업용 기업가치를 더하면 $28~33b에 이른다. 2013년 딜에 적용된 $22b은 현 시점에서 계산된 델컴퓨터의 기업가치보다 약 $6~11b 낮다. 따라서 마이클 델의 델컴퓨터 MBO는 현재에서 보면 성공적이었다고 평가할 수 있다.

4단계: 타깃기업의 주식가치 계산

기업인수에서 EV/EBITDA를 활용할 경우 PER과 달리 한 단계 계산이 더 필요하다. 매수자가 매도자에게 지불해야 하는 주식가치, 즉 자기자본의 시장가치를 구해야 한다. 기업가치로부터 주식가치를 구하는 공식은 다음과 같다.

기업가치 = 자기자본의 시장가치 + 순부채

↓

자기자본의 시장가치 = 기업가치 - 순부채

순부채 = 금융부채의 시장가치 - 현금

델컴퓨터는 2013년 $9.1b의 금융부채와 $12.8b의 현금을 보유하고 있었다. 따라서 이 시점에 델컴퓨터의 순부채는 - $3.7b이다. 순부채가 마이너스라는 것은 회사의 금융부채보다 보유한 현금이 많다는 것이다. 델컴퓨터의 기업가치에서 순부채를 뺀 주식의 시장가치는 약 $32~36b에 이른다. 따라서 마이클 델이 실제로 인수한 86.6%의 지분에 대한 시장가격은 약 $28~32b에 달한다.[15]

---

15) 경영권 프리미엄은 고려되지 않았다.

$$\$32.0{\sim}36.5b \times 86.6\% = \$27.7{\sim}31.5b$$

　실제로 마이클 델과 그 투자군단은 약 $21.5b을 지불했다. 현 시점의 EV/EBITDA 계산으로 비교하면 마이클 델은 저평가된 가격으로 지불했다고 판단할 수 있다.

8. PBR의 이해 - 테슬라와 도요타의 주가 비교

　PBR(Price to Book value Ratio, 주가순자산비율)은 기업의 자기자본 장부가치가 시장에서 몇 배로 평가받는가를 의미한다. 시장은 자기자본으로 더 많은 이익을 창출하는 주식에 대해 더 높은 가격을 지불할 것이다. 기업 A와 B의 자기자본이 각각 100억 원으로 같다고 가정하자. 투자자들은 기업 A가 내년에 3억 원의 이익을, 기업 B는 10억 원의 이익을 발생시킬 것으로 기대한다. 이 경우 투자자들은 기업 B의 주식을 선호해 그 주가는 상승할 것이다. 이번에는 기업 X와 Y의 자기자본은 모두 100억 원, 내년도 기대이익이 모두 5억 원이라고 가정하자. 단, 투자자들은 장기적으로 기업 X의 이익성장률이 7%, Y는 12%로 기대한다. 이 경우 투자자들은 기업 Y를 선호해 Y의 주가가 더욱 상승할 가능성이 높다. 투자자들은 같은 금액의 자기자본이라도 더 많은 이익을 창출할 것으로 기대하는 기업의 주식에 더 높은 가격을 지불하게 된다. 즉 PBR 배수가 더 높아지게 된다.

- PBR 계산

$$\textbf{PBR} = \textbf{주가}^{\text{Share price}} / \textbf{주당순자산가치}^{\text{Book-value Per Share}}$$

PBR은 주가를 주당순자산가치(BPS: Book-value Per Share)로 나눈 값이다. 순자산 1원은 시장에서 몇 원인가를 의미한다. 앞서 언급한 것처럼 같은 1원의 자본으로 더 많은 이익을 창출할 기업의 주가가 더 높아질 것이다.

PBR을 계산할 때 다음 사항들을 유의해야 한다.

- 한 기업이 여러 종류의 주식을 상장한 경우 주가는 각 종류마다 다르다. 이런 경우 각 주식의 시장가격에 종류에 따른 장부가액을 어떻게 배분할지 명확히 해야 한다.
- 보통주식의 시장가치만 고려할 경우 장부가치에서 우선주의 가치를 제하고 계산해야 한다.
- 국가 간에 비교할 경우 장부가액 또는 재무제표의 시점을 살펴봐야 한다. 어떤 나라는 분기마다, 어떤 나라는 반기 또는 연별로 공시해 나라마다 재무제표의 시점이 다를 수 있다.
- 어떤 기업은 스톡옵션을 발행했거나 전환사채, 전환우선주와 같이 전환권을 보유한 하이브리드 증권을 발행했을 수 있다. 이런 경우 모든 옵션들이 행사될 때의 시장가치를 추정해 주식의 시장가치에 편입시켜 계산해야 한다.

한 기업이 여러 종류의 주식을 발행하여 BPS를 계산하는 것이 복잡할 경우 아래와 같이 총금액을 사용하는 것이 수월하다.

$$PBR = 시가총액^{\text{Market Cap}} / 자기자본\ 총금액^{\text{Total Book-value}}$$

시가총액: 보통주와 모든 우선주의 총시장가치
자기자본 총금액: 보통주와 모든 우선주의 총장부가치

● PBR과 ROE의 관계

이론적으로 어떤 기업이 자기자본비용보다 더 높은 이익을 창출한다면 그 기업의 PBR은 1보다 높아야 한다. 자기자본으로 비용보다 더 높은 수익을 내는 기업의 자본은 점점 커질 것이다. 반대로 자기자본에 지출되는 비용보다 적은 수익을 내는 기업의 자본은 점점 적어질 것이다. 따라서 이론적으로 아래와 같은 공식이 성립되야 한다.

$$ROE > K_e \rightarrow PBR > 1$$

$$ROE < K_e \rightarrow PBR < 1$$

ROE: 자기자본이익률, K_e: 자기자본비용

만약 ROE가 K_e보다 높음에도 불구하고 PBR이 1보다 작을 경우 그 주가는 이론적으로 저평가된 것으로 볼 수 있다. 반대로, ROE가 K_e보다 낮음에도 불구하고 PBR이 1보다 클 경우 그 주가는 고평가된 것으로 볼 수 있다.

몸값 올리는 기업가치평가 실무

• PBR의 장점과 단점

애널리스트나 투자자가 PBR을 쓰는 이유가 있다. 첫째, 직관적으로 이해하기 쉽고, 많은 가정을 필요로 하지 않아 안정적이다. 둘째, 같은 섹터 내에 있는 기업 간 주식가치 수준을 판단할 수 있다. 셋째, 적자로 인해 PER을 사용할 수 없는 회사에 적용할 수 있다.

한편 PBR이 갖는 단점도 있다. 첫째, 자기자본의 장부가치는 브랜드, 기술, 노하우, 지적재산권과 같은 무형자산의 현금흐름 창출능력을 반영하지 못한다. 둘째, 장부가치는 자산과 부채의 규모에 영향을 주는 회계기준에 영향을 받을 수 있다. 셋째, 자본잠식이 커질 경우 장부가치도 마이너스가 될 수 있다.

• 사례분석: 테슬라와 도요타의 주가 평가하기

테슬라 주가는 2020년 1월 1일 $83.67로 시작해 2020년 1월 31일 $705.76로 마감했다. 한 해 동안 주가가 750% 폭등했다. 테슬라는 전기차^{VE}를 생산하는 혁신적 기업이라면 도요타는 전통적으로 자동차제조업에서 가장 큰 기업으로 여겨졌다. 그림 6-14는 테슬라와 도요타의 PBR을 비교한 것을 보여 준다.

Company	Market Cap ($, billion)	Book-value ($, billion)	BPS ($)	ROE (%)	PBR (mrq)	Expected EPS Growth Rate for 2021 (%)
Tesla	807.8	22.2	23.4	4.8	36.3	90.7
Toyota Motor	248.9	191.8	69.3	10.3	1.3	-24.4
As of	Feb-21	Dec-20	Dec-20	Dec-20	Feb-21	Feb-21

그림 6-14. 테슬라와 도요타의 PBR 비교 (출처: 톰슨로이터)

2021년 2월 기준으로 테슬라의 시가총액은 약 980조 원에 달한다. 주가가 장부가액보다 36배, 즉 PBR이 36을 넘는다. 도요타의 시가총액은 약 270조 원이며 PBR은 1.3이다. 테슬라의 자기자본이 도요타보다 28배 더 높게 평가받고 있다. 2020년 기준으로 ROE를 비교하면 테슬라가 4.8%, 도요타가 10.3%로 도요타가 테슬라보다 2배 이상 높다. 그럼에도 불구하고 테슬라 주가가 크게 높은 이유는 미래 성장률에 대한 기대감이 높게 반영됐기 때문이다. 월가 애널리스트들은 2021년 테슬라의 EPS 성장률을 90%로 보는 반면, 도요타에 대해 24% 역성장할 것으로 예측하고 있다. 이러한 미래성장률이 반영돼 테슬라와 도요타의 PBR이 각각 36.3과 1.3을 이루고 있다.

9. PSR과 EV/Sales - 딜리버리 히어로와 딜리버루

PSR(Price to Sales Ratio, 주가매출비율)은 매출액 대비 주가의 배수이다. 기업이 창출하는 매출액 1원당 주가는 얼마에 거래되는지를 알려 준다. 예를 들어 기업 A의 매출액이 100억 원, 시가총액이 300억 원이면 주식 A는 매출액 대비 3배의 가격을 인정받는 것이다. 시가총액을 매출액으로 나누면 PSR값을 얻을 수 있다.

PSR = 시가총액^{Market Cap} **/ 매출액**^{Sales}

PSR 산출공식에서 분모를 시가총액, 즉 주식의 총시장가치대신 EV 를 사용하면 좀 더 견고한^{robust} 배수인 EV/Sales를 얻을 수 있다. EV/ Sales(EV to Sales Ratio)은 매출액 1원당 평가되는 기업가치를 의미한다.

$$EV/Sales = 기업가치^{EV} / 매출액^{Sales}$$

기업가치^{EV} = 주식의 총시장가치 + 금융부채의 총시장가치 - 현금 또는 현금성자산

PSR과 EV/Sales의 차이는 쉽게 이해할 수 있다. 기업 A와 B의 매출액 이 각각 100억 원이라고 하자. A는 금융부채 없이 자기자본이 100억 원 이고, B는 금융부채가 80억 원, 자기자본이 20억 원이다. 이 경우 A의 PSR은 1.0이고, B는 0.2가 된다. EV/Sales로 계산하면 A와 B 모두 1.0이 된다. EV/Sales이 좀더 견고한 결과를 보인다는 이유가 여기에 있다. 차 입한 자본이 많은 회사는 낮은 PSR을 갖게 된다. 따라서 한 섹터 내에 차 입수준이 다양한 기업 간의 PSR을 비교하면 잘못된 판단을 할 수 있다.

• PSR의 장단점

PSR이 애널리스트나 투자자에게 매력적인 이유가 있다. 첫째, 매출은 성장하지만 아직 적자에서 벗어나지 못한 회사에 적용할 수 있다. 벤처 기업이나 신기술을 보유한 성장기업이 여기에 속한다. 둘째, 이익이나 순자산은 감가상각비, 재고자산, 연구개발비 등의 회계치리 기준에 영 향을 받지만 매출액은 상대적으로 덜 영향을 받는다. 따라서 PSR은 PER 과 PBR에 비해 회계기준에 덜 영향을 받는다. 셋째, 이익은 변동성이 클

수 있지만 매출액은 상대적으로 안정적이다. PER은 매년 변동성이 높을 수 있지만 PSR은 상대적으로 안정적인 값을 제공할 수 있다.

반면에 PSR의 가장 큰 문제점은 자본잠식 된 회사나 적자가 지속적인 회사도 매출액이 크면 높은 가치를 나타낼 수 있다. 따라서 이익이나 순자산이 마이너스인 회사에 PSR을 적용할 경우 플러스로 전환할 수 있는지에 대한 분석이 동반되어야 한다. 만약 적자나 자본잠식에서 헤어날 수 없는 기업으로 판단된다면 다른 평가방법이 필요할 수 있다.

사례 1: Just Eat와 Delivery Hero의 PSR 비교

Just Eat(Just)와 Delivery Hero(Hero)는 유럽의 대형 음식 주문·배달 서비스기업이다. Just는 영국 런던에 본사를 두고 13개국에서 서비스를 운영하고 있으며, 2020년 2월에 런던증권거래소에 상장되었다. Hero는 독일 베를린에 본사를 두고 아시아 및 중동을 포함해 40개국에서 서비스를 운영하고 있다. 한국에서도 요기요와 배달통을 운영하고 있으며 최근 배달의 민족까지 인수하면서 사업지역을 넓혀 가고 있다. Hero는 독일 증권거래소에 상장되었으며, 두 기업의 주요 마켓데이터와 펀더멘털 요소는 다음과 같다.

Sep-20 Company	Market, Currency	Market Cap (billion)	Beta (5Y Monthly)	PSR (ttm)	EVSR	Profit margin	Operaiting margin (ttm)	Payout ratio
Just Eat	LSE, £	12.51	0.62	9.95	13.79	-15.5%	0.0%	0.0%
Delivery Hero	XETRA, €	18.32	0.68	10.97	10.35	-55.8%	-51.4%	0.0%
							ttm = Trailing Twelve Months	

그림 6-15. Just와 Hero의 PSR 비교 (출처: 야후 파이낸스)

몸값 올리는 기업가치평가 실무

Just와 Hero의 시가총액은 2020년 9월 기준 원화로 각각 20조 원, 24조 원 수준으로 Hero가 약 4조 원 더 높다. PSR은 각각 10배수, 11배수로 비슷하다. EV/Sales로 보면 13.8, 10.4로 Just가 약간 고평가되었다. 좀더 면밀하게 보기 위해 순이익률과 영업이익률을 보자. 순이익률$^{Profit\ margin}$은 모두 적자이지만 Just는 -15.5%, Hero는 -55.8%로 Hero의 Just의 적자폭이 더 작다. 영업이익률에서도 Just가 0%, Hero는 -51.4%로 Just의 마진율이 Hero보다 낫다. Just와 Hero의 PSR 배수는 비슷하지만, 펀더멘털 요소와 함께 볼 때 Just가 Hero보다 저평가된 것으로 보인다. EV/Sales배수 관점에서도 Just가 Hero보다 고평가되었다고 판단하긴 어렵다. Just의 마진율이 Hero보다 낮기 때문이다.

　이번에는 두 기업의 향후 마진율이 개선될 수 있을지 살펴보자. 정보접근의 한계로 손익계산서를 활용해 과거 추세만으로 판단하도록 하겠다.

Just Eat				£, thousands
	12/31/2019	12/31/2018	12/31/2017	12/31/2016
Total revenue	415,881	232,314	166,478	111,641
growth rate	79.0%	39.5%	49.1%	
Operating income	-74,928	-32,810	-36,151	-25,390
margin	-18.0%	-14.1%	-21.7%	-22.7%
Net income	-115,490	-14,017	-42,024	-30,887
margin	-27.8%	-6.0%	-25.2%	-27.7%

Delivery Hero				€, thousands
	12/31/2019	12/31/2018	12/31/2017	12/31/2016
Total revenue	1,237,500	665,100	543,800	347,510
growth rate	86.1%	22.3%	56.5%	
Operating income	-472,800	-145,600	-169,300	-214,192
margin	-38.2%	-21.9%	-31.1%	-61.6%
Net income	231,400	-38,200	-345,100	-240,698
margin	18.7%	-5.7%	-63.5%	-69.3%

그림 6-16. Just와 Hero의 주요 손익지표 (출처: 야후 파이낸스)

　Just와 Hero의 매출액은 과거 4년간 비슷한 수준으로 급성장했다. 두 기업 모두 2019년 매출액이 4년 전 대비 약 4배 성장했다. 그림 6-16에서 Just의 영업손실률은 과거 4년간 대체로 줄어드는 양상을 보이고 있다. Hero의 영업이익률도 2016년에서 2019년까지 개선되는 것으로 보였다. 그러나 2019년 다시 큰 폭으로 떨어졌고, 그림에는 없지만 2020년 중 -51.4%까지 추락했다. 이것들을 감안하면 향후 영업이익률 방향을 예측하기가 어렵다. 2019년 순이익은 흑자이지만 영업손실이 크기 때문에 비경상적 수익이 발생한 것으로 보인다. 손익계산서의 추세만으로 향후 영업이익률 개선 가능성을 고려하면 Just 대비 Hero의 주가가 고평가된 것으로 판단된다.

사례 2: PSR을 활용한 딜리버루의 가치평가

PSR 또는 EV/Sales배수를 활용해 매출액 성장률이 높고, 영업이익률이 개선될 것으로 보이는 기업의 주식가치나 기업가치를 추정해 볼 수 있다. 성장률이 뚜렷할 경우 미래 매출액으로 미래가치를 추정해 현재가치로 환산할 수도 있다. 작업 순서는 이렇다. 1) 미래 시점의 매출액을 예측한 후, 2) 비교기업군의 PSR이나 EV/Sales로 미래가치를 추정한 다음, 3) 그 가치를 현재가치로 환산하는 방법이다. Just와 Hero를 비교기업으로 활용해 또 다른 음식 배달서비스를 영위하는 비상장기업 딜리버루의 가치를 평가해 보자.

딜리버루^{Deliveroo}는 2013년에 설립되어 런던에 본사를 둔 음식 배달서비스 기업이다. 영국의 200개 도시를 비롯해 유럽, 중동, 호주, 싱가폴, 홍콩 등에서 사업을 운영하고 있다. 딜리버루 매출은 2017년 £277m에서 2019년 £476m에 달해 총 72%, 연 31% 성장했다.

1) 향후 5년간 매출액이 연평균 15% 성장을 이룬다고 가정할 경우 딜리버루의 2024년 매출액은 £951m에 이른다.

2) Just와 Hero의 평균 PSR은 10.46이다. 딜리버루의 5년 후 주식가치는 다음과 같이 계산할 수 있다.

5년 후 주식가치 = £951 m × 10.46 = £9,947m

3) 5년 후의 미래가치를 현재가치로 환산하기 위해 딜리버루의 자본비용이 필요하다. 영국의 무위험이자수익률과 마켓프리미엄, 그리고 Just와 Hero의 베타를 활용하면 딜리버루의 자본비용은 5.05%(= 0.19% + 0.65 × 7.47%)가 된다. 5.05%를 할인율로 해 딜리버루의 총주식가치를 구하면 £7,775m, 약 £7.8b의 가치가 산출된다.

현재 총주식가치 = £9,947 m / (1 + 5.05%)^5 = £7,775 m

본 사례처럼 현재 매출액이 아닌 미래 추정매출액을 사용하는 이유는 성장률이 뚜렷한 경우 그 성장률을 현재가치에 반영해 주는 것이다. 딜리버루의 현재 매출액으로 주식가치를 평가한다면 약 £5.0b(= £476m × 10.46)이다. 그러나 과거 매출성장률이 높고, 앞으로도 성장가능성이 매우 뚜렷하다면 현재 매출액으로 그 주식가치를 대변하는 것이 불리하다. 딜리버루 입장에선 성장세가 뚜렷하므로 미래 성장률을 현재 반영해 평가받는 것을 선호할 것이다.

Ch 7

가치평가의 활용

1. 벤처기업 주식가치평가와 지분율 계산 - 벤처캐피탈 평가법

● 사례분석: 헬스케어기기 벤처기업의 투자유치

영국에 소재한 회사 J는 '무릎 건강을 위한 원격진단' 기술을 개발했다. 핵심기술은 무릎에 센서를 부착해 그 움직임으로 무릎이 얼마나 건강한지 측정해 그에 맞는 물리치료 컨텐츠를 제공하는 것이다. 최초 자본금은 원화 약 10억 원(£600,000)으로 주당 약 1천 원(60p)인 주식을 100만 주 발행했다. 관련된 지적재산권은 등록했으며, 유명 대학병원과 임상테스트를 마쳐 가는 중이다. 회사는 매출을 위해 헬스케어 부문 관계자들을 만나기 시작했고, 사업의 본격화를 위해 향후 2년간의 R&D 비용 준비와 기술전문가와 영업전문가 2명을 추가로 고용하고자 한다. 이에 대한 운영자금과 초기 생산자금을 20억 원으로 추정하고 본 금액을 벤처캐피탈^{VC}로부터 유치하기로 결정했다. 벤처캐피탈로부터 20억 원을 유치하기 위해 J는 주식가치평가를 고려하고 있다.

• 벤처기업 가치평가의 특성

벤처기업의 주식가치평가는 쉽지 않다. 그 이유는 다음과 같다.

첫째, 대부분의 벤처기업은 과거 오랜 기간의 재무제표를 갖고 있지 않다. 최근에 작성된 재무제표를 참조할 경우 얻을 수 있는 정보는 적거나 없을 수도 있다. 재무상태표에는 평가할 수 있을 만한 유형자산이 존재하지 않으며, 어떤 경우 부채비율이 높거나 자본잠식된 경우를 볼 수도 있다. 손익계산서를 보면 아직 매출액이 없거나 미미할 수 있고, 판매관리비가 높아 영업이익이 적자인 경우가 많다.

둘째, 벤처기업이 신기술을 보유한 경우 대상기업과 비교할 만한 상장기업을 찾는 것이 쉽지 않다. 과거에 존재하지 않았던, 존재하더라도 아직 태생기의 기술분야이기 때문이다. 이런 경우 비교기업을 통해 그 산업의 성장주기나 규모를 판단하기 어렵고, 업계 평균 이익률, 산업의 위험 등을 추정하기가 어렵다.

이러한 이유들로 평가자는 대상회사 본연의 고유 기술과 시장성, 경영진과 R&D인력과 같은 무형자산을 정석적으로 분석할 수 있어야 한다.

• 벤처기업에 적용할 수 있는 가치평가

벤처기업 주식은 두 가지 방법으로 평가할 수 있다. 하나는 현금흐름할인법^{DCF}이며, 다른 하나는 벤처캐피탈 평가법$^{VC\ method}$이다.

현금흐름할인법을 적용할 경우 영업이익을 추정할 때 평가자는 많은 부분을 정성적으로 판단해야 할 것이다. 앞서 언급한 것처럼 과거 재무제표를 통해 참조할 만한 정보를 찾기 힘들고, 미래 매출과 원가를 산정하기 위해 많은 부분을 추정해야 하기 때문이다. 추정한 현금흐름을 할인하기 위해 적용할 할인율에는 벤처기업 투자위험을 보상받기 위한 높은 프리미엄을 반영해야 할 것이다.

벤처캐피탈[VC]평가법은 투자자의 투자금 회수 계획을 반영한 상대가치평가법이다. 투자자가 투자금을 회수할 것이라고 판단되는 시점에서 상대가치평가를 적용해 주식가치를 추정한 후 투자자의 요구수익률로 할인하는 방법이다. 이때 투자자의 요구수익률은 벤처기업 투자에 수반되는 위험을 반영하므로 높은 할인율이 될 것이다. 본 단원에선 벤처캐피탈 평가법으로 벤처기업 가치를 평가하고, 투자자의 투자지분율을 계산하는 방법을 중심으로 설명하고자 한다.

● 벤처캐피탈 평가법을 활용한 벤처기업 주식가치평가

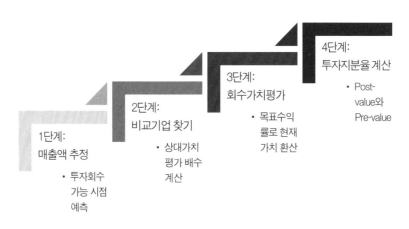

그림 7-1. 벤처캐피탈 평가법 활용 절차

몸값 올리는 기업가치평가 실무

1단계: 매출액 추정

사례에서 언급한 회사 J의 주식가치를 벤처캐피탈 평가법으로 추정해 보자. 벤처캐피탈 평가법을 시작하기 위해 먼저 벤처캐피탈의 투자목적을 이해해야 한다. 벤처캐피탈의 벤처투자 목적은 투자를 집행한 펀드가 청산되기 전에 투자금을 높은 수익률로 회수하는 것이다. 벤처캐피탈이 투자회수로 가장 좋게 여기는 방법은 상장이다. 따라서 첫 번째로 해야 할 것은 J가 상장하는 시점을 예측하고, 그 시점에 발생할 매출액과 순이익을 추정하는 것이다.

연도	매출액	매출액 성장률	순이익	순이익률
-1	0		-50	N/A
0 (현재)	20	N/A	-116	-580.0%
+1	320	1500%	-275	-85.9%
+2	1,120	250%	20	1.8%
+3	3,136	180%	240	7.7%
+4	6,899	120%	670	9.7%
+5	12,419	80%	1,340	10.8%

그림 7-2. 회사 J의 향후 5개년도 추정 매출액과 순이익 (단위: 백만 원)

벤처캐피탈은 투자를 위해 회사 J의 임원진과 미팅을 하고, 사업계획서를 읽어 보며 필요한 자료들을 요청해 회사를 분석할 것이다. 투자를 진행할 것으로 판단하면 가치평가를 위해 미래 매출액과 순이익을 예측하고, 회수시점을 추정해 볼 것이다. 그림 7-2는 벤처캐피탈이 추정한 J사의 향후 5년간 매출액과 순이익이다. 또한 J사와 협의를 통해 5년 후 상장하는 것을 목표로 협의한 것을 가정한다. 비단 벤처캐피탈뿐 아니라 벤처기업 스스로도 위와 같은 시나리오를 추정해 가치평가를 수행해볼 수 있다. 중요한 것은 그림 7-2의 추정 매출액과 순이익, 그리고 5년 후 상장한다는 시나리오는 벤처캐피탈이 20억 원의 투자를 집행한 것을 전제로 한 것이다.

2단계: 비교기업 찾기

J사의 상장시점 주식가치를 추정하기 위해 J사와 유사한 사업을 영위하는 상장기업들을 선정해야 한다. J사는 센서장비를 활용한 의료진단 장비를 생산하는 헬스케어 장비회사로 영국에 소재해 향후 런던증시에 상장할 계획이다. 그림 7-3은 이와 유사한 조건을 가진 네 개의 기업이다. 본 기업들은 야후파이낸스 스크리너를 이용해 영국 증시에 상장된 기업 중 헬스케어 분야의 메디컬장비 기업 22개를 추출한 다음 그중에서 선별한 기업들이다.

회사명	PE Ratio
Smith & Nephew plc	21.78
Medica Group Plc	18.17
Immunodiagnostic Systems Holdings PLC	22.84
Inspiration Healthcare Group plc	32.38
네 기업의 평균	**23.79**

그림 7-3. 회사 J의 비교기업과 평균 PER

네 기업 PER배수의 평균은 23.79로 산출되었다. J사의 5년 후 주식가치, 즉 회수가치를 구하기 위해 본 배수를 사용하면 된다(국내기업 주식가치를 평가할 경우 코스피 또는 코스닥에서 비교기업을 찾아야 할 것이다).

3단계: 현재가치 계산

비교기업으로부터 얻은 시장배수로 아래의 공식을 통해 J사의 회수가치와 현재가치를 구할 수 있다.

n년도의 추정 회수가치 = n년도의 추정이익 × 비교기업군 평균 PER

현재가치 = n년도의 추정 회수가치 / (1 + 목표수익률)^n

첫 번째 식과 같이 대상기업의 n년 후 추정한 순이익에 비교기업군의 평균PER을 곱하면 n년도 시점에서 대상기업의 주식가치를 산출할 수 있다. 여기서 회수가치$^{exit\ value}$란 벤처캐피탈 입장에서 투자기업이 상장되면 공개시장에서 투자금을 회수할 수 있다는 의미로 사용한 것으로 이해하면 되겠다.

n년도의 추정가치를 현재가치로 환산하려면 두 번째 식을 사용한다. 이때 목표수익률$^{target\ return}$은 벤처캐피탈이 투자위험에 노출되는 만큼 요구하는 수익률로 일반적인 현금흐름할인법에서 사용되는 전형적인 자본비용보다 꽤 높다. 투자자는 대상회사의 사업위험, 산업위험, 경영자위험, 투자시기, 그리고 유동성위험 등을 고려해 목표수익률을 설정할 것이다. J사의 경우 40%의 목표수익률을 가정해 보자. 그러면 J사의 5년 후 회수가치는 약 320억 원, 현재가치는 약 60억 원으로 추정된다(현재가치는 4단계에서 Post-value가 된다).

$$목표수익률 = 40\%$$

$$J사의 5년 후 회수가치 = 1,340백만 원 \times 23.79 = 31,878백만 원$$

$$현재가치 = 31,878백만 원 / 1.4^5 = 5,927백만 원$$

4단계: 투자자의 지분율 계산

$$Post\text{-}value = Pre\text{-}value + Investment$$

$$투자자의 지분율 = Investment / Post\text{-}value$$

Investment: 벤처캐피탈의 투자금액

Pre-value: 벤처캐피탈이 투자하기 전 총주식가치

Post-value: 벤처캐피탈이 투자한 후 총주식가치

대상기업의 Post-value란 벤처캐피탈이 투자하기 전 대상기업의 총주식가치$^{Pre\text{-}value}$와 투자금액^{Investment}을 합한 금액이다. 3단계에서 구한 J사의 현재 총주식가치 60억 원은 벤처캐피탈 입장에서 Post-value로 볼 수 있다. 그림 7-2에서 추정한 J사의 매출액과 순이익은 20억 원의 투자를 전제로 했을 때 얻을 수 있는 성과이기 때문이다. 따라서 벤처캐피탈은 투자 전 J사의 주식가치를 40억 원으로 볼 수 있고, 20억 원의 자금을 투자하면 약 33.3%의 지분을 보유하게 된다.

$$J사의 Post\text{-}value 60억 원 - 벤처캐피탈의 투자금액 20억 원$$

$$= J사의 Pre\text{-}value 40억 원$$

$$벤처캐피탈의 투자지분율 = 20억 원 / 60억 원 = 33.3\%$$

• 벤처캐피탈 평가법의 한계

벤처캐피탈 평가법은 다음과 같은 한계를 갖는다. 첫째, 미래 매출액과 순이익을 긍정적으로 추정할수록 주식가치가 크게 높아진다. 둘째, 회수시점 n이 멀어질수록 추정 매출액의 정확도는 크게 떨어질 것이며, n은 투자자의 실제 회수시점과 멀어질 수 있다. 셋째, 미래 특정시점의 가치를 위해 현재 PER을 사용했다. 그러나 미래 시점의 PER은 현재 PER과 달라질 수 있다. 마지막으로 투자자의 목표수익률을 객관적으로 설정할 수 없다. 투자자의 자료에 대한 판단, 과거 경험, 리스크의 해석 정도, 요구하는 프리미엄 등이 각각 다르기 때문이다.

2. 성장회사의 가치평가 - 미국 소셜게임사 징가 사례

• 성장기업의 특성과 가치평가 방법론

성장기업의 기업가치평가를 수행하기 위해 먼저 성장기업의 특성을 알아야 한다. 성장기업은 크게 세 가지의 특성을 갖고 있다. 첫째, 매출액이 경제성장률보다 높은 수준으로 증가하는 경향을 갖고 있다. 둘째, 매출액이 증가하면서 시장점유율을 더욱 늘리기 위해 대개 매출액 또는 이익에 대비해 높은 마케팅비용을 지출할 확률이 크다. 셋째, 이러한 마케팅비용을 포함해 여전히 운영비용이 높아 여전히 적자를 보이는 경우가 있다. 다만, 매출액 증가에 따라 원가율이 정착되면서 적자폭이 줄어들거나 이익률이 개선될 여지를 보이는 경우가 있다.

성장기업에는 현금흐름할인법과 상대가치평가법 두 가지를 모두 적용할 수 있다. 현금흐름할인법의 경우 당분간 매출액이 고성장하다가 서서히 경제성장률에 수렴하는 시나리오를 기반으로 잉여현금흐름을 추정해 볼 수 있다. 상대가치평가법의 경우 대상기업의 과거 재무지표보다는 가까운 미래의 추정 재무지표를 사용해 PER이나 PSR배수를 적용할 수 있다. 성장기업의 매출액과 이익은 성장 중에 있으므로 과거가 아닌 미래지표를 사용하는 것이다.

• 현금흐름할인법을 활용한 본질가치평가

잉여현금흐름^t = 영업이익^t(1-법인세율) + 유·무형 감가상각비^t -

(운전자본투자^t + 자본적지출^t)

현금흐름할인법으로 성장기업의 본질가치를 평가할 때 잉여현금흐름을 구성하는 항목을 추정하기 위해 고려할 사항들이 크게 세 가지가 있다.

첫째, 잉여현금흐름 추정기간은 매출액 성장률이 경제성장률에 수렴하고, 영업이익률이 안정적인 상태에 도달하는 시점까지 추정할 필요가 있다. 매출액이 경제성장률보다 높게 성장하는 도중에 잔존가치를 구하면 전체 기업가치에서 잔존가치의 비중이 너무 높을 확률이 있고, 영구성장률 변동에 따라 기업가치가 크게 변동될 수 있다. 또한 성장기업으로 영업마진율이 아직 향상 중이라면 아직 최적의 잉여현금흐름을 갖지 못한 상태일 수 있다.

둘째, 성장기업의 특성상 매출액이 증가하면서 재투자는 증가하는 추세를 갖는다. 매출액 증가에 따라 재고자산 보유량을 늘려야 할 것이며, 공장이나 설비를 보유한 경우 자본적지출이 발생할 수 있다. 따라서 대상기업의 사업의 속성을 면밀하게 분석해 매출액 증가에 따라 수반될 운전자본투자와 고정자산에 대한 투자를 분석적으로 예측해야 한다. 또한 자본적지출 증가에 수반되는 유·무형 감가상각비의 증가분도 고려해야 할 것이다.

마지막으로 할인율로 사용할 가중평균자본비용^{WACC}에 대한 것이다. 평가자는 성장기업의 가중평균자본비용을 한 시점이 아닌 비용이 변동될 것으로 추정되는 각 시점마다 계산할 필요가 있다. 그 이유는 매출액과 이익이 증가함에 따라 신용도가 향상돼 자기자본보다 타인자본을 사용하는 것이 저렴해질 수 있다. 그에 따라 투자에 소요될 외부자금을 조달할 때 타인자본과 자기자본의 비중이 변동될 수 있다. 따라서 평가자는 타인자본비용이나 자기자본비용이 변동되는 시점 또는 자본비중이 변하는 시점마다 가중평균자본비용을 수정한 다음 각각의 미래 잉여현금흐름에 부합되는 시점의 비용으로 할인해야 한다.

• 상대가치평가를 활용한 시장가치 추정

타깃기업 주가 = 비교기업군의 Forward PER × 타깃기업의 익년도 EPS
또는 타깃기업 주가 = 비교기업의 PSR × 타깃기업의 익년도 매출액

성장기업의 매출액과 이익은 증가하는 추세에 있다. 이에 따라 기업의 가치도 성장하게 된다. 따라서 과거 재무재표로부터 얻은 매출액이나 이익을 사용할 경우 기업가치는 과소평가될 수 있다. 성장기업의 적합한 가치를 추정하려면 가까운 미래의 매출액이나 이익을 추정해 상대가치평가에 적용해야 한다.

성장기업의 주식가치평가에 가장 적합한 시장배수는 PER 또는 PSR일 수 있다. 두 배수는 실적을 기반으로 한 가치평가이기 때문이다. 그렇다면 언제 PER을 사용하고, 언제 PSR을 사용하는 것이 좋을까? 성장기업이 이미 또는 가까운 미래에 이익을 창출하고, 적정한 마진율에 도달할 것으로 판단될 경우 PER 배수가 적합하다. 주가는 여러 재무지표 중 결국 이익에 의해 결정되는 경향이 있기 때문이다. 대상기업이 아직 적자이거나, 적정한 마진율에 도달하기까지 아직 멀 것으로 판단될 경우 PSR 배수를 적용하는 것이 좋다. 아직 이익이 없거나 미미해 PER로는 주가를 산정하기 어렵기 때문이다. 그러나 PSR을 적용할 경우 대상기업의 마진율이 반드시 향상될 것인지를 판단해야 한다. 오랜 시간이 지나서도 여전히 적자만 창출한다면 기업은 자금경색으로 인해 경영이 어려워질 수 있고, 최악의 경우 파산에 직면할 수도 있기 때문이다.

• **사례분석: 미국 소셜게임 회사 징가의 주식가치평가**

징가^{Zynga}는 미국을 비롯해 전 세계로 소셜 게임 서비스를 제공하고 있는 게임회사이다. IOS와 안드로이드 운영 체제의 플랫폼, 페이스북이나 스냅챗과 같은 소셜 네트워킹 플랫폼, 또는 닌텐도 스위치 게임 콘솔이나 개인용 컴퓨터에서 즐길 수 있는 소셜 게임을 개발, 마케팅 및 운영하고 있다. 유명 게임으로는 해리포터 퍼즐, 징가 포커, 카지노 슬롯, 그리고 오즈의 마법사 등이 있다. 2007년 설립되었으며 본사는 미국 캘리포니아 주 샌프란시스코에 소재하고 있다. 현재 미국 나스닥 시장에 상장되었으며, 2021년 4월 기준으로 약 13조 원의 시가총액을 형성하고 있다.

징가는 성장기업으로서 다음과 같은 특색을 갖고 있다.

- 매출액이 2016년 $741m에서 2020년 $1,975m로 성장, 5년간 166%, 연 30% 성장
- 영업이익은2016년 $114m 적자에서 2017년과 2018년 잠시 흑자로 돌아섰으나, 2019년 다시 적자로 돌아섰고, 2020년 $370m의 적자를 기록

성장기업으로서 징가의 주식가치를 평가하기 위해 먼저 현금흐름할인법을 적용했다. 이를 위해 향후 10년간의 매출액을 추정했다. 가까운 미래(2021년 이후)의 매출액은 애널리스트의 컨센서스를 참조했고, 약 5년 후(2025년)부터 서서히 경제성장률에 수렴해 10년째 되는 해(2030년)에는 2.5%로 성장한다는 시나리오를 가정했다. 운영비용률은 과거 원가율을 참조하되 일시적 비용으로 간주되는 것들은 제거해 정규화 nomalised했다. 이렇게 얻은 향후 실적 추세는 그림 7-4와 같다.

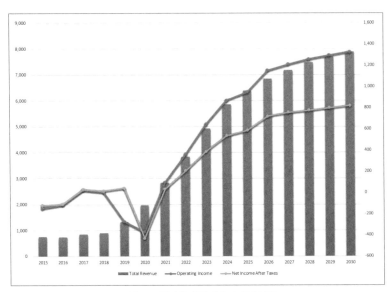

그림 7-4. 징가의 추정매출과 추정이익
(출처: 제이씨이너스의 징가 가치평가 엑셀 템플릿)

가중평균자본비용의 경우 회사 실적이 성장하면서 5년 후 부채비용이 줄어들 것으로 가정했고, 추가자본이 필요할 것으로 예측된 6년 후 차입금을 조달하는 것으로 가정했다. 이렇게 할 경우 세후 부채비용은 현재 2.28%에서 5년 후 1.95%로 낮아지고, 부채비중은 10.7%에서 14.9%로 증가한다. 자기자본비용의 경우 현재 베타가 0.79로 1보다 낮기 때문에 매해 조금씩 증가해 10년 후 2030년에는 1로 수렴하는 것으로 가정했다. 이 경우 현재 6.12%에서 서서히 증가해 10년 후 7.28%에 도달하게 된다.

2031년 이후의 잉여현금흐름은 영구성장률 2%로 증가할 것으로 가정했다. 이 모든 것을 종합하면 징가의 기업가치는 약 $15.9b에 달하고, 주

몸값 올리는 기업가치평가 실무

식가치는 $16.2b에 달한다. 이를 발행주식수 1,082백만주로 나누면 주당가치가 $14.97이 된다. 이는 2021년 5월 20일 종가 $10.46보다 약 43% 높은 가격으로 현재 주가가 저평가되어 있다는 의미이다.

상대가치평가법을 적용해 징가의 주가를 산정하기 위해 그림 7-5와 같이 6개의 기업을 선택했다. 모두 미국에 소재한 소셜게임 서비스 기업이다. 징가는 최근 2년, 2019년과 2020년에 모두 적자를 기록했다. 익년인 2021년부터 흑자로 돌아선다 하더라도 적정한 마진율을 갖지 못할 수 있다. 이런 경우 이익배수인 PER이나 EV/EBITDA보다 매출배수인 PSR 또는 EV/Sales를 적용해야 적정가치를 판단할 수 있다.

Comparable Companies	Mkt Cap ($,B)	EV ($,B)	Beta	Trailing P/E	Forward P/E	PSR	EV/Sales
Activision Blizzard	70.1	65.9	0.66	32.1	21.3	8.7	8.2
Nintendo Co	68.5	56.2	0.79	17.0	3.9	4.4	3.6
Electronic Arts (EA)	37.3	31.9	0.90	32.1	21.2	6.6	5.6
Take-Two Interactive Software	19.6	16.8	0.62	39.9	27.6	6.0	5.1
Aristocrat Leisure	16.9	18.3	0.99	15.8		5.3	5.7
Playtika Holding	10.4	12.3			24.2	4.4	5.2
Average			0.79	27.4	19.6	5.9	5.6
Zynga	10.5	10.4	0.14		20.3	5.3	5.3

그림 7-5. 징가의 비교기업과 시장배수 (출처: 톰슨로이터)

이를 위해 그림 7-5의 비교기업군으로부터 PSR 5.9배수와 EV/Sales 5.3배수와 징가의 익년도 추정매출액 $2.8b를 사용해 주가를 예측했다. PSR을 적용한 경우 주당가치 $15.38, EV/Sales를 적용한 경우 $14.83로 추정되었다.

이 모든 것들을 정리하면 그림 7-6과 같은 Football-field 차트를 얻을 수 있다. 5개의 그래프 중 첫 번째는 과거 52주간 주식가격^{price}이며 나머지 네 개는 추정가치^{value}이다. 과거 52주간 최저가는 $6.7, 최고가는 $12.3이다. 두 번째는 애널리스트의 컨센서스를 종합한 추정가치이다. 가장 낮은 추정치는 $9.0, 가장 높은 추정치는 $12.3이다. 나머지 세 개는 지금까지 설명한 현금흐름할인법과 상대가치평가법으로 얻은 가치이다. 세 개 중 첫 번째는 PSR을 적용해 얻은 $15.38, 두 번째는 EV/Sales를 적용해 얻은 $14.38, 마지막은 현금흐름할인법을 적용해 얻은 $14.97이다.

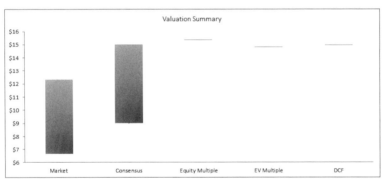

그림 7-6. 징가의 주식가격과 주식가치 정리
(출처: 제이씨이너스의 징가 가치평가 엑셀 템플릿)

본 가치평가를 근거로 투자의사결정을 내린다면 2021년 5월 현재 형성된 징가의 $10대 주가는 저평가되었다고 판단할 수 있다.

3. 성숙회사의 가치평가 - 아스트라제네카 사례

● 성숙기업의 특성과 가치평가 방법론

산업의 성장곡선에서 안정적 매출과 이익이 꾸준한 상태에 놓인 기업을 성숙기업이라고 한다. 성숙기업의 매출액 성장은 대개 경제성장률 수준이나 그보다 조금 높은 수준으로 꾸준히 증가하는 경향을 보인다. 경기변동에 따라 변동성을 보일 수 있지만 회복력이 있어 경기 회복 시 다시 돌아오는 경향을 보이는 편이다. 또한 안정적 원가율에 이미 도달한 상태로 변동성이 낮은 이익률을 보이는 편이다. 이로 인해 미래 이익률 추정을 위해 과거 이익률을 사용할 경우 과거 일시적 비용증가로 원가율이 높아졌다면 그 비용을 제거해 정상화^{normalised} 이익률을 참조할 수도 있다.

성숙기업은 현재 최적화된 자본구조를 유지할 확률이 높다. 낮은 비용으로 타인자본을 사용할 확률이 높고, 이로 인해 적절한 금융부채를 사용함으로 현재의 자본구조가 장기적으로 유지될 확률이 높다. 이러한 이유들로 성숙기업 가치평가는 벤처, 고성장, 적자 형태 기업의 가치평가보다 수월하다. 과거 참조할 만한 충분한 실적을 보유한 데다 과거의 추세를 분석해 미래 실적을 가늠하는 것이 어느 정도 가능하기 때문이다. 성숙기업에는 현금흐름할인과 상대가치평가를 모두 적용할 수 있다. 성숙기업 가치평가를 위한 주요사항들을 살펴보도록 하자.

- 현금흐름할인법을 활용한 본질가치평가

현금흐름할인법으로 성숙기업의 본질가치를 추정할 때 고려할 사항들을 살펴보자.

$$잉여현금흐름^t = 영업이익^t(1 - 법인세율) +유 \cdot 무형\ 감가상각비^t -$$
$$(운전자본투자^t + 자본적지출^t)$$

첫째, 성숙기업의 영업이익 추정을 위해 평가자는 애널리스트 컨센서스를 참조하거나 자체적으로 연구한 분석자료에 의존할 수 있다. 또한 평가자는 과거 매출액 성장률과 원가율을 참조해 미래실적을 추정해 볼 수도 있다. 성숙기업이라는 정의대로 매출, 이익, 현금흐름 등의 실적이 안정적인 형태를 보이기 때문이다. 다만 최근의 자본적지출^{CapEx}로 잉여현금흐름이 일시적으로 낮은 경우 정상화되어 경제성장률에 수렴할 것으로 판단되는 시점까지 추정할 필요가 있다. 이때 자본적지출로부터 얻게 되는 투자효과를 분석해 미래 매출액에 반영해야 한다.

둘째, 운전자본과 고정자산에 대한 재투자는 이론적으로 꾸준히 증가하는 경향을 갖는다. 운전자본의 경우 매출액이 경제성장률 수준에서 증가함에 따라 재고자산 보유량이 증가해야 하고, 그에 따라 매출채권과 매입채무가 증가해야 하기 때문이다. 자본적지출의 경우 보유 중인 고정자산에 대한 유지보수와 건설중인자산의 완공을 위한 추가투자를 파악해야 하며, 매출액 증가에 따라 증설의 가능성이 필요한지 분석해 봐야 한다. 이러한 정보 파악이 어려운 경우 역사적 자본적지출 성향을 미래 자본적지출에 반영하는 수밖에 없다.

몸값 올리는 기업가치평가 실무

세 번째, 가중평균자본비용^{WACC}을 계산할 경우 현재의 자본구조가 과거와 비슷한 상태로 유지되어 왔다면 현재의 자본비중으로 계산된 평균 자본비용을 선택하면 된다. 어떠한 사유로 인해 현재 자본비용이 일시적으로 높다고 판단된다면 최적의 자본구조에 도달하는 시점을 예측해 그 시점의 자본비용을 추정할 필요가 있다. 잔존가치에 사용될 영속성장률을 선택할 땐 산업의 생명주기와 성장률을 고려해 경제성장률에 일정 수준의 증감을 반영하면 될 것이다.

● 상대가치평가를 활용한 시장가치 추정

성숙기업의 재무지표는 대부분 안정적이므로 이론적으로 모든 배수, 즉 이익배수(PER, EV/EBITDA), 매출액배수(PSR, EV/Sales), 그리고 장부가배수(PBR)의 적용이 가능하다.

타깃기업 가치 = 비교기업군의 배수 × 타깃기업의 재무지표

이때 비교기업군 배수가 과거^{Trailing}인 경우 타깃기업의 과거 재무지표를 사용하고, 비교기업군의 배수가 미래^{Forward}인 경우 미래 재무지표를 사용하면 된다.

● 사례분석: 영국 글로벌제약사 아스트라제네카

아스트라제네카^{AstraZeneca}는 1992년에 설립되어 영국 캠브리지에 본사를 두고 런던과 뉴욕 증시에 상장된 글로벌 바이오 제약회사이다. 주요 사업분야는 크게 세 가지로 종양학^{Oncology}, 심혈관과 신장 및 대사(CVRM)^{Cardiovascular, Renal & Metabolic}, 그리고 호흡기^{Respiratory}와 면역학^{Immunology}이며, 공동연구와 타 분야 전문제약사 인수를 통해 다른 분야까지 확대하고 있다.

아스트라제네카는 전형적인 성숙기업으로 2017년부터 2020년까지 4.33%의 연평균 매출성장률을 보였고, 평균 매출액은 약 $24b에 달한다. 같은 기간 영업이익 성장률은 연 8.85%를 보였으며, 평균 영업이익은 $3.79b에 달한다. 국내에는 옥스포드대학교와 합작한 코로나 백신으로 유명하지만 본 백신 판매로 얻는 이익은 크지 않다.

아스트라제네카의 가치평가를 위해 먼저 현금흐름할인법을 적용했다. 이를 위해 향후 4년간의 매출액을 추정했다. 매출액 추정을 위해 향후 2년(2021~2022년)은 애널리스트의 컨센서스를 참조했고, 4년째 되는 해(2024년)에는 3.0%로 성장한다는 시나리오를 가정했다. 운영비용율은 과거 원가율과 애널리스트의 추정치를 비교하며 추정했다. 이렇게 얻은 향후 실적 추세는 그림 7-7과 같다.

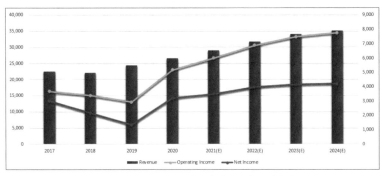

그림 7-7. 아스트라제네카의 추정매출과 추정이익
(출처: 제이씨이너스의 아스트라제네카 가치평가 엑셀 템플릿)

몸값 올리는 기업가치평가 실무

아스트라제네카의 자본구조는 금융부채 $20b, 자기자본의 시장가치 $130b(2021년 3월 기준)으로 각각 13%, 87% 비중을 이루고 있다. 이때 세후 부채비용은 5.45%, 자기자본비용은 4.52%로 가중평균자본비용 4.64%로 계산되었다. 자기자본비용이 낮은 이유는 아스트라제네카의 베타가 상당히 낮기 때문이다. 톰슨로이터의 경우 0.46, 야후파이낸스 0.23, 파이낸셜타임즈는 0.43을 제공했다. 4.64%는 적용된 베타값은 0.607로 회귀분석을 수행해 얻은 조정베타$^{adjusted\ beta}$값이다.

2025년 이후의 잉여현금흐름은 영구성장률 2%로 증가할 것으로 가정했다. 이 모든 것을 종합하면 아스트라제네카의 기업가치는 $198b에 달하고, 주식가치는 $186b에 달한다. 이를 발행주식수 1,312백만 주로 나누면 주당가치가 £101.9[16]에 이른다. 이는 2021년 5월 24일 시장가격 £81.71보다 약 25% 높은 가치로 현재 주가가 그만큼 저평가되어 있다는 의미이다.

Multiple Valuation Analysis	Country	Exchange	Mkt Cap(B)	EV(B)	Beta	2019	2020	2021 (E)	2022 (E)	2023 (E)
Pfizer Inc	US, $	NYSE	194.2	247.0	0.66	13.22	22.60	12.69	11.38	11.33
Merck & Co Inc	US, $	NYSE	191.8	213.2	0.43	23.56	27.87	11.60	10.66	10.18
Eli Lilly and Co	US, $	NYSE	193.0	206.5	0.26	26.52	27.87	21.60	22.89	20.66
Bristol-Myers Squibb Company	US, $	NYSE	137.7	161.5	0.61	31.96		8.16	7.58	7.17
AbbVie	US, $	NYSE	192.0	271.1	0.81	16.76	39.67	8.75	7.92	9.01
Johnson & Johnson	US, $	NYSE	432.9	439.9	0.71	25.88	29.44	15.74	16.01	15.14
US Average						22.98	26.95	13.09	12.74	12.25
GlaxoSmithKline	UK, £	LSE	63.7	90.7	0.46	19.21	12.00	11.46	10.63	9.80
Merck KGaA	GER, €	Xetra	18.2	30.7	0.46	35.41	32.37	20.74	18.91	
Novartis	SWI, CHF	SIX	201.0	250.6	1.20	30.83	24.98	14.13	13.06	12.40
Novo Nordisk	DEN, DKK	OMX	792.4	796.5	0.89	23.61	23.69	22.77	20.40	18.50
Roche	SWI, CHF	SIX	266.3	272.8	0.85	20.10	18.73	15.52	14.52	13.40
Sanofi	FRA, €	Euronext	100.7	109.9	0.48	38.76	8.70	12.90	11.65	11.05
EU Average						27.99	22.35	16.25	14.86	13.03
Total Average						25.49	24.65	14.67	13.80	12.64
AstraZeneca	UK, £	LSE	95.5	164.5	0.42	98.29	24.78	19.65	15.44	

그림 7-8. 아스트라제네카의 비교기업과 PER 배수
(출처: 제이씨이너스의 아스트라제네카 가치평가 엑셀 템플릿)

16)   아스트라제네카 주가는 영국 파운드(£), 재무제표는 미국 달러($)로 표시되고 있다.

이번에는 상대가치평가법을 적용하기 위해 그림 7-8과 같이 12개의 비교기업을 선택했다. 모두 글로벌 제약사이자 아스트라제네카의 경쟁사로서 6곳은 미국에, 6곳은 유럽에 소재하고 있다. 아스트라제네카의 주가를 평가하기 위해 비교기업들의 2020년 평균 PER, PSR, PBR, EV/EBITDA, 그리고 EV/Sales 배수를 산출했다. 좀 더 유연한 배수를 얻고자 너무 높거나 낮은 배수를 가진 기업은 평균값에서 제거했다. 그렇게 계산된 배수는 각각 24.65, 4.02, 8.73, 13.57, 그리고 4.55이다. 주가배수를 사용할 때 아스트라제네카의 적정주가는 £47~74, 기업가치배수를 사용할 때 적정주가는 £63~65를 얻을 수 있었다.

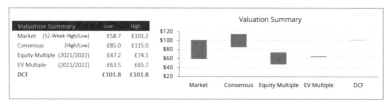

그림 7-9. 아스트라제네카의 주식가치 요약 정리
(출처: 제이씨이너스의 아스트라제네카 가치평가 엑셀 템플릿)

그림 7-9는 아스트라제네카의 시장가격과 지금까지 수행한 가치평가를 정리한 내역과 그 내역을 도식화한 Football-field 차트이다. 그림 7-9의 가치평가요약에서 첫 번째는 과거 52주간 주식가격^{price}이다. 과거 52주간 최저가는 £58.7, 최고가는 £101.2이다. 나머지 네 개는 추정가치^{value}이다. 그중 그 첫번째는 애널리스트의 컨센서스를 종합한 것으로 가장 낮은 추정치는 £85.0, 가장 높은 추정치는 £115.0이다. 나머지 세 개는 지금까지 위에서 설명한 현금흐름할인법과 상대가치평가법으로 얻은 가

치이다.

　상대가치평가의 경우 적정주가는 £47~74인데 반해, 현금흐름할인법의 경우에는 약 £100이다. 그것은 비교기업들의 시장배수가 낮아 아스트라제네카의 본질가치를 제대로 반영하지 못하고 있기 때문이다. 만약 투자자가 현금흐름할인법으로 얻은 적정가치에 무게를 둔다면 2021년 5월 현재 형성된 아스트라제네카의 주식가격은 약 £75~80이므로 현재 주가는 저평가되었다고 판단할 수 있다.

4. 적자기업 가치평가 - 미국 보잉 사례

● 적자기업의 특성과 가치평가 방법론

　적자기업은 어떠한 이유로 현재 손실을 겪고 있는 회사이다. 이것으로 먼저 알 수 있는 것은 이익이 마이너스(-)이므로 적자기업에는 상대가치평가의PER이나 EV/EBITDA와 같은 이익배수를 적용할 수 없다. 적자기업에 적합한 가치평가법을 선정하려면 먼저 적자의 이유 파악해야 한다. 적자에서 벗어날 수 있느냐, 없느냐에 따라 선택할 수 있는 방법론이 달라지기 때문이다. 적자의 유형은 크게 세 가지로 구분할 수 있다. 장기적 문제, 일시적 문제, 그리고 순환적cyclical 문제가 그것들이다. 하나씩 살펴보도록 하자.

　첫 번째는 유형은 장기적 문제이다. 기업이 속한 산업의 사양화, 채무에 대한 원리금 상환능력의 상실, 회복 불가능한 운영 리스크 등으로 인해 적자가 점점 악화되어 정상적으로 돌아올 수 없는 상황에 놓인 경우이다. 적자가 지속되고 회복이 불가능하다면 사실상 오늘의 순자산가치(= 자산의 시장가치 - 부채)가 가장 높을 수 있다. 더 이상 이익을 내지 못할 경우 지속적 경영은 현재 남아 있는 자산마저 모두 소모할 것이기 때문이다. 이런 경우 현금흐름할인이나 상대가치평가 모두 적용하기가 어렵다. 회사가 곧 청산할 것으로 가정된다면 순자산가치법을 적용하는 것이 옳다.

두 번째 유형은 일시적 문제이다. 가령 일회성 구조조정으로 인한 대량의 비경상적 비용 발생, 회복될 수 있을 만한 경영 실수, 어떤 이유로 주요고객의 일시적 이탈 등으로 회사가 잠시 적자를 겪는 경우들이다. 이런 문제들로부터 조만간 회복될 것으로 판단되면 회복시점 이후 정규화^{Normalised}된 재무지표를 추정해 상대가치평가를 적용할 수 있다. 또한 분석을 통해 회복되는 시나리오를 기반으로 잉여현금흐름을 추정해 현금흐름할인법을 적용할 수 있다.

세 번째는 경기순환적 문제이다. 경기의 순환적 변동, 코로나와 같은 팬데믹, 섹터 위험 등으로 당분간 적자가 지속되지만 언젠가 회복할 것으로 판단되는 경우들이다. 대개 이러한 이유들은 두 번째 일시적 문제의 경우보다 적자가 장기화될 가능성이 있어 가까운 미래의 재무지표를 활용한 상대가치평가 적합성이 모호해질 수 있다. 따라서 악화된 상황이 전환되는 속도와 시점, 그에 따른 기업의 회복 속도와 정도를 분석적으로 예측한 다음 그에 기반한 잉여현금흐름을 추정해 현금흐름할인법을 적용할 수 있다.

본 단원에서는 두 번째와 세 번째 이유로 적자를 겪는 회사에 대해 현금흐름할인으로 가치평가를 하는 방법론을 익혀 보도록 하자.

● **현금흐름할인법을 활용한 본질가치평가**

적자회사는 당분간 마이너스(-) 잉여현금흐름을 보일 확률이 크므로 적자에서 벗어나는 시점을 예측하고 그에 따른 현금흐름의 변동을 추정하는 것이 가장 중요하다.

$$\text{잉여현금흐름}^t = \text{영업이익}^t (1 - \text{법인세율}) +$$
$$\text{유·무형 감가상각비}^t - (\text{운전자본투자}^t + \text{자본적지출}^t)$$

먼저 영업이익 추정 시 적자를 일으킨 요인을 분석해 회복의 속도와 시점을 예측하고, 그에 따라 대상회사의 매출과 영업이익이 어떻게 변할 것인지 추정해야 한다. 당연히 적자에서 흑자로 돌아서게 될 것이므로 적자에서 벗어나게 되는 타당한 이유를 기반으로 시나리오가 마련되어야 한다. 이후 매출성장률이 경제성장률에 수렴하는 시점까지 장기간의 추정이 필요하다.

운전자본투자의 경우 당분간 매출액이 더 감소할 것으로 판단된다면 이론적으로 역성장할 것이며, 매출액 증가에 따라 서서히 투자분이 증가하게 될 것이다. 자본적지출의 경우 적자로 인한 자금난으로 인해 당분간 큰 자본적지출은 없을 확률이 높다. 또한 자금난에 부딪힌 경우라면 자금마련을 위해 보유 중인 유형자산을 처분할 가능성도 존재한다.

적자로 인해 재무건전성이 나빠졌다면 신용도 하락으로 이어져 부채비용이 높아졌을 가능성이 있다. 이로 인해 최근 주가 변동성까지 높아졌다면 베타$^\beta$가 증가해 자기자본비용도 높아졌을 수 있다. 따라서 현 시점의 자본구조는 최적의 자본구조$^{capital\ structure}$가 아니므로 시간이 지남에 따라 가중평균자본비용^{WACC}이 어떻게 변동할지 예측해야 한다. 회사가 정상적으로 회복되면 자본구조가 개선될 것이고, 신용도가 증가해 부채비용이 감소할 것이다. 또한 적자로 인한 주가변동으로 높아진 베타는 회사가 정상적으로 회복하면서 서서히 안정되어 갈 것을 반영함으로 자기자본비용이 감소될 것을 반영할 수도 있다.

● 사례분석: 미국 항공기 제조사 보잉

보잉은 항공기 제조로 많이 알려져 있지만, 군용기, 위성, 미사일 방어, 우주 비행 및 발사 시스템의 설계, 개발, 제조 및 판매 서비스를 포함하고 있다. 1916년에 설립되어 미국 시카고에 본사를 두고 있다. 보잉 사업은 크게 네 부문으로 구성되었다. 첫째, 상업용 여객기 부문으로 승객, 화물을 위한 상업용 항공기와 관련된 서비스를 제공한다. 둘째, 방위, 우주 및 보안 부문으로 유인 및 무인 군용 항공기와 무기 시스템 연구 및 개발과 관련되었다. 셋째, 글로벌 서비스 부문으로 유통, 물류 관리, 엔지니어링, 유지보수 등의 서비스를 제공한다. 마지막 캐피탈 부문은 운용 및 금융리스, 어음 및 기타 미수금, 매각 또는 재임대 등에 관한 금융서비스를 제공하고 있다.

보잉은 2020년 기준 적자기업으로 다음의 실적을 갖고 있다.

- 2015년부터 2018년까지 평균매출액이 $96b에서 2029년 $76b, 2019년 $58b으로 하락했다.
- 영업실적은 2017년 $10b, 2018년 $12b의 이익을 내며 최고치를 냈지만, 2019년 $2b의 적자로 돌아선 다음 2020년 $13b 손실을 기록하며 크게 떨어졌다.

보잉의 적자 이유는 크게 두 가지로 보인다. 하나는 팬데믹이 발생하기 전 2019년 실적 하락 원인은 일부 제품의 결함으로 인한 내부적 문제로 보인다. 이와 더불어 2020년에는 팬데믹이 발생해 신여객기 수요가 크게 떨어졌을 것으로 추정된다.

이 경우 현금흐름할인을 적용하기 위해 두 가지를 분석해야 한다. 보잉의 적자를 일으킨 문제가 미래에 해결될 수 있을 것인지, 다른 하나는 그렇게 될 경우 언제 해결되며 그에 따라 보잉 실적은 어떻게 변동될 것인가에 관한 것이다. 그림 7-5에서 제시한 매출과 실적은 2021년 5월 현재 미국을 비롯한 여러 선진국의 백신접종률 상승에 따른 여행수요에 대한 기대감을 반영해 추정한 예를 보여 준다. 2021년에 분위기가 전환될 것이지만 그 속도는 빠르지 않아 2024년에 정상 수준으로 돌아오는 것을 가정했다. 매출의 경우 2021년 $64b에서 서서히 증가해 2024년 $95b 수준으로 회복되며, 영업이익의 경우 2021년에도 적자가 지속되지만 서서히 감소해 2024년 흑자로 돌아서 약 $4b의 이익을 기록하는 것으로 가징했다.

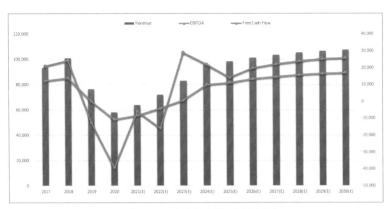

그림 7-10. 보잉의 추정매출과 추정이익
(출처: 제이씨이너스의 보잉 가치평가 엑셀 템플릿)

가중평균자본비용의 경우 2020년 보잉의 금융부채비율이 30%까지 증가해 과거 10%대 수준보다 매우 높은 편이다. 또한 신용도는 BBB-로 낮아진 상태이다. 이에 따라 실적이 성장하면서 서서히 부채비용이 감소하며, 5년 후 신용도 향상으로 부채비용이 줄어들 것을 가정했다. 이렇게 할 경우 세후 부채비용은 현재 4.74%에서 6년 후 4.27%로 낮아지고, 부채비중은 30% 수준에서 10년 후 10% 수준으로 14.9%로 감소한다. 자기자본비용의 경우 현재 베타가 1.63으로 다소 높아 자기자본비용이 꽤 높다. 이 또한 베타가 조금씩 안정되면서 10년 후에는 1로 수렴하는 것으로 가정했다. 이렇게 할 경우 자기자본비용은 현재 10.81%에서 서서히 감소해 2030년에는 7.28% 수준에 달하게 된다. 모든 것을 종합하면 가중평균자본비용은 현재 8.54%에서 10년 후 6.79%로 낮아진다.

2030년 이후 잉여현금흐름은 2%의 영속성장률에 따라 성장한다고 가정했다. 이 모든 것을 종합하면 보잉의 기업가치는 $136.5b에 달하고,

몸값 올리는 기업가치평가 실무

주식가치는 $98.5b에 달한다. 이를 발행주식수 583백만주로 나누면 주당가치가 약 $170가 된다.

그림 7-11. 보잉의 주식가치 요약 정리
(출처: 제이씨이너스의 보잉 가치평가 엑셀 템플릿)

그림 7-11의 가치평가요약$^{valuation\ summary}$에서 첫 번째는 과거 52주간 보잉의 주식가격^{price}이다. 과거 52주간 최저가는 $113.9, 최고가는 $278.6이다. 두 번째는 애널리스트의 컨센서스로 가장 낮은 추정치는 $165.0, 가장 높은 추정치는 $314.0이다. 세 번째는 위에서 설명한 현금흐름할인법을 적용해 산출한 보잉의 적정가치로 $170이다. 본 가치평가에 근거할 경우 2021년 5월 26일 기준 보잉의 종가는 $241이므로 현재 주가가 대략 30% 정도 고평가되었다고 판단할 수 있다.

PART 2

투자분석 편

투자분석으로의 접근

1. 투자분석의 목적

• 기업가치평가와 투자분석의 차이점

Part 2에서 다룰 주제는 기업의 투자분석이다. 투자분석과 기업가치평가는 방법론과 목적에서 일부 같지만 그 과정과 최종적인 결과물은 다르다.

기업가치평가 목적은 투자자산의 공정가치$^{fair\ value}$를 평가해 현재가격^{price}과 비교하여 그 가격에서 투자를 진행할지, 철회할지를 결정하기 위함이다. 이를 위해 적합한 가치평가 방법론을 선택한 다음 미래 수익을 추정해 적정가치를 추정해야 한다.

투자분석 역시 투자의사결정을 위함이다. 그러나 그 최종적인 결과물에는 기업가치평가 결과를 포함해 투자리스크에 따른 리스크 헷지 방안과 투자전략 기획까지 포함한다. 이러한 결과를 얻기 위해 사업을 분석하고, 그 사업에 영향을 끼칠 수 있는 모든 내부역량과 외부요인까지 면밀하게 분석해야 한다. 그 과정에서 투자자가 직면할 수 있는 리스크를 파악하고, 투자 후 해당리스크를 어떻게 헷지^{hedge}할 수 있는지 방법론을 강구해야 한다. 또한 투자자를 둘러싼 투자환경, 가령 투자금액과 투자 기간, 그리고 감수할 수 있는 손실까지 감안해 투자전략을 세워야 한다. 따라서 기업가치평가는 투자분석의 한 과정으로 생각할 수 있다.

	기업가치평가	투자분석
방법론	• 사업 분석 후 미래 수익 추정 • 현금흐름할인 또는 상대가치평가 활용 • 공정가치 추정	• 회사의 사업과 내부역량 분석 • 매출 증감에 영향을 끼칠 요인 분석 • 기업가치평가 • 투자 리스크 분석 • 투자유형에 따라 Value-up 전략 수립
목적	• 공정가치와 현재가격 비교 후 투자의사결정 • 기대수익률 추정 • 결과가 숫자로 정량적임	• 투자의사결정 • 리스크 헷지 방안 수립 • 투자전략 수립 • 결과가 정량적·정성적 모두 포함

그림 8-1. 기업가치평가와 투자분석의 차이

● **투자분석의 목적**

투자분석의 가장 큰 목적은 대상기업에 대한 투자의사결정을 하기 위함이다. 투자분석을 통해 대상기업이 고려하고 있는 투자대상인지 확인하고, 투자하기에 적합한지를 단계별로 확인하게 된다. Bottom-up방식으로 분석할 경우 먼저 매출을 구성하는 주요 비즈니스를 확인해야 한다. 비즈니스 종류가 두 개 이상일 경우 매출액을 차지하는 비중별로 분석하는 것이 좋다. 비즈니스 분석에서 가장 중요한 것은 제품 또는 서비스에 대한 명확한 이해이다. 회사의 핵심사업을 알아야 회사가 속한 산업군을 정확하게 파악할 수 있고, 그때 비로소 어떤 회사들이 대상기업의 경쟁사인지를 알 수 있다. 산업분석을 통해 시장의 크기와 성장률을 파악할 수 있고, 경쟁사들의 동향을 파악할 수 있다.

회사를 분석하고, 산업을 알게 되면 대상기업의 매출액 증감에 영향을 끼칠 만한 요인들을 확인하게 된다. 그러면 그 요인들의 변동에 따라 대상기업의 매출액 성장률을 추정하게 되며, 매출액을 추정하면 그 공정가치를 평가할 수 있다. 공정가치가 추정되면 현재 시장가격과 비교해 아래와 같이 기대수익률을 산출할 수 있다.

$$Y_{0-t} = V_t / P_0 - 1$$

Y_{0-t}: t기간 동안 기대수익률, V_t: t시점의 회수가격, P_0: 현재 매수가격

기업가치평가는 P_0, 즉 현재 시장가격을 판단하기 위함이다. V_0을 공정가치라 할 경우 이론적으로 V_0이 P_0보다 높을 때 매수하고, V_0이 P_0보다 낮으면 투자를 보류하게 된다. V_0이 P_0보다 높다고 판단해 대상자산을 투자하기로 결정한 경우 투자기간 t와 예상회수가격 V_t까지 결정해야 한다. 투자기간과 예상회수가격을 결정해야 기대수익률을 결정할 수 있고, 그에 따라 투자전략을 수립할 수 있다. 투자에 따라 V_t에 영향력을 끼칠 수 있는 투자와 없는 투자가 있다. 예를 들어 기관투자자나 개인투자자가 주식시장에서 상장사의 주식 일부를 매수한 경우 그 기업가치 향상에 끼칠 수 있는 영향력은 미미하다. 반면 사모펀드가 기업의 경영권을 인수한 경우 기업가치 제고전략에 따라 V_t를 높일 수도 있다. 또한 벤처캐피탈의 경우 벤처캐피탈리스트가 투자한 벤처기업의 경영진에게

여러 조언^{advice}과 네트워킹을 제공함으로 그 기업가치를 향상시킬 수 있다. 투자분석은 투자전략 수립을 위한 필수 과정이며, 투자 종류에 따라 수립해야 할 투자전략이 달라질 수 있다.

투자분석은 투자리스크 분석까지 포함한다. 투자위험은 크게 세 가지 영역으로 구분할 수 있을 것이다. 첫째는 투자대상인 해당 기업 본연의 내부위험이며, 둘째는 그 기업이 속한 산업과 이를 규제하는 당국의 통제와 결정에 해당되는 외부위험이다. 마지막으로 투자자산이 거래되고 있는 금융시장에 속한 금융위험이다. 투자분석을 통해 투자에 따른 내부위험, 외부위험, 그리고 금융위험(또는 거래위험)이 파악되면 그 위험을 회피하기 위한 전략^{hedge}을 수립해야 한다. 또한 위험의 정도에 따라 감수해야 할 예상손실률까지 추정할 수 있을 것이다.

이렇게 투자분석은 투자의사결정뿐 아니라 투자전략, 그리고 투자위험에 대한 헷지전략까지 포함하게 된다. 따라서 기업가치평가는 투자분석의 한 과정일 뿐, 투자의사결정을 위한 모든 것이 될 수 없다. 기업가치평가를 통해 공정가치가 현재가격보다 높게 판단되더라도 투자의사를 철회해야 하는 경우가 발생될 수 있다. 기대수익률은 높지만 회피할 수 없는 치명적인 투자위험이 존재할 경우, 또는 투자자에게 허락된 투자기간보다 훨씬 더 오래 걸릴 것으로 판단되는 경우 등이 그러한 예가 될 수 있다.

몸값 올리는 기업가치평가 실무

2. 벤처·성장·성숙·쇠퇴기업의 투자포인트

● 매출 성장률에 따른 기업의 분류

기업분석은 기업 유형에 따라 분석 방법론과 투자포인트가 달라질 수 있다. 그림 8-2는 기업 유형을 매출액 성장률에 따라 네 가지 유형으로 나눈 것이다. 그림에서 첫 번째 구간introduction에 해당되는 기업을 벤처기업, 두 번째growth를 성장기업, 세 번째maturity를 성숙기업, 마지막 네 번째decline를 쇠퇴기업이라고 하자.

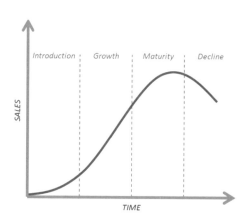

그림 8-2. 매출 성장률에 따른 기업 분류

벤처기업은 신생기업start-up으로 유망한 아이디어를 갖고 사업을 시작한지 오래되지 않은 기업이다. 벤처기업은 다시 제품의 개발 단계에 따라 크게 세 단계로 나눌 수 있다. 첫 번째는 아이디어 단계이다. 경제적 가치가 있을 것으로 판단되는 제품에 대한 아이디를 갖고, 시장이 그 제품을 원하는지, 그리고 제품으로서의 실현이 가능한지 증명하는 단계이다. 두 번째는 상업화 단계이다. 첫 단계를 넘었다면 실제 제품으로 구현한 다음 검증을 받아야 한다. 보통 기업 내부적으로 검증하는 것을 α 테스트, 샘플고객을 대상으로 검증하는 것을 β 테스트라고 한다. 세 번째는 확장$^{scale-up}$단계이다. 제품의 β 테스트가 완료되면 이제 고객확보를 위해 마케팅에 전념하면서 매출액 상승을 견인해야 한다. 대개 확장단계 전까지 매출액이 없거나 미미하며, 확장단계에 이르러 매출액이 형성되지만 이익률이 매우 낮거나 적자를 기록할 확률이 높다. 벤처기업의 조달자금 소요목적은 주로 운영, R&D, 그리고 마케팅을 위한 것이다.

성장기업은 시장에서 제품을 인지하고 받아들이기 시작한 상태로 마케팅을 통해 점유율을 높여 가는 단계에 있다. 따라서 매출과 이익이 성장하지만 적자에서 벗어나지 못했을 수도 있다. 마케팅을 포함한 판관비가 높아 안정된 원가율에 도달하지 못했기 때문이다. 기업에 따라 성장단계에서 제품의 포트폴리오를 다변화할 수도 있고, 다른 기업을 인수해 사업 다각화를 이룰 수도 있다. 또한 요건에 부합하면 기업공개^{IPO}로 자본시장에 진입해 자기자본을 조달할 수도 있다. 성장기업은 일반적으로 매출액 상승률이 높기 때문에 운전자본, 마케팅, 생산설비 증축을 위한 자금이 필요할 가능성이 높다.

성숙기업은 매출액이 일정한 상태까지 성장해 안정적인 영업이익을 형성하는 단계에 도달한 기업이다. 성숙기업의 매출액 성장률은 대개 경제성장률과 비슷한 수준으로 수렴하게 된다. 내부에 쌓인 이익으로 신제품 개발을 위한 R&D나 다른 기업을 인수해 기존 사업 강화 또는 사업의 다각화를 마련할 수도 있다. 생산설비 가동률이 높을 경우 새로운 설비투자^{CapEx}로 그 생산량을 높일 수도 있고, 규모의 경제를 갖춰 나감에 따라 원가율을 더욱 낮출 여력도 가질 수 있다. 성숙기업은 안정된 재무건전성으로 양호한 신용등급을 얻을 수 있고, 그에 따라 필요한 경우 자기자본보다 타인자본을 조달을 선호할 수 있다. 성숙기업이 자금을 필요로 하는 경우는 주로 고정자산투자^{CapEx}나 타 기업 인수와 같이 사업 포트폴리오 강화나 다각화를 위한 것일 수 있다.

쇠퇴기업은 시장의 선호도나 기술이 바뀌면서 기존제품에 대한 수요가 감소되는 단계에 놓인 기업이다. 매출액은 전년도에 비해 감소할 수 있고, 매출액은 유지되지만 마진율을 낮춤으로 인해 이익률이 낮아질 가능성이 높다. 이에 따라 어떤 경우 만성적인 적자의 늪에서 헤어나기 어려운 상태에 놓일 수도 있다. 쇠퇴기업과 적자기업은 같은 의미가 아니다. 쇠퇴기업은 시장이 변해 매출과 이익이 감소되는 경우에 높인 기업이지만, 적자기업은 시장의 변화뿐 아니라 잘못된 경영이나 경기변동으로 인해 적자를 기록하는 기업이다. 따라서 쇠퇴기업이 적자기업에 속할 수 있지만 모든 적자기업이 쇠퇴기업은 아니다. 쇠퇴기업은 변화하는 시장에서 살아남기 위해 차세대 제품을 준비하거나 다른 기업을 인수해 사업구조를 바꿔야 할 수 있다. 따라서 쇠퇴기업이 자금이 필요한 경우는 사업재편을 위한 자금, 또는 자금경색으로 인한 운전자금 등이 될 수 있다.

• 기업 유형에 따른 투자포인트

자기자본비용을 구하기 위해 실무에서 가장 많이 사용하는 CAPM(자본자산가격결정모델)의 주요 가정 중 하나는 모든 투자자가 동일한 투자정보를 갖는다는 것이다. 그러나 이 가정은 현실과 가장 동떨어진 가정이다. 투자자가 수집할 수 있는 정보는 비용과 환경에 따라 달라지며, 그에 따라 분석 수준과 투자수익률이 달라질 수 있다.

그림 8-3은 위에서 언급한 네 가지 유형의 기업을 분석하기 위해 필요한 정보와 각 유형에 따라 투자포인트가 무엇인지 정리한 내역이다. 투자자를 개인투자자와 기관투자자로 구분할 경우 일반적으로 기관투자자가 취득할 수 있는 투자정보가 더 많다. 블룸버그나 로이터, 또는 리서치나 통계자료와 같은 값비싼 고급정보를 취득할 수 있기 때문이다. 또한 경우에 따라 기업을 방문해 관련자로부터 투자분석을 위한 내부정보를 얻을 수 있다.

각 기업별로 투자분석을 위해 접근할 수 있는 정보와 투자포인트를 살펴보자.

항목	투자분석을 위한 정보 접근	투자포인트
벤처 기업	분석자료Dataroom 요청 (벤처캐피탈 또는 엔젤투자자의 경우) 역사적 데이터 부족으로 많은 부분 평가자의 정성적 판단을 필요로 함	기술에 대한 니즈(시장성)와 기술 수준 마케팅 능력 핵심경영진의 경영관리 능력
성장 기업	외부용 자료 (감사보고서 또는 뉴스) 발생 시작 IPO할 경우 공시자료 형성돼 활용 가능 분석자료Dataroom 요청 (기관투자자)	마케팅 능력과 매출처 다변화 가능성 매출액 성장률과 성장률 속도 적자일 경우 흑자로의 전환 가능성과 시점
성숙 기업	외부용 자료와 감사보고서 활용 가능 상장기업인 경우 공시자료 활용 분석자료(Dataroom) 요청 (기관투자자)	사업의 지속 가능성과 생명주기 분석 매출액 증대를 위한 사업다각화 활동 (연구개발, 자본적지출 효율성, M&A 등)

		쇠퇴 이유 파악 (사양화, 경기순환적, 내부적)
쇠퇴 기업		쇠퇴한 이유에 따라 회생 가능성 측정 회생에 필요한 요소 파악

그림 8-3. 기업 유형별 정보 접근성과 투자포인트

벤처기업

벤처기업의 경우 기업분석을 위해 접근할 수 있는 정보는 네 유형의 기업 중 가장 제한적이다. 개인투자자들이 볼 수 있는 공시자료가 존재하지 않는다. 따라서 벤처캐피탈이나 엔젤투자자가 기업을 방문해 분석에 필요한 정보를 요구해야 한다. 이러한 경로로 정보를 취득했다 할지라도 역사적 데이터가 많지 않기 때문에 평가자는 취득한 정보 이외의 부문에서 별도의 자료 섭렵과 분석을 실행할 필요가 있다.

벤처기업 투자포인트 중 가장 중요한 것은 보유한 기술의 시장성이다. 기술 자체가 아니라 기술의 시장성이라고 언급한 이유는 기술이 아무리 빼어나도 수요자들이 그것으로부터 얻을 수 있는 가치가 없다면 시장성은 존재하지 않기 때문이다. 일부 벤처기업 창업자들은 종종 이 과정을 간과한 채 투자자에게 기술력만 어필하는 경우가 많다. 그러나 그것보다 중요한 것은 '해당 기술에 대한 고객층이 존재하며, 잠재적 소비자들이 그것으로부터 얻을 수 있는 가치가 있는가'이다. 이것이 전제될 때 회사가 고객확보를 할 수 있는 마케팅 능력을 보유했는지, 그리고 핵심 경영진들이 기술, 조직, 거래처, 자금수지 등을 효율적으로 관리할 수 있는지 그 경영능력을 파악해야 한다. 이러한 투자포인트는 자료가 아닌 인터뷰 등을 통해 얻을 수 있는 정성적 부문에 해당된다.

성장기업

성장기업은 매출액이 경제성장률보다 높은 비율로 성장하는 기업으로 시장에서 조금씩 인지도를 높여 가고 있는 중이다. 이에 따라 뉴스가 생성될 수 있고, 어떤 경우 감사보고서와 같은 자료를 공시할 수도 있다. IPO를 앞두고 있다면 코스닥 등록 전 투자설명서를 공시하게 된다. 그러나 아직 충분한 외부자료가 형성되지 않아 여전히 개인투자자들에게는 접근이 어려운 기업들이 많다. 그로스캐피탈growth capital과 같은 경우 전환사채나 전환우선주와 같은 하이브리드증권으로 투자하기 위해 기업에 방문해 자료를 요청할 수 있다.

벤처기업과 달리 이미 기술의 시장성이 검증된 상태이므로 투자자는 기업이 매출처를 더 확보해 앞으로 시장점유율을 더욱 높여 갈 수 있는지 분석해야 한다. 그에 따라 매출액 성장률을 가늠해 현재가치와 회수시점의 미래가치를 비교해 봐야 한다. 성장기업의 경우 매출액은 성장하지만 아직 적자에서 벗어나지 못했을 수도 있다. 이런 경우 현재 원가분석과 향후 원가관리를 면밀하게 분석해 흑자로의 전환가능성과 그 시점을 추정해야 한다. 또한 기술이 급격히 변하는 섹터에 속한 기업일 경우 연구개발의 정도와 제품 포트폴리오의 다변화 능력, 그리고 시장의 흐름을 제대로 파악하고 있는지 분석할 필요가 있다.

성숙기업

성숙기업은 이제 개인투자자들도 투자를 위해 접근할 수 있는 정보를 제법 갖추게 된다. 감사보고서 활용이 가능하며, 상장기업인 경우 사업보고서와 뉴스, 그리고 회원으로 가입한 증권사가 발행하는 리서치리포트를 읽어 볼 수 있다. 투자분석을 하기에 네 기업의 유형 중 가장 편한 유형이 될 수 있다. 증권사의 애널리스트와 같은 경우 IR담당자들을 만나 최근 회사의 뉴스와 가까운 분기의 추정손익에 관한 정보를 얻을 수 있다.

성숙기업의 투자포인트는 해당사업의 생명주기를 파악하는 것이다. 소비자들의 선호도와 기술이 급속히 변하는 시대에 대상기업의 사업은 지속가능한지, 또한 그러한 환경에서 어떻게 대응하고 있는지 분석해야 한다. 성장기업의 경우 꾸준한 현금흐름을 창출하므로 향후 먹거리의 다양화와 매출 증대를 위해 효율적 투자를 진행할 수 있어야 한다. 투자는 크게 세 부분으로 볼 수 있다. 신제품개발이나 원가절감을 위해 어떻게 연구개발에 투자하고 있고, 과거 연구실적과 효율성은 어떤지, 그리고 현재 진행 중인 연구개발은 무엇인지 분석해야 한다. 진행 중인 자본적지출이 있다면 미래 매출액으로 어떻게 연결될 수 있는지, 사업의 다각화를 위해 능동적이고 전략적인 기업인수합병을 병행하고 있는지 살펴봐야 한다.

쇠퇴기업

쇠퇴기업은 성숙단계에 있다가 기술과 선호도가 바뀌면서 매출액이 감소하기 시작하며, 상황이 악화되면 적자까지 발생할 수 있는 기업이다. 분석할 수 있는 공시자료 등을 취득할 수 있을지라도 본 부문에 특화된 전문투자자가 아니면 쇠퇴기업은 투자하기 어려운 대상이 될 수 있다. 리스크가 상당하기 때문에 벤처기업과 같이 고위험·고수익률에 해당되는 투자대상이다. 최근 상황으로 주가는 상당히 낮아졌을 테지만 회생할 경우 주가는 다시 상승하게 될 것이다.

쇠퇴기업의 가장 중요한 투자포인트는 매출의 턴어라운드, 즉 회생 가능성이다. 이를 위해 매출액이 감소한 사유를 밝혀내야 한다. 매출액이 감소한 사유가 파악되면 회생 가능성 여부를 분석할 수 있고, 회생이 가능할 것이라고 판단될 경우 어떻게 회생할 수 있는지 방법론을 세울 수 있다. 이렇게 구조조정이 필요한 기업에 전문적으로 투자하는 펀드를 구조조정펀드 또는 Distressed Fund라고 한다. 본 펀드전문가들은 투자 전 사업의 모든 부문을 실사하고, 회생가능성과 회생에 필요한 요인들을 찾아낸다. 그리고 투자 후 3개월간의 자금수지를 예측하고, 수행할 구조조정과 자본재구성을 기획한다. 투자 후 기획한 모든 전략들의 효과가 발생해 기업이 회생하게 될 경우 투자자는 고수익을 얻을 수 있다.

3. 투자분석 절차

● 투자은행 애널리스트들의 기업분석

그림 8-4는 글로벌 투자은행 네 곳이 테슬라와 애플의 주식투자 의견에 대해 작성한 리서치리포트이다. 투자분석 전문가들은 어떠한 흐름을 따라 투자의견을 결정하고 어필하는지 살펴보고자 샘플을 선정한 다음 그 내역을 살펴보았다.

테슬라	J사 리포트 (2020.10.22)	B사 리포트 (2020.10.02)
투자 논지	매력적인 제품과 및 첨단기술 다른 자동차회사 대비 비용부담 낮음 기름값 상승과 환경정책 모델3의 확장성 상하이와 유럽 공장 증설 계획	3분기 자동차 모델별 판매량 분석 각 공장 가동률 아직 낮음 (생산 여력) 향후 신규라인과 생산 위해 자금조달 경쟁사들의 지속적인 disruptive 유지 가능이 의문
F/S 추정	향후 3개년도 추정	향후 5개년도 추정
가치평가	현금흐름할인과 상대가치평가	먼 미래의 수익 지표로 상대가치평가
투자 리스크	다른 경쟁사들의 약진 예상	아직까지 전기차 수요는 낮음 향후 저금리 자금조달 가능에 의문 베터리 기술 미약, 경영력 부실
애플	**O사 리포트 (2020.10.30)**	**R사 리포트 (2020.10.29)**
투자 논지	하드웨어·소프트웨어 강화로 경쟁력 액세서리에 대한 증분 예상 장기적으로 애플생태계가 구축되 어 가치가 더할 것으로 보임	아이폰 성능에 대해 부정적 견해 9월 중순 판매 저조 12모델 출시가 매끄럽지 못함 제품포트폴리오 다변화로 성장 기대
F/S 추정	향후 2개년도 추정	향후 2개년도 추정
가치평가	상대가치평가 PER 적용	상대가치평가 PER 적용
투자 리스크	Covid 후폭풍이 예상보다 강함 공급망 중단 중미 갈등 심화로 중국시장 어려움	5G에 대한 제한적 수요 높지 않음 중국의 규제 애플TV 수요 제한

그림 8-4. 투자은행 애널리스트들의 투자분석 요약

먼저 네 리포트의 공통점은 마지막 부문에서 각자의 분석에 근거해 향후 2~5개년까지 재무제표를 추정한 다음 가치평가를 수행한다는 것이다. 그리고 투자자들이 인지해야 할 투자리스크를 정리한다. 특히 손익계산서에서 매출을 추정할 때 매출액을 제품별 또는 지역별로 세분화해 추정한다. 가장 주목할 점은 모든 애널리스트들이 매출액을 구성하고 있는 각 회사의 제품들을 모델별로, 제품이 많을 경우 섹터별로 매우 깊게 알고 있다는 것이다. 투자논지에서 각 제품의 판매에 영향을 미칠 만한 모든 환경요인을 분석한 후 매출액을 추정한다. 만약 매출액에 변동을 줄 만한 이벤트가 생기면 그때마다 이벤트에 따른 매출액 추정을 변경하고, 목표주가를 조정한다. 따라서 투자분석의 첫 번째 스텝은 대상 기업의 제품 또는 서비스에 대한 깊이 있는 이해에서부터 시작한다는 것을 그림 8-4를 통해 알 수 있다.

● **투자분석 절차**

투자분석에서 가장 중요한 것은 향후 매출액의 성장방향을 예측하는 것이다. 만약 우리가 향후 매출액이 증가할 것인지 아니면 감소할 것인지에 대해 그 방향과 크기만 잘 예측할 수 있다면 꽤 뛰어난 투자자가 될 수 있을 것이다. 가치평가가 아무리 뛰어나도 매출액 추정이 잘못되면 그 결과는 신뢰할 수 없고, 그에 따른 투자의사결정은 잘못된 판단에 이르게 된다. 매출추정이 그만큼 중요하다는 것이다. 따라서 투자분석의 초점은 향후 매출액의 향방과 그 정도, 즉 성장률에 초점을 둬야 한다.

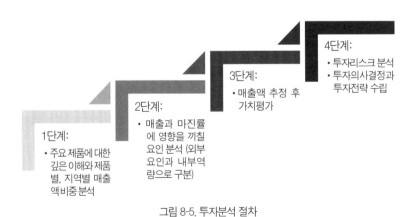

그림 8-5. 투자분석 절차

몸값 올리는 기업가치평가 실무

그림 8-5는 네 단계로 구성된 투자분석 절차를 보여 준다. 언급한 것처럼 투자분석은 Step 3의 미래 매출액 추정에 초점을 둬야 하며, 그렇다면 이를 위해 앞서 무엇을 해야 하며, 매출액이 추정되면 그다음 무엇을 해야 하는가를 생각해야 한다.

1단계: 제품 또는 서비스 분석

미래 매출액의 성장방향을 알기 위해 우리는 먼저 회사의 제품 또는 서비스를 깊이 있게 이해해야 한다. 제품과 서비스를 제대로 알지 못하면 대상기업의 매출액 성분을 알 수 없고 향후 매출액 추정에 대한 논지를 설립할 수 없다. 제품과 서비스를 이해한다는 것은 그 고객이 누구인지, 고객들은 그 제품으로부터 어떠한 가치를 얻는지 파악하는 것을 포함한다. 고객을 알아야 시장을 알 수 있고, 시장을 알아야 매출액 성장방향을 알 수 있다. 매출액 추정의 논리가 빈약하면 가치평가의 근거가 흐트러지며 잘못된 방향으로 투자의사를 결정할 수도 있다. 제품이나 서비스를 명확하게 이해해야 시장을 이해할 수 있고, 시장 내 경쟁사를 정확하게 파악할 수 있으며, 그에 따라 투자포인트와 리스크를 이해할 수 있다.

제품을 이해한 다음 회사 전체 매출액을 제품별·지역별(또는 거래처별)로 분해해 그 구성비중을 파악해야 한다. 매출액 구성비중을 알아야 하는 이유는 보다 올바른 매출액 추정을 위해서다. 회사의 주요 제품과 주요 매출처를 알아야 분석타깃을 제대로 이해할 수 있고, 이로 인해 보다 논리적인 추정이 가능하다. 기업의 제품이나 사업 포트폴리오가 복잡할 경우 매출액 구성비중을 먼저 파악한 후 비중이 높은 제품을 순서대로 이해하는 것이 효율적일 것이다. 또한 가능하다면 과거 오랜 기간의 매출액 구성비중을 비교하는 것이 좋다. 성숙기업의 경우 과거 추세분석만으로 향후 대략적인 매출액 향방을 가늠할 수도 있기 때문이다.

2단계: 매출과 마진율 증감요인 분석

1단계가 완료되면 이제 회사의 매출액과 마진율에 영향을 줄 것으로 판단되는 요인들을 확인하고 분석해야 한다. 확인한다는 것은 어떤 요인들이 있는지 알아낸다는 것이며, 분석한다는 것은 그 요인들이 매출에 어떤 영향을 끼치게 될 것인가 헤아려 본다는 것이다. 매출과 마진율 증감요인은 크게 두 영역에서 확인할 수 있다. 하나는 기업 내부역량이며, 하나는 기업 외부환경, 즉 시장이다. 기업이 아무리 뛰어난 내부역량을 가졌을지라도, 외부환경이 우호적이지 못하면 매출창출이 어려울 수 있다. 반대로 아무리 외부환경이 우호적일지라도 기업이 이에 응하고 경쟁사를 앞서 나갈 역량이 부족하면 시장에서 살아남을 수 없다.

외부환경은 또한 시장과 경쟁사, 그리고 관련규제로 구분할 수 있다. 먼저 해당 시장의 규모를 파악하고, 시간이 흐름에 따라 시장이 커지는지 감소하는지, 그 증감속도는 어떨 것인지 예측해야 한다. 또한 진입장벽은 어떤지, 대상기업의 제품을 대체할 수 있는 경쟁력 있는 경쟁사들은 누구인지, 그들의 움직임은 어떤지 확인해야 한다. 시간이 지남에 따라 커지는 시장일지라도 경쟁사가 쉽게 진입하면 출혈경쟁으로 마진율이 약해질 수 있고, 기업당 점유시장의 크기가 작아질 수 있다. 또한 시장에서 당국의 규제가 제품의 매출에 어떤 영향을 미치는지, 그 규제는 미래에 어떤 방향으로 흘러갈지 조사하고 분석해야 한다. 예를 들어 제약사업이나 에너지사업은 당국의 승인이나 정부의 규제가 매출에 직접적인 영향을 끼치므로 제품이나 서비스를 둘러싼 인허가 요인을 절대 무시할 수 없다.

3단계: 기업가치평가

1단계와 2단계에서 정성적인 분석이 주를 이룬다면, 3단계의 가치평가는 정량적 부분이 주를 이룬다. 또한 이 부분에 대해선 Part 1의 기업가치평가에서 심도 있게 다뤘다. 3단계에서 중요한 것은 가치평가와 리스크분석이다. 가치평가는 회사의 매출액 구성을 분해한 후 매출액 증감에 영향을 끼칠 만한 요인들과 그 움직임을 파악해 매출액을 추정하는 것으로부터 시작된다. 그리고 투자목적이나 기업상황에 따라 현금흐름할인이나 시장가치평가, 또는 두 방법론 모두 적용해 기업가치나 주식가치를 추정하면 된다.

4단계: 리스크분석과 투자전략 수립

리스크 분석은 2단계 매출과 마진율 증감요인을 찾아내는 방법론과 유사하다. 실적 증감요인 중 매출액이나 마진율을 감소시킬 만한 요인을 파악해 그 리스크가 가치평가와 투자에 어떤 영향을 미칠지 예측해야 한다. 해당 요인이 변함에 따라 실적 변동의 크기를 측정하는 것을 스트레스분석^{stress analysis}이라고 한다. 사모펀드의 경우 실사 중 리스크 요인을 찾아 가치평가 시 스트레스분석을 실시하고 그에 따라 투자수익률에 미치는 영향을 파악한다. 만약 해당 리스크가 투자수익률에 너무 큰 부정적 영향을 미칠 것으로 판단되고, 그 리스크를 헷지^{hedge}할 수 없을 것으로 판단될 경우 투자의사를 철회하는 것이 현명하다.

　리스크 분석에서 한 가지 더 추가할 부문은 해당증권 거래와 관련된 리스크이다. 이것은 기업의 내부역량이나 외부요인과 상관없이 해당 증권의 거래시장에서 발생할 수 있는 요인이다. 예를 들어 비상장기업의 주식 같은 경우 장외에서 거래되므로 비유동성이 큰 리스크가 될 수 있다. 상장기업의 주식인 경우 기관투자자들이 해당주식을 공매도로 빈번하게 거래한다면 펀더멘털과 상관없이 주가가 하락할 수 있다. 따라서 리스크는 매출과 실적에 영향을 줄 수 있는 기업의 내부요인과 외부요인 두 가지와 거기에 해당 주식의 거래에 영향을 끼칠 금융시장요인(또는 거래요인)까지 세 가지를 분석해야 한다.

　리스크분석까지 완료하면 이제 투자의사를 결정하고 투자전략을 수립해야 한다. 투자의사결정은 투자의 진행여부를 결정하는 것이다. 기관투자자의 경우 대개 투자위원회에서 협의를 통해 투자의사를 결정한다. 투자위원회는 대개-결정권이 높은 담당 임원들과 투자부서, 리스크팀, 그리고 컴플라이언스팀 등으로 구성될 수 있다. 대상자산을 분석한 담당자는 투자보고서를 작성해 이들에게 배포한 후 프리젠테이션을 진행할 것이며, 투자위원회가 설득될 경우 투자를 집행하게 될 것이다. 투자전략이란 투자금액과 투자기간, 그리고 리스크 헷지^{hedge} 방안까지 수립하는 것을 말한다. 투자자가 처한 환경에 따라 투자금액과 투자기간은 달라질 수 있으며, 투자기간은 목표수익률과 함께 생각해야 할 사안이다. 투자전략에 상세한 방법론은 다음 Chapter에서 사례를 분석하면서 자세히 알아보도록 하자.

기업분석 실무

1. 제품의 이해와 매출 구성 분석

매출액을 추정하기 위해 가장 먼저 해야 할 것은 대상회사의 제품을 깊이 있게 분석하는 것이다. 분석한다는 것은 그림 9-1과 같다. 먼저 매출액을 구성하는 주요 제품이 무엇인지 이해하고, 제품을 사용하는 고객을 명확히 정의하는 것이다. 그런 다음 고객이 제품으로부터 얻을 수 있는 가치를 파악하고, 매출액 구성을 제품별로 구분하는 것이다. 이것에 대해 좀 더 상세하게 짚어 보도록 하자.

그림 9-1. 제품 분석 절차

• 제품 분석

 분석하는 기업의 제품이나 서비스를 제대로 알지 못하면 대상기업의 매출액 추정과 원가 분석을 제대로 수행할 수 없다. 제품을 제대로 알아야 제품이 만들어지고 판매되는 과정, 그에 따른 산업의 진입장벽 수준, 그리고 매출 성장에 필요한 재투자 성격과 포트폴리오 다변화를 위한 투자비용의 종류를 이해할 수 있다. 제품 분석은 다음과 같이 여러 측면에서 제품을 이해하는 것으로 시작된다.

- 제품의 사용과 기능
- 제품의 개발 과정, 제조 단계, 그리고 원가의 구성
- 개발 중인 신제품과 개발 단계

 접근할 수 있는 정보 수준에 따라 분석의 질은 달라질 테지만 기본적으로 위 사항 중 첫 번째 항목과 같이 제품 자체를 잘 이해하면 다른 항목들은 어느 정도의 짐작이 가능하다. 제품을 이해한 후 제품이 어떻게 개발되고 제조되는가를 알아야 원가를 분석하거나 추정할 수 있다. 또한 자료가 허락된다면 개발 중인 신제품은 무엇이며, 어느 단계까지 왔는지 파악해야 한다. 신제품 론칭으로 인한 제품 포트폴리오의 다변화는 매출에 긍정적인 영향을 끼치기 때문이다.

• 소비자 분석

 제품을 이해했다면 이제 소비자를 분석해야 한다. 소비자를 알아야

시장을 알 수 있고, 시장을 알아야 매출액의 성장 방향을 가늠할 수 있다. 소비자 분석은 다음 항목들을 조사함으로써 이뤄질 수 있다.

- 제품의 주요 고객
- 제품으로부터 소비자가 얻는 가치
- 제품이 소비자에게 도착하는 경로 (유통 채널)
- 소비자의 제품에 대한 인지 또는 평가

제품의 주요 고객에 따라 매출의 추정 방법은 다를 수 있다. 예를 들어 B2B나 B2G 형태의 제품인 경우 고객 주문을 토대로 매출액 추정이 가능할 것이며, B2C의 경우 소비자에게 접근하는 유통 채널의 형태가 중요하게 될 것이다. 아직 매출이 없거나 미미한 벤처기업이라면 소비자가 제품으로부터 얻는 가치를 분석해 제품의 수요를 예측해야 한다. 이미 매출이 형성된 기업은 소비자가 그 제품으로부터 가치를 얻고 있다는 것을 이미 증명한 셈이 된다.

레퍼런스체크는 투자에서 매우 중요한 작업이다. 기업이 제공하는 정보만으로 기업을 분석하면 기업이 유도하는 방향으로 편견[vias]을 가질 수도 있다. 레퍼런스 체크는 이러한 편견을 깨뜨리는 매우 중요한 절차이다. 기업분석에서 레퍼런스 체크란 제 3자가 대상기업의 제품을 어떻게 인지하고 있는지 확인하는 것이다. 충분한 인원 수로 구성된 샘플소비자로부터 대상기업의 제품에 대한 인지와 평가를 확인한다면 제품을 객관적으로 평가하는 데 상당한 도움이 된다.

● 매출액 분석

제품과 소비자를 이해했다면 이제 매출액의 구성비중을 파악해 봐야 한다. 매출액은 제품별, 지역별, 또는 고객별로 분해할 수 있다. 매출액 구성비중을 알아야 어떤 제품이 매출에 중요한 비중을 차지하는지 알 수 있고, 매출을 지역별로 또는 고객별로 구분할 때 중요한 분석타깃을 지정할 수 있다. 증권사의 리서치리포트에서 매출추정은 대개 제품별(또는 사업별) 또는 지역별로 세분화해서 추정한다. 그리고 각 단위별 매출에 영향을 끼치는 요인들을 파악해 매출액을 추정한다. 기업 규모가 커서 여러 사업이나 제품으로 사업을 이룬 경우 매출액 구성비중을 먼저 파악한 다음 비중이 높은 부문부터 분석하는 것이 효율적이다. 성숙기업의 경우 매출액 구성을 오랜 시계열로 보게 되면 향후 매출액 성장 방향을 추정하는 것이 어느 정도 가능해질 수도 있다.

● 사례 연습: 아스트라제네카의 매출 구성 분석

Part 1에서 자주 살펴봤던 글로벌 제약사 아스트라제네카(이하 '아스트라')를 샘플로 앞에서 언급한 세 단계에 따라 아스트라의 제품을 이해하고 매출액을 분석해 보도록 하자.

Step 1: 아스트라제네카의 제품 분석

아스트라는 시총 160조 원이 넘는 대기업으로 제품 포트폴리오가 방대해 사실상 모든 제품을 이해하는 것은 불가능하다. 이런 경우 아스트라의 사업을 분야별로 구분하고, 각 분야에서 가장 중요하거나 매출에

몸값 올리는 기업가치평가 실무

서 큰 비중을 차지하는 순서대로 제품을 이해하는 것이 효율적이다.

아스트라는 글로벌 바이오 제약회사로서 질병 치료를 위한 의약품을 개발해 상업화하고 있다. 주요 분야는 크게 세 분야로 종양학^{Oncology}, 심혈관과 신장 및 대사^{CVRM}, 그리고 호흡기^{Respiratory}와 면역학^{Immunology}이다. 그 외 공동연구를 통해 다른 분야에서 사용될 수 있는 의약품도 개발하고 있다. 국내에서 많이 알려진 옥스포드대학교와 공동연구로 개발한 코로나 백신도 그중의 하나이다. 그림 9-2는 아스트라의 분야별 주요 제품과 그 기능을 간단하게 정리한 내역이다.

분야	설명	주요제품
종양학	암치료를 위한 의약품	Tagrisso (전이성 비소 폐암 처방약), Imfinzi (요로암 처방약), Lynparza (난소암, 췌장암 치료제) 외
CVRM	심혈관 질환, 신장 질환, 대사 질환을 위한 의약품	Farxiga (2형 당뇨병 치료제), Brilinta (심장마비 같은 혈전증 예방 약물) 외
호흡기	천식 및 만성 폐쇄성 폐 질환을 위한 의약품	Symbicort (폐 질환 치료를 위한 복합약물), Pulmicort (천식을 위한 약물) 외
기타 분야	자가 면역, 신경 과학, 감염 분야 의약품	Nexium (산 관련 질병 치료), Seroquel (정신 분열 및 양극성 장애 치료), Fluenz (인플루엔자 예방을 위한 백신) 외

그림 9-2. 아스트라의 분야별 주요 제품 (출처: 아스트라제네카 2020 연간보고서)

아스트라의 제품 개발은 짧게는 5년에서 길게는 15년이 넘게 걸린다. 먼저 잠재적 신약을 확인 후 특허를 조사하고, 실험용 동물을 대상으로 사전 임상실험을 실행한다. 이후 몇 년에 걸쳐 임상 3상을 실행하며, 본 임상실험이 완료되면 미국의 FDA와 같은 각 정부당국의 승인을 얻어 해당 국가에서 제품을 출시한다. 출시된 이후에도 지속적인 모니터링을 통해 부작용을 파악하고, 부작용이 발생할 경우 피드백을 통해 제품을 보완해 간다. 따라서 아스트라의 제품원가는 제품 제조에 사용되는 변동비 성격의 원료뿐 아니라 사전에 실행한 고정비 성격의 R&D비용을 비롯해 마케팅 비용, 관리비용, 특허취득 비용 또는 로열티 등이 포함된다.

제약산업에선 제품의 연구개발 또는 승인절차 단계를 파이프라인 pipeline이라고 부른다. 제약사의 파이프라인 분석은 상당히 중요하다. 몇 단계의 임상실험에 있는지, 정부당국의 승인이 어떻게 진행되고 있는지에 따라 향후 매출에 상당한 영향을 주기 때문이다. 아스트라의 파이프라인 중 하나의 사례는 다음과 같다. CVRM 분야의 Farxiga라는 의약품은 최근 FDA의 우선검토 승인을 받았다. FDA는 안전성 또는 효능개선을 입증하고, 심각한 상태를 예방하거나 환자의 순응도를 강화함으로써 상당한 진보를 제공하는 의약품에 대해 우선 검토를 부여한다. FDA가 승인할 경우 Farxiga는 제2형 당뇨병 유무와 상관없이 만성 신장질환 환자를 치료하기 위해 최초로 승인되는 SGLT2 억제제가 될 수 있다.

Step 2: 아스트라제네카의 소비자 분석

아스트라와 같은 글로벌기업이나 성숙기업은 소비자를 분석하는 방법에서 벤처기업이나 성장기업과 달라야 한다. 아직 매출이 없거나 성장 중인 기업의 경우 매출액 분석을 위해 Bottom-up 방식을 따라 유통채널이나 잠재적 소비자를 먼저 분석하는 것이 좋다. 그러나 아스트라와 같은 성숙기업의 경우 매출액 수준이 이미 소비자들이 형성되었다는 것과 유통채널이 확보되었다는 것을 증명하고 있다. 따라서 조사목적에

몸값 올리는 기업가치평가 실무

따라 Top-down 방식으로 접근하거나 매출액 분석으로 바로 넘어가는 것이 효율적일 수 있다.

아스트라는 영국기업이지만 미국을 가장 큰 시장으로 두고 있다. 그 다음 유럽, 일본 등을 비롯해 중국과 같은 개발도상국에서 매출을 거두고 있다. 아스트라 영업팀은 2020년 기준 약 43,400명으로 구성되었으며, 100여 개 국가에 분포되어 있다. 아스트라는 대부분의 국가에서 전액 출자한 현지 마케팅회사를 통해 일차 진료 및 전문의를 주요 대상으로 의약품을 판매하고 있다.

Step 3: 아스트라제네카의 매출액 분석

아스트라의 2020년 총매출은 $26b으로 약 30조 원에 이른다. 전년 대비 약 10% 성장했다. 지역적 측면에선 미국에서 12%, 유럽 16%, 이머징 마켓에서 6% 성장했으며, 파이프라인 측면에선 신약품이 33% 성장했다. 의약품을 분야별로 볼 때 종양학에서 25%, CVRM에서 3% 성장을 보였으며, 호흡기와 면역학에선 1% 감소를 보였다. 그림 9-3, 9-4, 9-5는 2020년 기준 아스트라의 매출액을 분야별, 지역별, 제품별로 분석한 것이다.

분야	$, M	비중 (%)	성장률 (%)
종양학	10,850	42	25
CVRM	7,096	27	3
호흡기와 면역학	5,357	21	(1)
기타 분야	2,587	10	(1)
총계	26,617	100	10

그림 9-3. 2020년 아스트라의 분야별 매출액
(출처: 아스트라제네카 2020 연간보고서)

지역	$, M	비중 (%)	성장률 (%)
미국	8,638	33	12
유럽	5,059	20	16
중국 외 개발도상국*	8,679	34	6
그 외	3,514	14	6
총계	25,890	100	8

그림 9-4. 2020년 아스트라의 지역별 의약품 부문 매출액
(출처: 아스트라제네카 2020 연간보고서)

의약품명	분야	$, M	비중 (%)	성장률(%)
Tagrisso	종양	4,328	16.3	36
Symbicort	호흡	2,721	10.2	9
Lynparza	종양	2,236	8.4	24
Imfinzi	종양	2,042	7.7	39
Farxiga	CVRM	1,959	7.4	27
총계		13,286	50	

그림 9-5. 2020년 매출액 기준 아스트라의 Top 5 의약품
(출처: 아스트라제네카 2020 연간보고서)

본 그림들을 통해 아스트라의 주요 제품 다섯 개가 매출의 50% 비중을 차지하고 있다는 것과 종양부문의 Tagrisso, Lynparza, Imfinzi와 CVRM 의 Farxiga의 성장률이 매우 두드러진다는 것을 알았다. 또한 미국과 유럽시장이 매출의 53%를 차지하고 있으며, 아직까지는 개발도상국보다 더 높은 매출성장률을 보인다는 것도 알게 되었다. 이로써 매출액 추정을 위해 어떤 부분들을 좀 더 살펴봐야 할지 그 윤곽이 드러나고 있다.

2. 기업의 내부역량 분석

● 매출과 마진율 증감요인 파악

　제품과 매출액 분석이 완료되면 이제 매출액과 마진율에 영향을 끼치는 요인을 찾고, 그 요인들의 변화를 예측해야 한다. 기업 실적에 영향을 미치는 요인은 크게 기업의 내부역량과 외부요인으로 구분할 수 있다. 그림 9-6은 현재와 미래의 시장규모와 기업의 시장점유율을 보여 주는 사례이다. 원은 전체시장의 크기, 그리고 원 내 각 영역은 타깃기업과 경쟁사의 점유율이다. 안쪽 원은 현재, 바깥쪽 원은 미래를 나타낸다. 그림 9-6의 경우 시간이 지남에 따라 시장규모가 커지고, 타깃기업이 점유율을 넓혀 가는 모습을 보이고 있다.

그림 9-6. 현재와 미래의 시장규모와 타깃기업 시장점유율 추이 사례

　내부역량이란 시간이 지남에 따라 시장점유율을 넓혀 갈 수 있는 기

업의 능력이다. 그림 9-6에서 타깃기업이 성장하는 시장에서 그 점유율을 넓혔으므로 좋은 내부역량을 가졌다고 할 수 있다. 만약 업계 리더이거나 혁신기술^{disruptive technology}을 가진 기업이라면 시장규모를 스스로 넓힐 수 있을 것이다. 외부요인이란 시간이 지남에 따라 시장규모의 변동에 영향을 끼칠 만한 기업의 외적 요인이다. 섹터에 따라 다를 수 있지만 소비자 선호도나 기술의 변화, 경쟁사의 역량과 새로운 진입, 그리고 정부규제와 같이 대상기업이 어쩔 수 없는 불가항력적인 요인들이 여기에 속한다. 그림 9-6의 경우 시장이 커졌으므로 외적요인들이 우호적인 영향을 끼친 형편이다. 내부역량은 기업의 펀더멘털분석을 통해, 외부요인은 산업분석을 통해 확인하고 측정해야 한다.

• 내부역량 분석: 기업 펀더멘털 분석

  기업의 펀더멘털 분석은 기업가치평가와 달리 상당한 질적평가를 요구한다. 또한 다른 경영이론들처럼 정립된 것이 없고, 기업가치평가와 같이 방법론을 알려 주는 자료가 많지 않다. 게다가 기업의 섹터에 따라, 규모에 따라 분석해야 하는 역량이 달라질 수 있다. 가령 같은 섹터에 있더라도 벤처기업과 성숙기업의 역량 분석은 달라질 수 있다. 예를 들어 Ch 8의 그림 8-3에서 제시한 벤처기업의 투자포인트 중 기술성, 마케팅, 경영진 요소는 벤처기업의 가장 기본적인 내부역량이 된다. 그러나 성숙기업은 이것들을 매출로 이미 어느 정도 증명한 셈이 된다. 매출실적 자체가 마케팅 능력을 보여 준 것이며, 시장이 그 기술을 선택했으므로 기술성이 있다는 것이며, 이것들을 가능하게 한 것은 경영진의 운영능력이 좋기 때문이다. 기업역량은 유기적이라 어떤 기준에 의해 구분하는 것이 쉽지 않지만, 막연한 것으로부터 어떻게 접근해야 하는지 알기 위해 다음과 같은 방법을 사용해 보도록 하자.

$$\text{기업 A의 총매출액} = \sum_{j=1}^{n} (P_j \times Q_j)$$

P_j: A사 제품 j의 가격
Q_j: A사 제품 j의 판매수량
j: j는 A사가 판매하는 제품으로 1부터 n까지 존재

매출은 제품의 가격과 판매수량을 곱해 계산할 수 있다. 위 식은 기업 A의 매출액을 산정하는 공식이다. A사 제품 j의 가격 P_j와 판매수량 Q_j를 구하면 제품 j의 총매출이 되고, 1부터 n까지 모든 제품의 매출을 더하면 A사의 총매출액이 된다. 기업은 내부역량으로 본 매출액을 구성하는 각 단위 P_j, Q_j, 그리고 제품 포트폴리오 j를 관리해 매출을 이룬다. 따라서 기업이 본 단위들을 어떤 요인으로 어떻게 관리하는지 분석하면 기업의 내부역량을 파악할 수 있다.

P_j는 제품의 가격이다. P_j를 올리면 매출액과 마진율이 증가한다. 그러나 P_j를 올려도 시장에서 받아들이지 않으면 매출을 올릴 수 없다. 만약 기업이 차별화된 기술이나 브랜드와 같은 무형자산을 보유하고 있거나, 업계리더로서 높은 시장점유율을 보유하고 있다면 산업 내 가격결정자 price-taker로서 P_j를 올려도 시장에서 받아들일 것이다. 시장에서 P_j를 스스로 올릴 수 없고, 결정된 P_j를 받아들여야 하는 입장price-taker이라면 매출

원가나 판매관리비를 낮춰 마진율을 높이거나 유지할 수 있다. 이를 위해 기업은 효율적인 생산관리와 원가관리, 또는 탁월한 유통관리 등을 실행해야 할 것이다.

Q_j는 판매수량이다. 판매수량을 높이면 매출액은 증가한다. 판매수량에 가장 민감한 요소 중 하나는 가격일 것이다. 만약 같은 제품을 경쟁사에 비해 보다 낮은 가격에 판매한다면 매출은 당연히 상승할 것이다. 그러나 가격을 낮출 때 마진율이 하락하는 것과 마진율이 하락해도 판매량 증가로 인해 이익의 절대금액이 증가하는 것 간에 조절이 필요할 것이다. 판매량이 증가할 때 충분한 생산시설이 준비되어야 한다. 이때 고정자산에 대한 자본적지출이 발생할 수 있고, 그에 따라 필요한 자금이 수반될 수 있다.

$$Q_j = \sum_{y=1}^{m} C_y$$

Q_j: A사 제품 j의 판매량

C_y: 고객 y에 판매한 수량

y: j제품의 고객 1부터 m

한편 Q_j는 제품 j를 소비하는 각 고객에 판매한 수량을 총합한 것이다. 위 공식은 이를 설명하는 것으로 제품 j의 판매량 Q_j는 1부터 m까지 각 고객 C_y에게 판매한 수량을 모두 더한 것이다. 기업은 C_y를 넓힘으로써, 즉 고객확장을 통해 매출액을 증가시킬 수 있다. 이를 위해 기업의 마케팅 능력은 강력해야 하며, 강력한 영업망을 통해 여러 고객군에 접근해

몸값 올리는 기업가치평가 실무

야 할 것이다.

j는 제품이다. 기업은 제품 포트폴리오를 넓힘으로써 매출액을 올릴 수 있다. 성숙기업의 경우 본 요소가 가장 중요할 것이다. 기존 제품 포트폴리오로 구성된 매출이 포화상태이거나 감소하고 있다면 새로운 제품을 출시를 통해 신규매출을 창출해야 한다. 만약 적절한 신제품이나 차세대 제품을 출시하지 못할 경우 기존 제품들을 대체하는 경쟁사의 신제품들로 인해 매출액이 감소할 수 있다. 따라서 현재 개발 중이거나 개발된 제품 포트폴리오 현황이 매우 중요해진다. 이를 위해 기업은 뛰어난 연구개발 능력을 보유해야 하며, 연구개발의 결과는 매우 효율적이여야 한다. 기업은 사업확장을 통해서도 포트폴리오를 넓혀 갈 수 있다. 새로운 기술이나 변화하는 선호도를 따라잡거나 창출하기 위해 기존 영역에서 벗어난 섹터에서 제품을 개발하는 것이다. 다만 이를 위한 투자금액이 수반돼야 하므로 기업은 자금관리 능력까지 갖춰야 할 것이다.

가격과 판매량과 제품포트폴리에 공통적으로 영향을 끼치는 역량도 존재한다. 이 모든 것을 기획하고 결정하며 운영하는 것은 경영진이다. 뛰어난 경영진을 보유한 기업의 실적은 증가할 것이다. 한편, 기업은 M&A를 통해 시너지를 창출할 수 있다. M&A 유형에 따라 생산성을 확대하거나, 시장점유율을 넓히거나, 제품 또는 사업 포트폴리오를 확장시킬 수 있다. 다만 시너지에 비해 너무 높은 가격의 M&A비용을 지불한다면 이것은 기회가 아닌 위험이 될 수도 있다. 그림 9-7은 지금까지 설명한 매출액 구성요소에 따른 기업의 내부역량을 정리한 것이다.

매출 구성요소	각 요소를 관리하기 위해 필요한 역량
제품가격	• 가격을 결정하거나 올릴 수 있는 능력 → 차별화된 기술, 브랜드, 또는 점유율 • 원가관리 능력 → 원가율 관리, 생산관리, 유통관리 등
판매수량	• 판매량을 늘릴 수 있는 능력 → 가격관리와 생산성 • 고객을 다변화할 수 있는 능력 → 마케팅, 고객별·지역별 확장을 위한 강력한 영업망
제품 포트폴리오	• 제품 포트폴리오를 넓힐 수 있는 능력 → 이미 개발된 신제품 또는 차세대 제품 → 진행중인 연구개발이 매출로 연결될 가능성 → 사업확장
공통사항	• 경영진의 과거 이력을 통한 리더쉽과 운영능력 검증 • 적시의 자본적지출과 연구개발을 위한 자금관리 • M&A를 통한 시장점유율이나 생산성 확대 또는 제품이나 사업의 다변화

그림 9-7. 매출 구성요소에 따른 기업의 내부역량 분석

3. 산업분석

● 외부요인 분석: 산업분석

　기업 매출과 마진율에 영향을 끼치는 외부요소는 크게 시장과 경쟁사로 구분할 수 있다. 대상기업에 적합한 시장과 경쟁사의 동향을 살펴봐야 외부요인이 어떻게 매출에 영향을 미칠지 예측할 수 있다. 시장과 시장을 구성하는 기업들을 조사하는 것이기 때문에 결국 외부요인 분석이

란 산업분석이라 할 수 있다.

시장을 분석한다는 것은 수요자의 수요와 그 추세를 분석한다는 것이다. 현재 수요수준도 중요하지만 그것보다 중요한 것은 추세를 분석하는 것이다. 소비자의 수요가 늘어날 것인지, 감소할 것인지 아는 것은 아주 중요하며, 그 '속도'를 추정하는 것도 매우 중요하다. 실제보다 너무 빠르게 판단하면 예측은 잘했지만 시기를 잘못 짚을 수 있고, 너무 느리게 판단하면 시장에 뒤처질 수 있다. 시장분석은 정부당국의 규제를 조사하는 것까지 포함한다. 정부는 시장에 관여하기 때문이다. 사업에 따라 규제의 형태, 주체, 정도는 모두 다를 것이다. 또한 어떤 산업에 대해서는 규제가 시장 자체를 만들기도 할 것이다.

경쟁사를 분석한다는 것은 섹터에 참여한 경쟁사를 확인하는 것뿐 아니라 경쟁제품과 함께 경쟁사의 진출입 정도, 즉 진입장벽 수준까지 분석해야 한다. 커지는 시장인데 기업들의 진출입이 쉽다면 진입장벽이 낮다는 것이며, 이러한 시장에선 약육강식의 형태가 매우 치열하게 드러나곤 한다. 사실 경쟁사와 그 제품을 분석한다는 것은 쉽지 않다. 대상기업을 분석하는 것만으로 많은 시간과 노력이 드는데 경쟁사까지 파악한다면 그보다 더 많은 시간과 노력이 들기 때문이다.

그럼에도 불구하고 경쟁사 분석이 중요한 이유는 대상기업과 그 제품이 제일 좋아 보이는 편견을 깨뜨려 주기 때문이다. 투자자나 애널리스트가 쉽게 범하는 오류 중 하나가 대상기업만 분석하다가 어느새 대상기업의 편에 서게 되는 것이다. 이것은 마치 우물에 빠진 개구리의 시야를 갖는 것과 같다. 경쟁사를 분석하지 않으면 그 시장에 마치 내가 분석하는 기업만 존재하는 것으로 판단하기 쉽기 때문이다. 경쟁사들은 대상기업보다 앞서 나가려고 하기 때문에 경쟁사란 이름이 붙은 것이다. 경쟁사를 확인하고 그 움직임을 파악해야 대상기업이 위치가 어디인지 알 수 있다.

$$\text{섹터 j의 규모} = P_j \times \sum_{i=1}^{n} Q_i$$

P_j: j제품의 평균가격
Q_i: j제품을 생산하는 회사 i의 총판매수량 또는 j제품을 구매하는 총구매량
i: j제품을 생산하는 회사로서 1부터 n까지 존재

시장규모는 섹터 내 제품의 가격에 모든 기업의 총판매량 또는 모든 수요자의 총구매량을 곱한 금액이다. 위 식에서 P_j는 시장을 구성하고 있는 제품 j의 평균가격이다. 섹터에서 판매되는 모든 제품과 각 제품의 실제가격을 찾는 것은 사실상 불가능하므로 섹터를 구성하는 모든 제품을 대표하는 가격이란 의미로 평균가격이란 표현을 사용했다. Q_i는 j제품을 생산하는 모든 회사가 판매한 제품의 총수량을 의미이다. i는 섹터를 구성하는 모든 회사로 대상기업과 경쟁사로 구성되었으며 1부터 n까지 존재한다. 실제로 섹터 j의 규모를 추정하는 것은 쉽지 않다. 접근할 수 있는 통계자료나 마켓데이터 수준, 그리고 섹터를 구성하는 제품의 종류와 수에 따라 난이도가 달라질 수 있다. 제3자가 제공한 리서치 자료를 통해 대략적인 규모를 파악하는 것만으로 꽤 도움이 될 것이다. 그러나 더 중요한 것은 시장규모에 영향을 미치는 요인들을 찾아내 그로 인한 '시장규모 증감의 방향과 속도'를 추정하는 것이다.

몸값 올리는 기업가치평가 실무

P_j에 가장 크게 영향을 끼치는 외부요인은 j제품을 생산하는 경쟁사 숫자와 역량이다. 수요공급의 기초적 경제원리에 의해 경쟁사가 많아 공급량이 늘어나면 가격은 떨어지고, 경쟁사가 적고 공급량이 줄어들면 가격은 오르거나 쉽게 떨어지지 않는다. 만약 섹터 내 경쟁사나 대체제가 없어 독점적으로 공급하고 있다면 P_j를 직접 결정하는 위치에 이를 것이다. 또한 몇 개의 회사로 구성된 시장에서 이 회사들이 모여 시장경제 원칙을 거스르고 담합에 이른다면 일정한 P_j를 유지하게 될 것이다. 경쟁사 역량도 P_j에 영향을 끼치는 중요한 요소이다. 경쟁사 역량이란 차별화된 기술^{technology}이나 규모의 경제 등을 통해 P_j를 낮추고도 이익을 유지하거나 늘릴 수 있는 능력을 말한다. 경쟁사가 이러한 능력을 보유하게 되면 대상기업의 시장점유율은 점점 잠식될 가능성이 높아질 것이다.

Q_i에 영향을 끼치는 것은 소비자 숫자와 트렌드 변화이다. 당연히 소비자 수가 증가하면 Q_i는 커지고 시장규모는 증가할 것이다. 트렌드 변화를 파악하는 것은 꽤 중요하다. 트렌드 변화에 따라 기존 제품의 수요는 낮아지고, 차세대 제품의 수요가 높아지기 때문이다. 트렌드를 파악하려면 제품 i가 소비자에게 어떤 효용을 주는지, 그리고 그 효용성은 미래에 증가할 것인지, 감소할 것인지 분석해야 할 것이다.

경쟁사 숫자 i에 영향을 끼치는 요인은 산업의 진입장벽이다. 진입장벽이 높을수록 경쟁사 진입은 어렵다. 진입장벽을 형성하는 많은 요인 중 대표적인 것은 산업으로의 진입비용과 기간, 지적재산권, 그리고 정부당국의 인허가이다. 섹터에 진출하는 데 많은 비용을 요구하고, 오랜 시간이 걸릴수록 진입장벽은 높다. 또한 특정한 지적재산권^{IP}이나 정부당국의 인허가가 필요한 경우에는 자본과 기술이 있어도 진입하기 어려울 것이다. 정부당국의 인허가는 경쟁사 숫자뿐 아니라 제품 i의 가격과 수요량에도 영향을 미칠 수 있다. 사업에 따라 간섭의 종류와 영향력의 형태는 다를 수 있다. 따라서 평가자는 대상기업 사업이 정부의 어떤 규제와 관련돼 있는지, 그리고 그것이 어떻게 영향력을 미칠 것인지 판단해야 할 것이다.

시장 구성요소	시장 규모에 영향을 끼치는 외부요인
제품가격	섹터 내 경쟁사의 숫자와 역량
총판매량 또는 총구매량	소비자 수와 트렌드의 변화
경쟁사 수	산업의 진입장벽
공통사항	정부규제

그림 9-8. 시장규모에 영향을 미치는 주요 외부요인

• 사례분석: 아스트라의 매출 증감요인 분석

아스트라의 2020년 매출이 30조 원에 이르고, 전년 대비 10% 성장한 것을 감안하면 매출성장률이 경제성장률보다 꽤 높은 성숙기업으로 볼 수 있다. 아스트라의 매출액 규모와 성장률을 고려하면 기술이나 마케팅과 같은 기본적 요소보다 매출액 증대를 위한 제품 포트폴리오의 다변화와 지역별 확장성 활동에 더욱 주목해야 한다.

아스트라의 전체 매출 중 73%가 상위 10개의 의약품 판매로부터 비롯된다. 따라서 본 열 개 의약품의 성장성과 최근 높은 성장률을 보이며 미래 잠재력을 가지는 의약품, 그리고 차세대 제품을 위한 연구개발과 투자활동을 조사하면 매출액 상당 부문의 향방을 파악할 수 있다. 제약사의 특성상 의약품의 개발상황과 국가별 또는 지역별 승인현황이 매우 중요하다. 이것을 파이프라인이라고 할 때 아스트라의 투자포인트는 다음과 같이 정리할 수 있다.

- 상위 10개 의약품의 파이프라인 현황
- 그 외 최근 좋은 성장률을 보인 제품의 파이프라인
- 임상 3상에 있거나 승인을 앞둔 잠재력이 기대되는 신제품 파이프라인
- 제품 또는 사업포트폴리오 확장을 위한 투자활동
- 위 요소들에 영향을 주고 있는 외부요인

아스트라제네카의 내부역량과 외부요인

앞에서 제시한 투자포인트를 따라 비중이 높은 몇 개의 의약품과 이벤트를 분석해 보도록 하자. 아스트라 매출의 50%를 구성하고 있는 Top 5 제품의 파이프라인 현황은 다음과 같다.

- Tagrisso: 최근 초기 돌연변이 비소세포폐암(NSCLC) 환자의 치료에 사용되도록 미국에서 승인되었다. 기존 미국, 일본, 중국, EU 등 85개국에서 1차 진행성 NSCLC에 사용이 승인되었고, 89개국에서 2차 진행성 NSCLC에 사용이 승인되었다. 이로 인해 그 대상의 폭이 더욱 넓어질 것으로 예상된다. Tagrisso는 임상실험을 통해 두 경쟁약 Iressa와 Tarceva에 경쟁적 우위를 점하고 있다. Tagrisso는 경구제로 미국에

서 30알에 1천 8백만 원 수준에 달한다.

- Symbicort: 천식 호흡기 분야에서 매출과 가격면에서 리더십을 갖고 있다. 미국, 유럽, 그리고 신흥시장에서 성장세가 이어지고 있다. 다만 미국과 유럽에서 경쟁적 분위기로 인해 가격 하락에 대한 압박이 있다. Symbicort 흡입 에어로졸은 10.2그램에 약 450만 원에 이른다.

- Lynparza: 난소암 치료를 위해 78개국에서 승인되었다. 또한 전이성 유방암 치료제로 76개국, 췌장암 치료제로 미국을 포함해 55개국에서 승인을 받았다. 미국에서 돌연변이성 전립선암 2차 치료제로 승인되었고, EU 및 일본에서는 돌연변이 유방암 치료제로 승인되었다. Lynparza는 경쟁약으로 여겨지는 Tesaro의 Zejula와 Clovis Oncology의 Rubraca에 우위를 점하고 있다. 세 약 모두 재발성 난소암에 승인되었지만, Lynparza가 1차 승인을 얻으면서 경쟁사보다 한 발 앞설 수 있게 되었다. Lynparza의 경구제로 미국에서 120알에 약 1천 7백만 원에 달한다.

- Imfinzi: Imfinzi는 2021년 1월 영국과 EU에 승인되었다. 성인의 국소 진행성 절제 불가능한 비소세포폐암(NSCLC)에 대해 4주마다 1,500mg의 용량을 추가 투여할 수 있는 옵션이다. 폐암이 암 사망에서 큰 비중을 차지하고 있고, 80% 이상의 폐암환자가 NSCLC를 갖는다는 것을 고려하면 Tagrisso와 함께 기대가 되는 약품이다.

- Farxiga: 제2형 당뇨병 성인 환자의 혈당조절 개선을 위해

100개국에서 승인되었다. 미국, EU, 일본, 중국 등에서 제2형 당뇨병이 있거나 없는 환자의 HFrEF에 대한 최초의 승인을 받았다. 다만, 미국에서 제1형 당뇨병에 대한 것은 철회되었다.

(출처: 아스트라제네카 2020년 연간보고서 및 파이프라인 보고서)

다섯 제품 모두 매출 측면에서 성장하고 있지만, 그중에서도 경쟁적 측면과 파이프라인의 확장성을 고려하면 Tagrisso, Lynparza, Imfinzi가 아스트라의 매출증가에 꽤 긍정적인 요인으로 작용할 것으로 기대된다.

한편, 2020년 11월 기준 임상실험 중인 프로젝트는 총 148개이며, 이 중 20개가 임상 3단계나 승인 검토 중에 있다. 그중 Roxadustat에 대한 검토를 위해 FDA는 2021년 3월 심혈관 및 신장 약물 자문위원회 회의를 소집할 것이라고 발표했다. 내용은 만성 신장질환(CKD)의 빈혈치료에 대한 승인이다. Roxadustat의 효능과 안전성은 8,000여 명의 환자를 대상으로 임상 3상 프로그램에서 입증되었으며, 관련 저널에서 그 내용을 다뤘다. 중국, 일본 및 칠레에서 비투석의존성(NDD) 및 투석의존성(DD) 성인환자의 만성 콩팥질환 치료를 위해 승인되었으며, EU 및 기타 관할권에서도 검토 중에 있다.

중장기적으로 아스트라 매출에 가장 큰 영향을 미칠 것으로 판단되는 것은 아이러니하게도 환자 수의 증가이다. IQVIA의 연구보고서에 의하면 2020년 글로벌 전체 제약시장 규모는 1천 1백조 원이 넘는 것으로 추산된다. 이것은 2018년 총 10.1%, 연평균 4.9% 성장한 결과이다. 발전국가에선 전년 대비 3.8% 증가했고, 신흥국가에선 3.7% 증가했다. 제약산업에서 세계 5대 시장은 미국, 일본, 중국, 독일, 프랑스이다. 특히 미국시장은 약 560조 원으로 글로벌 시장의 48.0%를 차지하고 있다. 세계 인구와 기대수명은 증가하는 추세로 전반적인 제약시장은 향후 5년에서 10년은 더욱 성장할 것으로 예상된다. 특히 최근 코로나와 같은 전염병과 함께 만성비전염병[NCD]도 증가하고 있는 현실을 반영하면 더욱 그렇다.

아스트라의 매출액은 향후 5년간 지속적으로 늘어날 것으로 예상된다. 종양학 분야에서 견고한 경쟁적 우위를 점하고 있는데다가 특허와 오랜 임상실험 기간을 고려하면 당분간의 진입장벽은 견고할 것으로 판단된다. FDA를 비롯한 국가별 정부당국의 승인절차를 외부요인으로 볼 수 있다. 하지만, 이것은 시장규모 증감에 영향을 끼치는 요인이 아니라 제품 규격에 대한 허가이므로 궁극적으로 아스트라 제품의 완성도가 영향을 끼친다. 그러나 승인절차나 허가기준의 변화가 생긴다면 이것은 외부요인으로 작용할 수 있다.

그림 9-9는 지금까지 정리한 아스트라 매출에 영향을 끼칠 수 있는 내부역량과 외부요인의 일부를 요약한 것이다.

구분	매출액 증가 요소	역량 또는 요인
내부역량	제품가격의 상승	• 종양학 분야에서 경쟁적 우위
	판매수량의 증가	• 미국과 유럽 등에서 기존 제품의 영역 확장을 위한 파이프라인 기대
	포트폴리오의 다변화	• CKD 치료 승인을 기다리는 → Roxadustat • 희귀 면역학 분야 강화를 위해 미국 알렉시온[Alexion]을 인수, 2020년 12월

외부요인	제품가격의 상승	• 종약학 주요 제품에선 경쟁적 우위 • Symbicort 비롯, 다른 분야의 경쟁 압박
	약품의 수요량	• 인구증가와 기대수명 증가로 노령화 현상
	경쟁사의 증가 (진입장벽)	• 오랜 임상시험과 특허산업의 속성 고려 시 단기적 진입장벽이 꽤 높음

그림 9-9. 아스트라 매출증감에 영향을 끼칠 내부역량과 외부요인 분석

4. 매출 추정과 가치평가 - 아스트라제네카 사례

Part 1의 Chapter 3에서 매출액 추정은 기업의 규모, 상장 여부, 취득할 수 있는 정보의 수준에 따라 달라질 수 있다고 했다. 또한 추정 방법론에 있어 다음과 네 방법이 있을 수 있다고 언급했다.

- 방법 1: 역사적 성장률을 참조한 매출액 추정
- 방법 2: 애널리스트의 의견 참조
- 방법 3: 평가자가 직접 분석
- 방법 4: 위 방법의 혼합

아스트라는 성숙단계의 상장사이자 대기업이므로 내부정보를 취득하지 않고도 어느 정도 수준의 가치평가 분석이 가능하다. 위 방법 중 방법 1과 2를 사용할 수도 있고, 이미 전 단원에서 어느 정도 수준의 펀더멘털 분석을 실행했다. 이것을 이어 아스트라의 매출액과 마진율을 추정해

보도록 하자.

• 사례분석: 아스트라제네카의 매출액과 이익 추정

$ million Income Statement	2017	2018	2019	2020
Revenue	**22,465**	**22,090**	**24,384**	**26,617**
Growth rate	-2.3%	-1.7%	10.4%	9.2%
Gross Profit	**18,147**	**17,154**	**19,463**	**21,318**
Gross margin	80.8%	77.7%	79.8%	80.1%
Operating Income	**3,677**	**3,387**	**2,924**	**5,162**
Operating income margin	16.4%	15.3%	12.0%	19.4%
Net Income	**3,001**	**2,155**	**1,335**	**3,196**
Net income margin	13.4%	9.8%	5.5%	12.0%

그림 9-10. 과거 4년간 아스트라의 매출액과 이익

그림 9-10은 아스트라의 과거 4년간의 매출과 매출총이익, 영업이익, 그리고 순이익이다. 해당기간 동안 매출액은 총 18.5%, 연 5.8%씩 성장했으며 영업이익률은 평균 16%, 당기순이익은 10% 수준을 유지하고 있다. 역사적 성장률을 참조할 경우 앞으로도 당분간 성장할 것으로 판단된다.

아스트라의 내부역량과 외부요인을 고려할 때 매출액은 향후 5년간 지속적으로 성장할 것으로 기대된다. 종약학 분야에서 톱 제품인 Tagrisso, Lynparza, Imfinzi는 경쟁적 우위를 활용해 당분간 높은 마진율을 유지할 것으로 판단된다. 게다가 이들을 둘러싼 외부요인, 즉 인구증가와 기대수명 연장을 고려하면 중장기적인 성장까지 가능해 보인다.

몸값 올리는 기업가치평가 실무

다만 종양학 분야 외 다른 분야의 의약품들이 가격하락에 대한 압력을 받는다는 것을 고려할 때 아스트라 전체 포트폴리오의 고른 성장을 기대하는 것은 어려울 것으로 보인다. CKD 치료를 위해 Roxadustat가 승인된다 하더라도 당장에 매출액 증가를 견인하지는 못할 것이다. 2020년 12월 알렉시온을 인수하면서 희귀 면역학 분야로 아스트라의 포트폴리오를 확장한다는 것은 긍정적이다. 다만, 인수가액 $40b은 알렉시온의 최근 현금흐름을 고려할 때 크게 매력적으로 보이진 않는다. 현재 수준에서 한 단계 더 높은 수준으로 도약할 때 M&A로 인한 시너지효과를 얻을 것으로 판단된다.

$ million		2021(E)	2022(E)	2023(E)	2024(E)
Income Statement					
Revenue		28,986	31,798	34,119	35,142
	Growth rate	8.9%	9.7%	7.3%	3.0%
Gross Profit		23,334	25,661	27,568	28,287
	Gross margin	80.5%	80.7%	80.8%	80.5%
Operating Income		5,998	6,877	7,468	7,755
	Operating income margin	20.7%	21.6%	21.9%	22.1%
Net Income		3,495	3,983	4,142	4,199
	Net income margin	12.1%	12.5%	12.1%	11.9%

그림 9-11. 향후 4년간 아스트라의 매출액과 이익 추정

그림 9-11은 아스트라 매출과 이익에 영향을 끼칠 만한 내부역량과 외부요인을 반영해 추정한 향후 4년간의 재무실적이다. 매출액은 향후 3년간 평균 8~9% 수준에서 성장하다가 4년째는 경제성장률 수준에서 성장하는 시나리오이다. Tagrisso, Lynparza, Imfinzi 효과로 당분간 견고

한 호조를 보일 것으로 예측되지만 호흡기나 CVRM 부문은 괄목할 만한 요소를 찾지 못해 상승효과가 감소되는 것을 반영했다. 매출액이 상승하면서 마진율은 과거보다 개선될 것으로 보인다. 제약사업의 특성상 연구개발이나 특허취득을 위한 고정지출 비중이 높아 매출액이 증가할수록 영업이익률이 향상될 수 있기 때문이다.

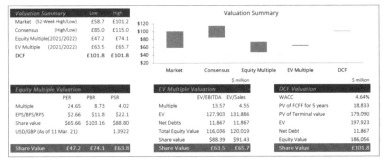

그림 9-12. 아스트라의 기업가치평가

그림 9-12는 2021년 4월 20일 기준으로 아스트라의 주식가치를 요약한 내용이다. 상단 오른쪽 칼럼은 순서대로 최근 52주간 주가, 애널리스트의 컨센서스, 그리고 상대가치평가와 DCF를 활용해 추정한 주식가치이다. DCF에 무게를 둘 경우 아스트라 주식의 본질적 가치는 £101.8[17]로 추정된다. 아스트라는 2020년 $5,294b의 잉여현금흐름을 창출했으며, 그림 9-11에서 추정한 영업이익을 반영할 경우 향후 4년간 각각 -5.8%, 3.2%, 5.2%, 2.7%로 성장할 것으로 판단된다. 5년째 이후 영속성

---

17) 재무실적은 $로, 주가는 런던증권시장이 아스트라의 주요 거래시장임을 고려해 £로 표기했다.

장률은 2%로 가정했다. 한편, 가중평균자본비용[WACC]은 4.64%로 계산되었다. 2021년 3월 기준 금융부채의 비중 13.1%과 주식의 시장가치 비중 86.9%에 각각 5.45%와 4.52%의 자본비용을 적용해 산출한 것이다. 이 모든 것을 고려해 아스트라 주식의 공정가치가 £101.8로 산출되었다. 2021년 4월 20일 아스트라의 종가는 £74.94이다. 이것은 아스트라의 공정가치에 약 36% 낮은 것으로 판단된다.

투자전략 수립

1. 투자리스크 분석

● 투자리스크 정의와 분석

투자에서 리스크란 투자로부터 기대되는 현금흐름 또는 수익률이 예상과 다른 경우를 의미한다. 통계학적으로 리스크의 크기는 기대수익률을 중심으로 할 때 역사적으로 실제 결과가 중심에서 얼마나 벗어나는 가로 측정한다. 이것을 표준편차 또는 분산이라고 한다. 실제수익률이 기대수익률보다 높은 것을 상향리스크[upside risk], 기대수익률보다 낮은 것을 하향리스크[downside risk]라고 한다. 상장주식과 채권을 전통적자산으로 분류하는데 전통적자산은 기대수익률을 중심으로 상향리스크와 하향리스크가 정확히 대칭을 이루고 있다. 다시 말해 상향리스크가 높으면 하향리스크도 그만큼 높고, 상향리스크가 낮으면 하향리스크도 그만큼 낮다는 것이다. 투자관점에서 보면 상향리스크는 이익이며, 하향리스크는 손실이다. 따라서 투자리스크를 분석할 때 우리는 손실을 일으킬 것으로 예측되는 요인을 찾아야 한다.

앞서 우리는 매출과 마진율 증가에 영향을 끼칠 만한 요인들을 어떻게 분석하고, 그에 따라 어떻게 가치평가를 수행하는지 배웠다. 리스크분석은 이와 반대로 매출과 마진율을 감소시킬 만한 요인들을 분석하는 것이다. 따라서 리스크분석은 별도로 수행하는 작업이 아니라 매출액 증가에 영향을 끼칠 만한 기업의 내부·외부요인을 분석하는 것과 동시에 수행하는 것이다. 그렇다면 투자리스크도 내부요인과 외부요인으로 구분할 수 있을 것이다. 다만 투자리스크 분석의 경우 추가적으로 수행해야 할 부문이 하나 더 있다. 그것은 바로 우리가 투자할 주식의 거래에 수반되는 위험, 즉 거래위험이다. 가령, 상장기업 주식투자를 위해 기업분석을 수행했다고 하자. 투자에 적합하다고 판단해 투자했지만 외국인투자자나 헤지^{hedge}펀드 등이 해당주식을 공매도 타깃으로 지정할 경우 기업의 내외부요인과 상관없이 투자손실을 얻을 수 있다. 따라서 투자리스크 분석은 크게 기업의 내부요인과 외부요인, 그리고 대상주식을 둘러싼 금융환경 분석이 필요하다.

구분	매출액 감소 요소	역량 또는 요인
내부요인	가격하락과 낮은 마진율	• 기술의 낙후, 시장리더 위치의 상실 • 소수 구매처 의존, 비효율적 조직관리 및 유통관리 등으로 인한 원가관리 실패
	판매량 감소	• 갑작스러운 브랜드 평판의 하락 • 생산성의 낙후 • 마케팅 능력 부재로 인한 고객확장의 한계
	포트폴리오의 한계	• 제품 또는 사업 포트폴리오 확장의 한계
	공통사항	• 경영자 리스크 • 대형 자본적지출, M&A 등 상당한 규모 투자의 실패

외부요인	제품가격의 하락	• 섹터 내 경쟁사 숫자의 증가
	수요량의 감소	• 소비자 감소, 트랜드 변화
	경쟁사의 증가	• 낮은 진입장벽
	공통사항	• 경기하락, 정부규제 등

그림 10-1. 기업가치를 하락시킬 만한 기업 내·외부 리스크

그림 10-1은 기업의 내부와 외부에 존재할 만한 투자리스크를 정리한 것이다. 기업 매출에 긍정적 영향을 끼치는 요인들이 반대로 움직일 경우 기업가치의 하락요인으로 작용할 것이다. 여기에 우리가 타깃으로 하는 해당 기업의 주식을 둘러싼 거래환경 분석이 필요하다. 주식은 크게 상장주식과 비상장주식으로 구분할 수 있다. 비상장주식의 경우 유동성 부재라는 거래위험이 늘 존재한다. 비상장주식은 장외주식으로 거래상대자를 찾는 것이 어렵기 때문이다. 특히 초기기업일수록 유동성은 더욱 떨어질 수 있다. 상장주식이라고 해서 모든 주식이 풍부한 유동성을 갖는 것은 아니다. 가령 소수의 투자자가 높은 지분율을 보유하고 있는 경우 시장에서 유통물량이 부족해 적은 거래량이 주가에 큰 영향을 줄 수 있다. 한편, 몇몇의 기관투자자가 오랜 락업$^{lock-up}$기간에서 벗어날 경우 차익실현을 위한 대량매도로 인해 주가가 상당 기간 침체될 수도 있다. 언급한 것처럼 증권사가 특정 기관투자자에게 주식을 대여해 공매도가 형성될 경우에도 주가는 펀더멘털과 상관없이 하락할 수 있다. 따라서 상장주식의 경우 거래위험을 파악하기 위해 유통주식의 비중과 현재 투자자의 성향을 조사하는 것이 꽤 도움이 된다. 투자자는 해당주식을 둘러싼 고유의 거래위험을 분석하고, 이것이 주가에 어떤 영향을 끼칠지 고려한 후 최종적으로 투자의사를 결정하는 것이 좋다.

몸값 올리는 기업가치평가 실무

• 사례분석: 아스트라제네카의 투자리스크 분석

아스트라 매출에 가장 큰 영향을 끼칠 수 있는 리스크는 파이프라인 리스크다. 파이프라인 리스크란 아스트라가 진행 중인 프로젝트들, 즉 임상시험 중이거나 정부승인을 대기하고 있는 각 의약품의 출시가 지연되는 것이다. 특허에는 만기가 있고, 각 제품은 생명주기가 있으므로 제품 포트폴리오의 꾸준한 확장이 매출 유지와 증가에 매우 중요하다. 임상시험에 실패하거나, 정부당국의 승인, 지연 또는 반려가 될 경우 제품 포트폴리오 확장에 차질이 생겨 미래 매출에 영향을 끼칠 수 있다. 그중에서도 임상 3단계나 승인 단계에 놓여 있는 신약 출시에 차질이 생기는 것은 가까운 미래의 매출에 적지 않은 리스크로 작용한다. 그림 10-2는 2020년 11월 기준으로 임상 3단계나 승인을 앞둔 20개의 프로젝트이다. 본 20개 프로젝트 중 하나라도 출시가 지연되는 것은 각각의 리스크가 된다. 그중에서도 Tagrisso와 Imfinzi와 같이 아스트라 매출액에서 큰 비중을 차지하는 경우는 더더욱 그렇다. Tagrisso와 Imfinzi의 경우 다른 부문의 암에서 적용하는 것에 대한 새로운 승인을 기다리고 있다.

분야	프로젝트
종양학	Tagrisso - NSCLC Imfinzi - 다발성암 Lynparza - 다발성암 Enhertu - 다발성암 capivasertib - 유방암 및 전립선암 Calquence - 혈액암 tremelimumab - 다발성암 savolitinib - NSCLC45 monalizumab - 두부암 및 경부암

CVRM	Farxiga - 다중 적응증 roxadustat - CKD의 빈혈
호흡기 또는 면역학	Fasenra - 다중 적응증 Breztri/Trixeo - COPD PT027 - 천식 tezepelumab - 중증 천식 nirsevimab - 호흡기 세포 융합 바이러스 anifrolumab - 루프스 (SLE) brazikumab - 염증성 장 질환
COVID 19	AZD1222-SARS-CoV-2 AZD7424-SARS-CoV-2

그림 10-2. 아스트라의 3단계 또는 승인 검토 중인 프로젝트
(출처: 아스트라, 2020년 11월 기준)

또한 아스트라는 크게 세 영역 중 종양학 분야에 매출 의존도가 다소 높고, 그중에서도 상위 몇 개 제품이 이익의 큰 비중을 차지한다는 것도 하나의 리스크이다. CVRM과 호흡기 분야에서는 경쟁이 심화됨에 따라 주요 제품이 가격하락에 대한 압박을 느끼는 것 또한 리스크로 작용한다. 다만 당분간 안도할 수 있는 것은 제약산업의 특성상 이러한 리스크가 당장의 매출액에 영향을 끼치지는 않는다는 것이다. 그러나 그 기간 동안 그림 10-2에서 제시한 20개의 파이프라인 중 해당 리스크를 보완할 수 있을 만한 새로운 제품의 등장이 없다면 아스트라의 매출액은 중장기적으로 하락할 수도 있다.

경쟁사가 아스트라 매출의 큰 비중을 차지하는 제품의 대체품을 개발하는 것도 큰 리스크로 작용할 것이다. 종양학분야에서 아스트라의 경쟁사는 Celgene, Novartis, Bristol-Myers, F. Hoffmann-La Roche, 그리고 Pfizer이다. 제약사업의 특성상 임상실험과 당국 승인에 필요한 시간

몸값 올리는 기업가치평가 실무

을 고려할 때 제품의 순환주기는 길지만, 장기적 관점에서 해당 경쟁사들이 경쟁제품을 출시하지는 않는지 그들의 연구개발과 파이프라인을 주기적으로 모니터링할 필요는 있다.

아스트라 주식은 런던거래소와 나스닥에 상장되어 각각 영국 파운드와 미국 달러로 거래되고 있다. 유동성이 풍부해 거래에 문제는 없지만 나스닥의 경우 유동주식수의 5% 수준에서 공매도로 거래되어 기업 펀더멘털과 상관없이 하락할 가능성이 있다. 한편, 뱅가드, 웰링턴, 블랙록과 같은 유명 운용사를 포함해 약 900개의 가까운 기관투자자가 16.75%의 지분을 보유하고 있다. 본 기관투자자들은 대체로 보유기간이 길어 당분간 대량매도로 인한 리스크는 미미할 것으로 판단된다.

2. 투자전략

투자전략이란 투자의사결정과 함께 회수전략과 리스크 헷지^{hedge}방안을 수립하는 것이다. 투자를 진행하기로 했다면 회수가격 또는 회수시점을 결정하고, 예상치 못한 리스크가 발생할 경우 대처 방안까지 수립하는 것이다. 투자결정은 내리지만 나머지 두 전략을 수립하지 않은 경우 손익실현의 전략이 온전히 수립되지 않은 상태이다. 대개 이런 경우 투자는 결정했지만 회수전략이 없어 주가가 올라도 수익을 실현하지 못하고, 리스크를 맞닥뜨리면 어떻게 해야 할지 결정을 내리지 못한다. 반쪽자리 전략인 셈이다. 기관투자자나 유능한 투자자들은 회수전략에 매우 능한 전문가들이다. 이들은 매수가격과 매수타이밍을 결정할 뿐 아니라 목표수익률을 설정하고, 리스크가 발생할 경우 그에 대한 계획을 수립한다.

주식 투자전략은 주식의 유형과 거래시장, 그리고 투자자의 투자환경에 따라 달라질 수 있다. 주식 유형은 크게 상장주식과 비상장주식으로 구분할 수 있고, 거래시장은 상장여부에 따라 장내시장과 장외시장으로 구분할 수 있다. 투자자를 둘러싼 투자환경이란 투자금액과 그 금액이 투자자의 전체 자산에서 차지하는 비중, 그리고 목표 투자기간 또는 유동성(투자자산의 현금화 시점) 등이 될 것이다. 본 단원에선 하나의 주식을 타깃으로 세 가지의 투자전략을 살펴보기로 하겠다.

• 세 가지 투자전략

첫 번째 투자전략은 목표수익률을 정한 다음 투자주식 가격이 목표수익률에 도달하면 매각하는 전략이다. 본 전략은 대개 상장주식을 대상으로 투자자의 전체 자산 중 당분간 유동화하지 않아도 되는 일부 자산을 투자할 때 수행할 수 있다. 목표수익률은 기업가치평가를 수행해 얻은 대상자산의 공정가치와 현재가격을 비교해 정할 수 있다.

목표수익률: Y = V / P - 1

Y: 목표수익률, V: 주식의 공정가치, P: 주식의 현재가격

위 공식은 목표수익률 계산을 위한 공식으로 여러 번 언급되었다. P는

몸값 올리는 기업가치평가 실무

주식의 현재가격이며, V는 가치평가를 통해 얻은 주식의 공정가치이다. V가 P보다 높을 때, 즉 본질가치가 현재가격보다 높다고 판단할 때 대상주식을 매수한다. 투자자는 V를 주식의 공정가치로 본다. 다시 말해 투자자의 판단에 대상주식 가격이 원래 그 가격에 머물러야 한다고 인정하는 가치이다. 따라서 대상주식 가격이 궁극적으로 V에 도달하면 매각하는 것이다. 이때 실현수익률은 'V / P - 1'이 된다. 중요한 것은 V에 영향을 줄 만한 이벤트가 발생할 경우 V를 수정해 목표수익률(또는 매각가격)을 수정해야 한다는 것이다. 기업에는 언제든지 긍정적이거나 부정적인 이벤트가 발생하므로 정기적인 모니터링을 통해 가장 최근의 V로 업데이트해야 한다.

두 번째 투자전략은 목표 투자기간을 설정하고, 그 기간 동안 투자주식을 보유하는 것이다. 예를 들어 투자기간을 3년으로 정하면 3년 동안 보유하다 3년 후 매각하는 것이다. 본 전략은 대개 상장주식이나 비상장주식을 투자한 다음 특정시점에 유동화할 필요가 있을 때 수행하는 전략이다. 이렇게 수행할 수 있는 근거는 대상주식 가격이 궁극적으로 오를 것이라는 판단에서 비롯된다. V가 P보다 높은 것은 알지만 정확한 V를 설정하지 않거나, V를 설정했지만 P가 목표기간 동안 V에 도달하지 못할 경우 본 전략이 유용할 수 있다. 어떤 사모펀드의 경우 본 전략과 유사한 전략을 사용하기도 한다. 비상장주식에 투자한 후 특정기간 보유하다 펀드가 만기에 가까워지는 시점에 투자자산을 매각해 유동화하는 것이다.

마지막 투자전략은 위 두 방법을 혼합한 것으로 목표수익률과 목표기간을 모두 설정하는 것이다. 예를 들어 대상주식을 100원에 매입할 때 목표수익률을 20%, 목표기간을 3년으로 정했다고 하자. 3년 이내 주가가 120원에 달하면 이를 매각해 20%를 달성할 수 있고, 3년이 되는 시점 아직 120원에 도달하지 못하면 그때 형성된 가격으로 매각하는 것이다. 이는 상장주식이나 비상장주식을 타깃자산으로 하는 기관투자자들이 채택하는 방법 중 하나이다. 펀드의 경우 연 목표수익률$^{hurdle rate or IRR}$과 보유기간을 설정하고, 보유기간 내 목표수익률에 도달하면 보유기간 전 투자자산을 매각해 유동화한다. 만약 기간 내 목표수익률에 도달하지 못하면 목표기간이 완료되는 시점 즈음에 매각해 그때의 가격으로 손익 실현을 한다. 본 전략도 마찬가지로 타깃기업을 모니터링하면서 V에 영향을 줄 만한 이벤트가 발생할 경우 V를 수정해 가장 최근의 V로 업데이트할 필요가 있다.

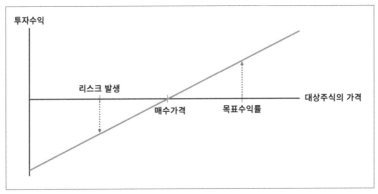

그림 10-3. 아스트라의 3단계 또는 승인 검토 중인 프로젝트
(출처: 아스트라, 2020년 11월 기준)

위 세 전략에 공통적으로 수반되어야 하는 것은 리스크분석이다. 투자를 결정하기 전 리스크를 분석했을지라도 투자 후 예상하지 못한 리

몸값 올리는 기업가치평가 실무

스크가 발생할 수 있다. 이러한 리스크는 우리가 예상하지 못한 이유로 주가를 하락하게 만들 수 있다. 그림 10-3과 같이 논리적 분석을 근거로 목표수익률을 설정한 후 대상기업 주식을 매수했지만 예상하지 못한 리스크가 발생해 주가가 하락했다고 가정하자. 이때 가장 먼저 해야 할 일은 가격하락의 이유를 찾아내는 것이다. 만약 하락의 이유가 치명적이거나 회복할 수 없을 것으로 판단될 경우 손실을 감수하더라도 빠른 회수를 결정해야 한다. 그러나 그 하락에 타당한 이유가 없거나 다시 회복될 것으로 예상될 경우 일시적인 현상으로 간주해 회수할 필요는 없을 것이다. 투자분석을 철저하게 수행하는 만큼 리스크를 파악하게 될 것이다. 분석이 소홀할수록 예상하지 못한 리스크는 더욱 많아지게 된다.

● **사례분석: 아스트라제네카 상장주식 투자전략**

2021년 4월 20일 기준 아스트라의 주가는 £75이다. 한편, 가치평가를 통해 얻은 아스트라의 주식가치는 £100가 조금 넘는다. 따라서 다음과 같은 투자전략을 수립할 수 있다.

첫째, 유동성이 허락되어 투자기간에 특별히 구애받지 않는 경우이다. 이런 경우 목표수익률을 33%로 정해 £75에 매수한 다음 £100가 될 때 매각하는 전략이다. 지속적인 모니터링을 통해 주가에 영향을 줄 만한 이벤트가 발생할 경우 목표수익률을 수정해 예상 회수가격을 조정할 수 있다.

둘째, 특정기간 이후 유동성이 필요한 경우이다. 이땐 £75에서 매수하고 목표 투자기간을 3년으로 설정할 수 있다. 투자수익률은 3년이 되는 시점의 시장가격에 의해 결정될 것이다.

셋째, 목표수익률을 33%로 설정하고, 투자기간을 3년으로 설정하는 전략이다. £75 수준에서 매수해 기간 내 아스트라 주가가 £100에 도달하면 매각한다. 만약 £100에 도달하지 못할 경우 3년이 되는 시점에 시장가격으로 매각한다. 기업 내·외부에 이벤트가 발생할 경우 목표수익률을 수정해 목표가격 £100를 수정해야 한다.

한편, 아스트라의 주요 리스크로 여겨지는 종양학 부문의 파이프라인에 문제가 발생할 경우 해당 이벤트를 반영해 목표가격을 수정해야 한다. 예를 들어 Tagrisso나 Imfinzi를 다른 분야에서 더욱 폭 넓게 사용하는 것에 대해 FDA 승인이 상당히 지연될 경우 목표가격을 낮춰야 한다. 또는 종양학 분야에서 아스트라의 경쟁사인 Novartis, F. Hoffmann-La Roche, Pfizer가 Tagrisso나 Imfinzi에 버금가거나 그 이상의 효과를 나타내는 약품을 개발한다면 투자회수를 고려해야 할 수도 있다. Tagrisso나 Imfinzi는 아스트라의 매출과 이익에서 많은 부문을 차지하는데 본 상품을 위협하는 경쟁약품이 출시되면 아스트라의 실적에 상당한 타격을 줄 수 있기 때문이다.

엑셀 모델링 템플릿 다운로드

본 책에서 해외기업을 사례로 정하고 그 이론을 설명할 때 사용된 엑셀 모델링 중 간단한 모델링은 그 템플릿을 다운로드 받을 수 있습니다. 네이버 또는 구글에서 '제이씨이너스'를 검색하셔서 사이트에 들어가시면 그림 11과 같이 M&A블로그란 메뉴를 볼 수 있습니다. M&A블로그에 마우스를 올리시면 맨 아래 엑셀 재무 모델링이란 소메뉴가 나옵니다. 그것을 클릭하면 현금흐름할인법과 상대가치평가법에 관한 몇 개의 간단한 엑셀템플릿을 다운로드 받을 수 있습니다.

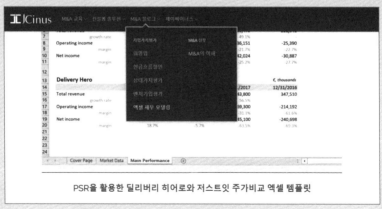

PSR을 활용한 딜리버리 히어로와 저스트잇 주가비교 엑셀 템플릿

그림 11. 제이씨이너스 M&A블로그 중 엑셀 모델링 메뉴

본 블로그에는 기업가치평가와 M&A를 주제로 꾸준히 업데이트될 예정입니다. 주기적으로 방문하시면 실무에 도움이 되는 많은 글을 읽어보실 수 있을 것입니다. 감사합니다.